Jamin • Abgeknallt – Gewalt gegen Polizisten

Peter Jamin

ABGEKNALLT

Gewalt gegen Polizisten

VERLAG DEUTSCHE POLIZEILITERATUR GMBH
Buchvertrieb

Bibliografische Information der Deutschen Nationalbibliothek

Die Deutsche Nationalbibliothek verzeichnet diese Publikation in der Deutschen Nationalbibliografie; detaillierte bibliografische Daten sind im Internet über http://dnb.d-nb.de abrufbar.

www.VDPolizei.de

1. Auflage 2011
© VERLAG DEUTSCHE POLIZEILITERATUR GMBH Buchvertrieb; Hilden/Rhld., 2011
Alle Rechte vorbehalten
Satz: VDP GMBH Buchvertrieb, Hilden
Covergestaltung nach einer Idee von Lynne Philippé
Druck und Bindung: Griebsch & Rochol Druck, Hamm
Printed in Germany
ISBN 978-3-8011-0651-5

„Wer von der Gesellschaft, in der er lebt,
erzählen will, muss von den Verbrechen erzählen,
die dort begangen werden."

Claudia Pineiro,
argentinische Schriftstellerin

Vorwort

Ein Polizistenschicksal, ein gesellschaftliches Problem

In diesem Buch schreibe ich die Geschichte einer Geiselnahme. Die dramatische Gefangennahme eines Polizisten, der nach Mitternacht ahnungslos in seiner Dienststelle am Schreibtisch sitzt und Büroarbeiten erledigt.

Ein Bürger bittet ihn um Hilfe bei der Suche nach seiner Frau. Während des Gesprächs wird der Polizist angegriffen. Er wehrt sich, will Hilfe holen, verliert bei einem Sturz seine Waffe und wird schließlich in den Kopf geschossen.

Schwer verletzt kämpft der Mann ab jetzt 55 Minuten lang gegen sein eigenes Sterben und gleichzeitig für die Rettung seiner Kollegen ...

Ein deutsches Polizistenschicksal — kein Einzelfall. Darum schildere ich nicht nur die Ereignisse selbst, sondern auch die Folgen für die Betroffenen: Die Reaktionen und Überlegungen des Opfers, den Strafprozess gegen den Täter, die Reaktionen von Polizeiführung und Politik wie auch die Folgen für unsere Gesellschaft, wenn Verbrechen wie diese zur Tagesordnung in Deutschland werden.

In diesem Buch befasse ich mich mit der wachsenden Gewalt gegen Polizisten und schildere dramatische Szenen aus dem Leben von Menschen, die den Auftrag haben, dem Bürger zu helfen und die während ihres Dienstes jeden Moment damit rechnen müssen, von diesen angegriffen, verletzt oder gar erschlagen, erstochen oder erschossen zu werden.

Polizisten haben einen der gefährlichsten Berufe der Welt. Rund 260 000 Polizisten, Bundespolizisten und Vollstreckungsbeamte der Justiz arbeiten in Deutschland. In jeder Sekunde ihres Jobs kann es passieren, dass die Welt für sie plötzlich Kopf steht.

Sie schlichten einen Ehestreit — und werden angegriffen.

Sie trennen Streithähne bei einer Hochzeit — und werden Opfer eines Massenangriffs.

Sie kontrollieren den Verkehr – und werden niedergestochen.

Sie jagen Diebe – und werden beschossen.

Sie sichern Demonstrationen – und werden mit Flaschen und Molotowcocktails beworfen.

Polizisten leben in einem explosiven Spannungsfeld von Frieden und Krieg. Gerade noch suchen sie nach einem vermissten Kind oder einem verwirrten Rentner und im nächsten Moment geraten sie mitten hinein in einen Rockerkrieg oder Banküberfall.

Immer häufiger werden Polizisten Opfer von Gewalt, wie Statistiken und Studien beweisen. Alle 90 Minuten wird beispielsweise in NRW ein Polizist im Dienst angegriffen.[1] Das ist nicht nur für den einzelnen Betroffenen, seine Familie und Kollegen ein großes Problem. Da versagt ein Staat, dessen Bürger offenbar immer mehr den Respekt vor ihm verlieren und das nicht zuletzt durch Gewaltattacken gegen seine Vertreter zum Ausdruck bringen.

Insgesamt ist die Gewaltkriminalität nach Informationen des Bundeskriminalamtes in den letzten zehn Jahren um elf Prozent auf etwa 208 000 Fälle im Jahr 2009 gestiegen. Dagegen wuchsen im gleichen Zeitraum die Widerstandshandlungen gegen Vollstreckungsbeamte um etwa 31 Prozent auf rund 28 000 Fälle pro Jahr.[2] Die meisten der Betroffenen waren Polizisten, es waren aber auch Feuerwehrleute, Rettungssanitäter, Soldaten oder Gerichtsvollzieher unter den Opfern.[3] Auch wenn man die beiden Statistiken mangels gleicher Erhebungsverfahren und inhaltlicher Unterschiede nur schwer vergleichen kann, so zeigt sich doch, dass hier sehr schnell ein erhebliches Gewaltpotential in der Bevölkerung heranwächst, das einer gründlichen Betrachtung bedarf.

Ein Problem – für jeden von uns!

Denn wenn die Polizei immer mehr damit beschäftigt ist, sich selbst gegen Angriffe zu wehren, verliert sie an Stärke und verfügt nicht mehr über genug Kraft, die Menschen dieses Landes vor Kriminellen zu schützen ...

Peter Jamin

Inhaltsverzeichnis

11

Handelnde Personen

Ralf Halbach, 49 Jahre alt, Polizeihauptmeister, Ehemann, Vater von vier Kindern, wurde in der Passauer Polizeiinspektion für 55 Minuten zur Geisel eines Gewaltverbrechers. Er hätte zu seiner Pistole greifen und den Täter erschießen können, weil er sich in einer extremen Notwehrsituation befand. Aber Halbach hatte noch nie auf einen Menschen geschossen ...

Mike Bernstein, 27 Jahre alt, Schweißer, Ehemann, Vater von zwei Kindern, wurde für 55 Minuten zum Geiselgangster. Er kann jetzt jedes Jahr zwei Mal Geburtstag feiern, einmal seinen richtigen und einen, weil zwei Polizisten ihn in dieser Nacht nicht töten. Dabei hätten sie auf ihn schießen dürfen, weil die gesetzlichen Voraussetzungen dafür erfüllt waren ...

Marianne Merker, 69 Jahre alt, Nachbarin am Tatort, beobachtete die dramatische Szenen der Geiselnahme und alarmierte nachts um 2.47 Uhr die Polizei. Sie hätte auch wegsehen und sich wieder schlafen legen können. Ihr Engagement rettete möglicherweise Menschenleben ...

Neun Polizistinnen und Polizisten gerieten in der Tatnacht vom 24. auf den 25. September 2009 ohne Schuld in eine sehr gefährliche Situation und reagierten richtig ...

Johann Urlbauer, Rechtsanwalt und Nebenklagevertreter für *Ralf Halbach*, ist wie sein Mandant zufrieden mit dem Urteil gegen den Täter und weiß um die wachsende Gewalt gegen Polizistinnen und Polizisten. Immer wieder hilft er Beamten, vor Gericht Recht zu bekommen ...

Bruno Fuhs, Rechtsanwalt und Verteidiger des Täters, ist einverstanden mit dem Urteil gegen seinen Mandanten, weil es diesem fast zehn Jahre Gefängnis erspart hat ...

Dr. Angela Meier-Kraut, Richterin und Vizepräsidentin am Landgericht Passau, hat das Gerichtsverfahren gegen Mike Bernstein geleitet. Sie wird von allen Beteiligten wegen ihrer hervorragenden Verhandlungsführung und für das gesprochene Urteil gelobt. Um die Perspektive des Opfers nachvollziehen zu können, legte sie sich am Tatort auf den Boden...

Hubert Denk, Chefredakteur und Herausgeber des Stadtmagazins „Bürgerblick", begleitete die Ereignisse nach der Geiselnahme mit großer Leidenschaft für Fakten und Details und bot dem Polizisten *Ralf Halbach* die Chance, sein öffentliches Bild zu korrigieren...

Joachim Herrmann, bayerischer Innenminister, ließ prüfen, wie viele Polizisten in Bayern im Dienst schlafen und welche Folgen das Ruhen von Beamten während der Geiselnahme in Passau hatte. Auf seine Anweisung hin wurden in etlichen Polizeidienststellen zusätzliche Sicherheitsvorkehrungen getroffen. Trotzdem wird es – so Herrmann – keinen hundertprozentigen Schutz geben: „Ein Restrisiko wird nie gänzlich auszuschließen sein ...“

Und viele andere ...

Die in diesem Buch handelnden Menschen gibt es wirklich, und die erzählten Geschichten von Verbrechen und Schicksalen sind wahr wie die genannten Daten und Fakten.

Die Namen einiger Betroffener und Zeugen sind allerdings anonymisiert, so wurden die Namen des Opfers und des Täters verfremdet. Das geschieht zum einen zum Schutz der beteiligten Personen, aber auch aus Fürsorge für ihre Familien, die unbehelligt ihr Leben führen sollen.

In diesem Buch werden die Täter mit all ihrer Brutalität und ihren Aggressionen dargestellt und ihr Handeln wird als das beschrieben, was es meist ist: unmenschlich, nicht nachvollziehbar, abscheulich.

Die Opfer und ihre Familien vor allem, aber auch die Familien der Täter haben ein Recht auf ein Leben ohne Einschränkungen, ohne Nachfragen von Zeitgenossen. Jeder von ihnen soll zukünftig frei wählen können, ob er von seinen Erfahrungen erzählen oder einfach in Ruhe gelassen werden möchte.

Eine Anonymisierung von Namen ändert nichts am Schrecken des Erlebten ...

I. DAVOR

„Gewalt lebt davon,
dass sie von anständigen Menschen
nicht für möglich gehalten wird."

Jean-Paul Sartre, französischer Philosoph

1 Wie es begann

Die Geschichte, um die es in diesem Buch geht, wäre schnell erzählt, wollte man nur die reinen Fakten aneinanderreihen. Doch die Geiselnahme eines Polizisten in der Polizeiinspektion in Passau zeigt viele Facetten auf, über die es sich nachzudenken lohnt. Im Vordergrund steht die dramatisch wachsende Gewalt gegen Polizisten – das wohl wichtigste Thema. Aber es geht auch um die Möglichkeiten der Selbstverteidigung und die Eigensicherung von Vollzugsbeamten. Es geht um Reaktionen in Notwehrsituationen, den Finalen Rettungsschuss zum Beispiel, und um Grundsätzliches wie das Töten eines Menschen. Und es stellt sich die Frage danach, wie Polizisten den Stress im Dienst bewältigen. Es geht aber auch darum, wie der Staat mit Gesetzen und praktischen Maßnahmen vor Ort auf die Gewaltattacken gegen seine Mitarbeiter reagiert – oder nicht. Denn all das trägt zur Beantwortung der zentralen Frage bei: Wie sicher können wir uns in Deutschland fühlen?

Die Geiselnahme dauert nur 55 Minuten. 55 Minuten, die für das Opfer zu einer Ewigkeit und für Politiker und Polizisten zu einem Monate und Jahre dauernden Streitpunkt werden. Denn im Schatten dieses Verbrechens, in den Räumen der Polizeiinspektion auf der Nibelungenstraße in Passau, im Münchner Innenministerium wie auch im Bayerischen Landtag kommen wichtige Themen der Polizei auf den Tisch: Da geht es zum Beispiel um Personalstärken, die Aus- und Weiterbildung von Beamten, um Wechselschichtdienste, um die Ausstattung der Diensträume mit Sicherungs- und Überwachungsanlagen, aber auch um die wachsende Gewalt durch Ausländer und Migranten.

Es wird viel Gesprächsstoff und auch Gutachten geben über das Verhalten und die Befindlichkeiten und die Gefühle von Tätern und Opfern und über den psychischen Zustand der beteiligten Personen. Man wird über die Angst vor der Gewalt eines unberechenbaren Täters sprechen und über Empfindungen eines Polizisten vor dem Schuss auf einen Menschen oder über die

Macht, die ein Täter empfunden hat. Und auch über den Umgang mit Fehlern und Versagen ...

Es wird viele Fragen geben, aber vor allem wird es um die eigene Sicherheit der Polizisten in Deutschland gehen. Man sollte denken, dass sich Polizisten sicher fühlen können – vor allem in ihren eigenen Räumen. Doch nicht ohne Grund sind heute die Eingänge der Dienstgebäude mit Panzerglas, Videokameras, Gegensprechanlagen und weiteren Sicherheitseinrichtungen versehen.

Denn die Gewalt rückt immer näher auch an jene Menschen heran, die friedliche Bürger vor dem Verbrechen beschützen sollen. In Berlin beispielsweise attackierten im April 2011 sechs Männer die Beamten in der Friedrichshainer Polizeiwache[4], und warfen morgens um fünf mit Pflastersteinen und Brandsätzen auf das Gebäude. Als der Wachleiter versuchte, einen der Täter festzuhalten, wurde er verletzt.

Das ist kein Einzelfall. Immer wieder kommt es zu Attacken auf Polizeiwachen, immer wieder werden Polizisten auf ihren Streifengängen angegriffen, immer wieder werden Polizisten in Fallen gelockt. So wie im August 2011 in Gelsenkirchen. Da lockte ein 21-Jähriger zwei Polizisten per Notruf in einen Hinterhalt auf einen Parkplatz. Hier stach er mit einem Messer auf die 30-jährige Polizistin und ihren Kollegen ein. In letzter Sekunde gelang es dem schwer verletzten Beamten, den Täter kampfunfähig zu schießen und Verstärkung zu alarmieren.

Das Geiseldrama von Passau zeigt – wieder einmal – deutlich die Dimension der Gewalt, mit der sich unsere Gesellschaft schon heute und erst recht in Zukunft auseinandersetzen muss. Dabei stellen sich viele Fragen, die nach plausiblen Antworten verlangen: Wie ist es möglich, einen Polizisten in seiner Wache in seine Gewalt zu bringen? Wie hat er sich gewehrt? Warum hat er nicht auf den Angreifer geschossen? Was denkt und fühlt ein Polizist, der plötzlich Geisel ist? Hat so ein Mensch Angst? Wie reagieren die Kollegen? Was passiert, wenn der Polizist das Attentat überlebt? Arbeitet er weiter wie sonst auch? Warum hat der Täter das gemacht? Was ist aus dem Opfer, was aus dem Täter geworden?

Wir haben es in dieser Geschichte vor allem mit zwei Menschen zu tun – einem Polizeibeamten und einem Täter.

Sie sind sich vor dem Verbrechen, das einen Wendepunkt in ihrem jeweiligen Leben darstellen wird, nur einmal begegnet. Schon bei diesem Zusammentreffen etwa drei Monate vor der Geiselnahme, waren die Rollen der beiden Menschen klar verteilt: Hier ein gewaltbereiter Ehemann namens *Mike Bernstein*, 27 Jahre alt, und auf der anderen Seite ein schlichtender Polizist, *Ralf Halbach*, 49 Jahre alt.

Halbach war zusammen mit seinem Kollegen alarmiert worden, weil sich *Mike Bernstein* und seine Ehefrau *Maria* gestritten hatten und die Situation zu eskalieren drohte. *Bernstein* wurde von den Polizisten aus der Wohnung gewiesen und kam vorübergehend bei einem Verwandten unter.

Alkohol war im Spiel. Eine Droge, die den Menschen schon oft zu fürchterlichen Gewalttaten verführt hat und auch am Abend der Geiselnahme eine große Rolle spielt.

Doch den Familienstreit haben *Halbach* und *Bernstein* längst vergessen, als sie in der Passauer Polizeiwache erneut aufeinandertreffen ...

2 Eine Bischofsstadt als Ort des Grauens

Es sind normale Zeiten in Passau. In der Altstadt flanieren die Menschen an den Schaufenster-Auslagen der Geschäfte vorbei, die mit christlichen Ausstellungsstücken, mit Kreuzen, Weihwasserschalen und Bibeln geschmückt sind. Im Café Kowalski ist der Schweinebraten mit Kartoffelknödel und Krautsalat für 5,90 Euro der Renner. Im Hotel „Weisser Hase" checken neue Gäste ein. In der Stadtgalerie werden an diesem Tag mehr als 20 Paar Socken verkauft. Und Polizeihauptmeister *Ralf Halbach* geht von der Schicht für einige Stunden nach Hause.

Normale Zeiten in Passau, der Bischofsstadt. Der *Dalai Lama*, das Oberhaupt der tibetischen Buddhisten, hat erst kürzlich in der Passauer Dreiländerhalle einen Preis erhalten und zum Frieden in der Welt aufgerufen – darüber spricht man im katholischen Niederbayern. In der Universität findet ein „Crashkurs Europarecht" statt – Juristen machen sich fit für den wachsenden Einfluss des Europarechts auf das nationale Recht in ihrem beruflichen Alltag.

Es sind normale Zeiten in Deutschland, wo erst wenige Monate vorher der damalige Vorsitzende der Gewerkschaft der Polizei in Niedersachsen, *Bernhard Witthaut*, an einem Aktionstag gegen Alkoholsucht in Hannover darauf hingewiesen hat, dass „Alkohol, Verrohung und Gewalt gegen Polizisten Hand in Hand gehen"[5].

In wenigen Wochen wird erneut ein 32-jähriger Polizeiobermeister der Tageszeitung „BZ" bestätigen, wie gefährlich Deutschland schon für seine Polizisten geworden ist. In Berlin gebe es Gegenden, die unter seinen Kollegen als No-Go-Area gelten: „Allein würde ich dort nicht mehr Streife laufen. Das könnte für Uniformierte gefährlich werden."[6]

Der Polizist zeigt seine Uniform auch sonst nicht mehr überall: „Ich gehe schon lange nicht mehr in Uniform zum Dienst, um nicht regelmäßig in Bus und Bahn angepöbelt zu werden."

Aus diesem Grund scheitert in Berlin auch ein Experiment der Bahnbetriebe. „In der Berliner U-Bahn dürfen sei einigen Jahren Polizisten, Feuerwehrleute und Justizwachleute auch privat oder auf dem Weg zur Arbeit umsonst mitfahren – wenn sie ihre Uniform tragen. Die Politik versprach sich davon eine abschreckende Wirkung auf aggressive Randalierer, Drogendealer, Taschendiebe oder betrunkene Krakeeler. Der Erfolg der an sich guten Idee ist kaum messbar, zweifelhaft ist, wie oft Polizisten das Angebot überhaupt nutzen", schrieb die „Welt", „viele Polizisten verzichten offenbar in der U-Bahn lieber auf ihre Uniform und bezahlen dafür eine Monatskarte. Damit wollen sie vermeiden, dass sie angepöbelt werden, heißt es in Polizeikreisen."[7]

Warum ist das so? Warum haben Bürger so wenig Respekt vor dem Staat und vor allem vor seinem Personal? Fehlt es an Vorbildern? Liegt es vielleicht gar an den Repräsentanten dieses Staates selbst? In ihrem Buch „Wer nicht kämpft hat schon verloren"[8] zeichnet die ehemalige Bundestagspräsidentin *Rita Süssmuth* ein düsteres Bild aus dem Deutschen Bundestag: „Besucher des Parlaments, Zuhörer und Zuhörerinnen auf der Tribüne sind oftmals abgestoßen vom Umgang der Abgeordneten untereinander. Sie vermissen wechselseitige Wertschätzung. Sie erleben stattdessen eine Wortwahl und Debattenform, die den Abgeordneten der anderen Fraktion herabsetzen, disqualifizieren, als inkompetent brandmarken oder schmähen soll. Es herrsche, sagen die Bürger, zu oft ein Freund-Feind-Schema im Denken und Verhalten ... Wenn im Parlament Taktlosigkeiten um sich greifen, was Stil und persönlichen Umgang betrifft, dann färbt das auch auf die Öffentlichkeit ab. Und es erweckt den Eindruck, es ginge dort um persönliches Gezänk, um Profilierung, Machtinteressen, Eitelkeiten statt um existenzielle Sachfragen des Gemeinwesens."

Es ist also ein ganz normaler Tag und doch wird dieser Tag für Passau und die Polizei und ein klein wenig auch für unsere Gesellschaft ein ganz besonderer Tag werden. Denn an diesem Tag nimmt ein Verbrechen seinen Lauf und noch bevor der nächste Morgen graut, wird die täglich um fast 80 Widerstandshandlungen und Angriffe gegen Vollstreckungsbeamte bedenklich wachsende Statistik in Deutschland durch eine ihrer schrecklichsten Untaten erweitert sein. An diesem Tag nähert sich Polizeihauptmeister *Ralf Halbach* einem Wendepunkt in seinem Leben.

Die Nacht wird noch nicht vorbei sein, da wird im Drei-Flüsse-Städtchen an Donau, Inn und Ilz wieder einmal nichts mehr so sein wie vorher. Denn in der kommenden Nacht wird sich ein Verbrecher für 55 Minuten wie ein Sieger fühlen – bis er endlich niedergerungen wird.

Passau ist nicht nur eine friedliche, kleine Stadt. Der Ort hat schwere Stunden erlebt als beispielsweise ihr Polizeichef überfallen wurde. Da ist Passau bundesweit in die Schlagzeilen geraten. Der Fall ist immer noch nicht zu den Akten gelegt, denn das Verbrechen ist immer noch nicht aufgeklärt. Das Opfer, Polizeidirektor *Alois Mannichl*, denkt auch ein Jahr später noch immer tagtäglich an die Tat. Er kann es nicht vergessen: Im Dezember 2008 wurde er an der Tür seines Hauses von einem Unbekannten niedergestochen. Man nahm zunächst an, dass es sich um einen Racheakt von Rechtsextremisten handelte, weil *Mannichl* bei etlichen Einsätzen immer wieder beherzt gegen Neonazis eingeschritten war. Das traf allerdings nicht zu. Der Fall ist bis heute nicht aufgeklärt.

„Wenn hier ein Vertreter unseres Staates, aber auch wenn andere Menschen durch Rechtsextreme angegriffen werden, dann ist das ein Angriff auf uns alle", sagte Bundeskanzlerin *Angela Merkel* der „Passauer Neuen Presse" in einer ersten Stellungnahme[9] zu dem Fall.

Nach der kommenden Nacht werden viele Menschen in Passau erneut so schockiert sein wie nach dem Überfall auf ihren Polizeichef. Die Bundeskanzlerin wird sich nicht äußern ...

3   Ein Mittagsschlaf vor der letzten Schicht

Ralf Halbach ist seit 30 Jahren Polizist. „Ich bin gleich nach der Schule zur Polizei gegangen. Für mich war das eigentlich klar, weil mein Vater ebenfalls Polizeibeamter war", erzählt er, „ich war 18 Jahre alt, war auf der Fachoberschule. Eigentlich wollte ich das Fachabitur machen, habe meinen Plan aber geändert, als ich darauf kam, dass ich zur Polizei gehen könnte."

Der junge Mann, blond, gut aussehend, sportlich, will Geld verdienen. Das Polizistengehalt ist für den 18-Jährigen attraktiv, und er weiß ja, was auf ihn zukommt. „Ich habe Glück gehabt, dass ich nach der Ausbildung gleich nach Passau gekommen bin. Die Ausbildung habe ich in Eichberg bei Ingolstadt gemacht, dann war ich in München, Dachau und Nürnberg."

Seit 23 Jahren arbeitet *Halbach* nun in Passau. Als Polizeihauptmeister mit Amtszulage, wie das im Behördenjargon heißt. Immer Wechselschichten. Eine ganz besondere Belastung für den menschlichen Organismus. Nicht selten werden Menschen allein durch solche wechselnden Dienstzeiten krank und letztlich arbeitsunfähig.

Aber *Halbach* hat Glück – wie so oft. Er hat eine wunderbare Familie, eine Ehefrau, vier Kinder. Sie unterstützen ihn, nehmen Rücksicht auf seine wechselnden Dienst- und Freizeiten. Und er fühlt sich in der Stadt Passau sehr wohl.

Der Polizist wird auch in der Nacht seiner Geiselnahme noch einmal verdammt viel Glück haben müssen, um das alles zu überstehen, was ihn erwartet.

Er hat eine 24-Stunden-Schicht. „Das sind 12 Stunden Nachtschicht, und einmal den Vormittag bis 13 Uhr den Hauptdienst. In diesen 24 Stunden hat man nur eine kurze Pause von Mittag bis um 18 Uhr abends, die man zu Hause verbringen kann", erzählt der Beamte, „sonst ist man rund um die Uhr im Dienst."

„Schichtdienste, gleich ob bei der Polizei oder in der Fabrik oder im Krankenhaus, belasten Körper und Psyche", weiß *Halbachs* Rechtsanwalt *Johann Urlbauer*, „die Statistiken zeigen, dass durch Schichtdienste auch viele Ehen kaputt gehen."

Aber *Halbach* hat sich eingerichtet in diesen Lebens- und Arbeitsrhythmus – und die Familie spielt ja mit. Sie ist ein gutes Team. Er hat Wochenenddienst während Freunde und Familie am Samstag und Sonntag frei haben: „Als Polizeibeamte hat man bloß einmal im Monat ein Wochenende ganz frei. Da komme ich erst am Samstag in der Früh vom Nachtdienst heim, habe dann Samstag und Sonntag frei und muss am Montag wieder los."

Manchmal hat *Halbach* schon überlegt, ob er in seinem Alter noch unbedingt Schichtdienst machen muss. Ob es für ihn nicht eine andere Lösung, ein geregeltes Arbeitsleben geben könnte.

„Ich bin so langsam auf die 50 zugegangen und habe überlegt, ob ich wohl mal den Absprung aus dem Schichtdienst schaffe, weil der mit Sicherheit irgendwelche Spuren hinterlässt. Irgendwann einmal brauche ich es auch mal ruhiger", sagt *Halbach*, „in München sind solche Überlegungen leichter zu realisieren. Da ist das überhaupt kein Problem, mit 30 Dienstjahren aus dem Schichtdienst auszusteigen. Die haben so viele junge Leute, die werden sofort ausgetauscht. Und es gibt da so viele Dienststellen, da findet sich schnell ein Tagesdienstjob."

In Passau sieht das anders aus. Die Tagesdienstjobs sind alle besetzt. Auch andere Kollegen wünschten sich einen etwas einfacheren Job, aber den gibt es nicht. Viele gehen mit 60 in Pension und haben ihr Leben lang nichts anderes als Schichtdienst gemacht.

Wer immer und immer wieder diese 24 Stunden Schichtdienst leistet, der muss haushalten mit seinen Kräften und zwischendurch ausruhen. Der Körper braucht Entspannung. Für jeden Menschen ist das eigentlich nachvollziehbar, doch in der Nacht der Geiselnahme wird gerade dieses Ausruhen der Polizisten in Passau noch eine ganz besondere Bedeutung haben – sogar für den bayerischen Innenminister.

„Man muss ruhen, um bei Kräften zu bleiben", sagt Rechtsanwalt *Urlbauer*, der immer wieder auch Sozialfälle vor Gericht vertritt und sich auskennt.

„Polizisten haben einen Anspruch auf gesetzliche Ruhepausen. Aber wie das eben so ist, wenn sie von Einsatz zu Einsatz fahren, können sie nicht immer die Pausen einhalten. So groß ist das Personalvolumen nicht. Deswegen ist es die hohe Kunst eines Schichtleiters, die Kolleginnen oder Kollegen so einzusetzen, dass die eine gewisse Regeneration auf der Wache haben", sagt der Bundesvorsitzende der Gewerkschaft der Polizei, *Bernhard Witthaut*.

In Passau ist der Schichtdienst so organisiert, dass die Vormittagsschicht und die Nachtschicht verbunden sind. *Halbach* ist an diesem Donnerstag um 5.30 Uhr in der Frühe aufgestanden und hat um 6.15 Uhr mit dem Dienst begonnen: „Der Dienst geht dann bis 12.15 Uhr mittags. Dann wurde ich von der Nachfolge-schicht abgelöst. Anschließend bin dann nach Hause gefahren."

Während der Schicht hat sich nichts Besonderes ereignet, er-innert sich der Beamte. Ein paar Stunden lang ist er mit einem Kollegen auf Streife unterwegs, die restliche Zeit verbringt er in der Polizeiinspektion. Das Gebäude liegt am Rande der Altstadt. Ein hässlicher Nachkriegsbau. Grau und kantig. Mit Parkplätzen drumherum und einem großen Zaun zum Schutz vor Neugieri-gen und kriminellen Zeitgenossen, die gerne einmal in ihren Ak-ten bei der Kripo blättern würden.

Nach dem Mittagessen legt sich *Halbach* zuhause schlafen. Er will fit sein für die Nachtschicht: „Ich habe mir das so ange-wöhnt. Ich kann das relativ gut am Nachmittag. Ich schlafe dann bis etwa 17.30 Uhr."

Was *Halbach* nicht weiß: Es ist sein letzter Mittagsschlaf vor seiner letzten Schicht ...

4 Die Gewalt gegen Polizisten wächst

Es ist ein ganz normaler Tag in Deutschland, auch in Passau. Doch in der kommenden Nacht werden sich wieder einmal die Feststellungen der Polizeiexperten bewahrheiten, die schon seit Jahren von einer zunehmenden Gewalt gegen Polizisten spre-chen.

Hier in Passau wird in der kommenden Nacht ein besonders ab-scheuliches Verbrechen an einem Polizisten verübt werden. Schon lange warnt die Gewerkschaft der Polizei (GdP) davor, dass immer mehr Polizisten brutalen Angriffen von Bürgern ausgesetzt sind.

„Das Problem der Gewalt gegen Polizeibeamte hat sich in den vergangenen Jahren verschärft. Die Polizei muss sich immer stär-ker bei Einsätzen auf die Eigensicherung konzentrieren", warnte der ehemalige GdP-Bundesvorsitzende *Konrad Freiberg*, „wenn die Kollegen einen Einsatz fahren, wissen sie nicht mehr, was auf sie zukommt."

Bernhard Witthaut, seit Ende 2010 Bundesvorsitzender der mit rund 170 000 Mitgliedern größten Gewerkschaft der Polizisten in Deutschland, mahnt einige Jahre später an: „Wir müssen angesichts der zunehmenden und immer brutaler werdenden Übergriffe auf Polizistinnen und Polizisten die Hintergründe solcher Taten detailliert untersuchen."

Damals wie heute machen sich die Bundesbürger nur selten Gedanken darüber, in welch einer Situation sich Deutschlands rund 260 000 Beamte von Bundes- und Landespolizei sowie Bundeskriminalamt und die Justizvollzugsbeamten in vielen Regionen der Bundesrepublik befinden. *Christian Pfeiffer*, Leiter des Kriminologischen Forschungsinstituts Niedersachsen, rechnet auf Basis einer neuen Gewaltstudie allerdings mit einer gravierenden Entwicklung: „Wir haben bei unserer Befragung alles wissen wollen, was den Beamten passiert ist zwischen 2005 und 2010. Wenn wir uns da auf die schweren Fälle konzentrieren, die mindestens sieben Tage Dienstunfähigkeit ausgelöst haben, dann haben die allein um 60 Prozent zugenommen in diesem Zeitraum."[10]

Der enorme Anstieg der Gewalttaten gegen die Polizei geht einher mit der allgemeinen Kriminalitätsstatistik. „Laut Polizeistatistik ist die Gewaltkriminalität seit 1993 fast um ein Drittel gestiegen, die Zahl leichter Körperverletzungen hat sich mehr als verdoppelt, die Zahl schwerer Körperverletzungen stieg um 70 Prozent. Mehr als ein Viertel der Täter bei Körperverletzung sind Kinder, Jugendliche und Heranwachsende", schreibt die Welt im April 2011.[11]

Der Journalist *Kristian Frigelj* beschäftigt sich im Juli 2008 mit der „Angst der Polizisten in deutschen Städten". Er will feststellen, wie es um die Sicherheit der Polizisten in Deutschland bestellt ist, und der Duisburger Polizeipräsident, *Rolf Cebin*, bekennt freimütig: „Die Zusammenrottung von Bevölkerungsteilen bei polizeilichen Anlässen ist ein zunehmendes Problem. Es kommt immer wieder vor, dass eine polizeifeindliche Stimmung entsteht."

Die Gewerkschaft der Polizei (GdP) beklagt, dass viele Menschen ein anderes Rechtsempfinden entwickelt hätten. Quer durch alle Alters- und Bevölkerungsschichten sei eine zunehmende Aggressivität gegenüber der Polizei zu beobachten, schreibt der Welt-Online-Autor Frigelj. GdP-Pressesprecher *Rüdiger Holecek* und zeigt die Dimension auf: „Das ist kein Problem, dass sich auf Ballungsräume wie Berlin oder das Ruhrgebiet beschränkt, dort ist es nur am sichtbarsten."

Ein Kölner Polizeihauptkommissar, *Stefan Kirchner*, bestätigt diese Sichtweise. Der Dienstgruppenleiter in der Polizeiinspektion Köln-Mitte berichtet, „dass sich unbeteiligte Passanten bei Personenkontrollen oder Verhaftungen einmischen und sich Streithähne immer wieder gegen die schlichtende Polizei verbünden. Längst wird in Einsatztrainings stärker das Verhalten in der Menschenmenge geübt. Wenn Polizisten etwa in eine Kneipe einrücken, um einen Störer zu verhaften, folgt ihnen eine mindestens ebenso große Gruppe von Kollegen, die die Umstehenden in Schach halten soll."[12]

Stefan Kirchner beschreibt eine befremdliche Entwicklung, die zeigt, warum die Ordnungshüter an Akzeptanz bei der Bevölkerung verlieren: „Früher haben die Leute gedacht, dass das, was die Polizei macht, richtig ist. Heute wird unterstellt, dass die Polizei etwas falsch macht."

Auch damals schon klagte die Polizei immer wieder über kriminelle Ausländer und Migranten. Vor allem junge Mitbürger ausländischer Herkunft zeigten immer weniger Respekt vor dem Staat und seinen Institutionen. Auch wenn in den vergangenen Jahren darüber aus Sorge davor, als ausländerfeindlich zu gelten, öffentlich nicht gerne gesprochen worden ist: Die Polizisten in den Städten und Gemeinden wissen ganz genau, dass von ausländischen Mitbürgern und Migranten eine erhöhte Gefahr ausgeht.

Schon in den Jahren 2000 bis 2003 gab es in Deutschland eine Untersuchung über Gewalt gegen Polizisten. Auslöser waren tödliche Schüsse auf Polizeibeamte in Dortmund im Sommer 2000; insgesamt waren in diesem Jahr acht Polizisten getötet worden. Medien und Bevölkerung reagierten voller Entsetzen. Man stellte fest, dass es in Deutschland keine aktuellen Forschungen zu Tötungsdelikten gegen Polizeibeamte gab. Auch schwere Gewalttaten gegen Vollstreckungsbeamte wurden nicht systematisch erfasst und analysiert. Eine letzte bundesweite Untersuchung publizierte die damalige Polizeiführungsakademie Münster (jetzt: Deutsche Hochschule der Polizei, DHPol) polizeiintern im Jahre 1994. Sie befasste sich mit Angriffen auf Polizeibeamte, die im Jahre 1992 verübt worden waren.

Das Kriminologische Forschungsinstitut Niedersachsen (KFN) untersuchte also in den Jahren 2000 bis 2003 im Rahmen einer Studie[13] die Gewalt gegen Polizisten und befragte über 1 000 Beamte. Man wollte u. a. feststellen, wie die juristische Aufarbeitung von Angriffen mit Tötungsabsicht gegenüber Polizistinnen und Polizisten erfolgt und recherchierte die Erfahrungen und Forderungen von Hinterbliebenen getöteter Beamtinnen und Beamten.

Das Ergebnis der Studie stimmt nachdenklich. Die Autoren stellen zwar fest, dass in der Bundesrepublik noch keine amerikanischen Verhältnisse herrschen, doch ist bereits ein Anstieg der Gefahren für Polizeibeamte festzustellen: „Allgemein wird jeder 13. Beamte, der mit Tötungsabsicht bzw. -vorsatz angegriffen wird, getötet ... Angriffe mit Tötungsabsicht bzw. -vorsatz und gravierenden Folgen ereignen sich überproportional häufig bei Überprüfungen von verdächtigen Personen, beim Verhindern einer Flucht, beim Ansprechen und bei der Verfolgung bei Personen."[14]

Bedenklich ist auch, wo und unter welchen Umständen die Angriffe auf Polizisten stattfinden: Die Angriffe wurden überwiegend bei Dunkelheit, im öffentlichen Raum und in eher bürgerlichen Stadtvierteln verübt. Die Mehrzahl dieser Angriffsorte galt bislang als ungefährlich. Die Polizeibeamten waren zum Angriffszeitpunkt mehrheitlich als Streife eingesetzt. Die Täter waren fast ausschließlich männlich und allein. Sie waren zu großen Teilen alkoholisiert und fast zur Hälfte bereits polizeibekannt, den Beamten jedoch persönlich unbekannt. Der Angriff erfolgte meist immer überraschend.

Ähnliches wird auch an diesem Abend in Passau passieren ...

5   Ein Täter aus dem Kaukasus

Nach einer widersinnigen Tat fragt sich jeder: Warum hat der Täter das getan? Warum hat er den Polizisten als Geisel genommen? Warum hat er seinem Opfer in den Kopf geschossen?

Wir wissen, dass Menschen oftmals ohne besonderen Anlass handeln. Der Grund kann in einem lange zurückliegenden Ereignis liegen, das der Person vielleicht nicht einmal bewusst ist. Doch auch später, nach der Tat wird den Bürgern in Passau nicht klar werden, warum *Mike Bernstein* das getan hat. Den Krawall in der Disko Frizz, die Geiselnahme, die Schüsse ...

Vieles ist und bleibt an diesem, nur auf den ersten Blick normalen Kriminalfall wohl für immer unerklärbar. Manchmal kann man ja aus der Biografie eines Menschen dessen Handeln ableiten oder ein Verbrechen nachvollziehen. Doch diesmal bietet die Faktenlage wenig, und da der Täter sich über den Prozess hinaus nicht erklären will, wird manches wohl für immer im Dunkeln bleiben.

Mike Bernstein, von Beruf Schweißer, der in der nächsten Nacht zum Verbrecher wird, sieht aus wie ein großer, sympathischer Junge. Ein rundes, gut genährtes Gesicht. Große dunkle Augen, die ein wenig fragend in die Welt schauen. Kurz geschnittenes, dunkelbraunes Haar. Eine etwas kräftige Figur. Er sieht älter, reifer aus als er in Wirklichkeit ist. Er ist erst 27 Jahre alt.

Ralf Halbach, der Polizeihauptmeister, der in dieser Schicksalsnacht mit dem Ende seines Lebens rechnet, hat etwas helleres Haar. Auch kurz geschnitten, ein wenig welliger. Der Polizist hat eine kräftige, kompakte Gestalt. Der 49-Jährige sieht viel jünger aus. So viel jünger, dass *Halbach* und *Bernstein* auf einen flüchtigen Blick beide fast gleich alt aussehen. Der Polizist hat einen wachen, einen kritischen Blick.

Irgendwie ähneln sich *Bernstein* und *Halbach*. Und das ist nicht nur die ähnliche Statur. Der Beobachter hat das Gefühl, dass die beiden Brüder sein könnten, dass sie wie vom Schicksal verbunden worden sind und zu feindlichen Brüder wie *Kain* und *Abel* wurden.

Doch *Halbach* und *Bernstein* sind keine Brüder. Weder Brüder im Geiste noch im wahren Leben. Sie haben zufällig Gemeinsamkeiten über die körperlichen Merkmale hinaus. Der Polizist und der Schweißer. Geisel und Geiselnehmer. Opfer und Täter.

Beide sind sie Familienväter. Beide haben Kinder. Beide leben in Passau. Sie haben gestandene, ehrbare Berufe: Polizist und Schweißer.

Aber es gibt auch einiges, was beide trennt. *Halbach* sorgt für Ordnung, *Bernstein* bringt gelegentlich die Welt um sich herum in Unordnung. Der Ordnungshüter *Halbach* musste sogar einmal bei dem Unruhestifter *Bernstein* für Ordnung sorgen.

Mike Bernstein kommt aus normalen Familienverhältnissen. Er ist in Kasachstan geboren und wohnt seit 2005 mit der Familie in Deutschland. Er ist in einer kasachischen Kleinstadt aufgewachsen, in einer intakten Familie mit Vater und Mutter und einer Großmutter, die immer auch gerne deutsch mit ihm gesprochen hat.

Bernstein hat ein richtiges Familienleben gehabt, auch wenn die Eltern nicht miteinander verheiratet waren und er seinen leiblichen Vater nie kennengelernt hat. Er hat einen Kindergarten besucht und ist mit sechs Jahren in die Schule gekommen. Seine Leistungen waren gut und seine Lieblingsfächer Sport und Biologie. Nur manchmal war er auf dem Schulhof in Schlägereien verwickelt.

Schließlich hat er eine Schweißer-Ausbildung gemacht und diese mit Erfolg abgeschlossen. Er diente in Kasachstan in der Armee und arbeitete danach in seinem erlernten Beruf, bevor er im August 2005 nach Deutschland auswandert. Zunächst wohnt er in einem Aussiedlerheim, bis man ihm und der Familie eine Wohnung in Passau zuweist. Es folgt ein fast vorbildliches Leben. *Bernstein* absolviert ein halbes Jahr lang einen Sprachkurs, arbeitet dann in einem 1-Euro-Job als Möbelpacker und später ebenso schlecht bezahlt bei der Arbeiterwohlfahrt. Schließlich kommt er in seinem erlernten Beruf bei einer Firma für Klima- und Lüftungstechnik unter und arbeitet während der Woche auf Montage in Österreich.

Eigentlich ist *Mike Bernstein* ein Mensch wie jeder andere. Ein ganz normaler Mitbürger. Wenn seine Schwäche für Alkohol und Drogen nicht wäre und er seine Aggressivität im Griff hätte ...

6 Gewalttaten von Polizisten gegen Bürger

Wer über Gewalt gegen Polizisten spricht, stößt bei seinem Gesprächspartner häufig schon nach wenigen Sätzen auf den Hinweis, dass es doch auch die andere Seite gäbe: die Gewalt, die von Polizisten gegen die Bürger ausgeht.

Der Einwand ist berechtigt, doch dies ist kein Grund, sich der Betrachtung des Themas Gewalt gegen Polizisten zu verschließen. Etwa weil man sich auf einem anderen Gebiet besser informiert weiß oder weil einem ein anderes Problem dringlicher erscheint. Man sollte sehen, dass die Gewalt, die von Polizisten ausgeht, in regelmäßigen Abständen von Initiativen wie Amnesty International zum Thema gemacht und in der Öffentlichkeit häufig breit diskutiert wird. Was vielfach ebenfalls nicht bedacht wird: Auch behördenintern wird gegen mögliche Täter ermittelt, und die Staatsanwaltschaften führen ebenfalls immer wieder Untersuchungen gegen Polizeibeamte wegen Gewalt, Zwang oder Amtsmissbrauch durch. Im Jahre 2009 beispielsweise gab es bundesweit 2 855 Verfahren gegen Polizisten, berichtete Amnesty International in ihrer Broschüre „Nichts zu verbergen"[15].

„Solche Skandale gibt es immer wieder einmal", weiß auch *Ralf Halbach*, „aber man sollte bedenken, dass es wahrscheinlich keine Berufsgruppe gibt, die so intensiv mit den Kriminellen zu tun hat. Da kann es natürlich schon mal geschehen, dass Fehler passieren und Menschen einfach anders reagieren und sich dann nicht mehr so im Griff haben, wie es eigentlich sein sollte."

Dazu kommt, dass Sicherheitsexperten durch vielfältige Erfahrungen wissen, dass ein durchsetzungsstarkes Auftreten der Polizei die Eskalationen von Gewalt sehr wohl verhindern kann. Wie schnell aber können da Grenzen überschritten werden, so dass sich der Bürger eingeengt oder gar bedroht fühlt. Es ist schon eine besondere Anforderung an die Polizisten, selbst in für sie gefährlichen und gelegentlich gar lebensbedrohlichen Situationen Zurückhaltung und Umsicht zu bewahren. Bei Demonstrationen beweisen sie das immer wieder, wenn sie zum Beispiel von vorgeblich friedlichen Demonstranten angespuckt, beleidigt und mit Flaschen und Steinen beworfen werden und trotzdem Ruhe bewahren.

Jede Gewalttat eines Polizisten gegen Bürger ist eine zu viel. Aber auch jede Gewalttat eines Bürgers gegen einen Polizisten ist eine zu viel.

Fakt ist auch: Die Polizei ist in weitaus größerem Ausmaß betroffen. So stellt das Kriminologische Forschungsinstitut Niedersachsen fest: „Aus mehreren Bundesländern berichten Vertreter von Polizeigewerkschaften davon, dass die Gewalt gegen Polizeibeamte in den letzten Jahren deutlich zugenommen habe und eine wachsende Zahl von Beamten im Dienst erheblich verletzt worden sei. Zum Beleg verweisen sie darauf, dass sich die Fälle des Widerstands gegen Vollstreckungsbeamte seit dem Jahr 2000 deutlich erhöht hätten. Die Daten der PKS bestätigen das. Zwischen 2000 und 2008 ist zu diesem Delikt ein Anstieg von 21 366 auf 28 272, d. h. um 32,3 Prozent zu verzeichnen."[16]

Niemand wird bestreiten, dass es notwendig ist, diese Entwicklung dringend öffentlich zu diskutieren und Maßnahmen zu ergreifen.

„Die Gewalt gegen Polizeibeamte kann nicht mehr toleriert werden. Polizisten werden geschlagen, getreten, bespuckt oder beleidigt. Das ist heute Polizei-Alltag. Die Kollegen schreiben ja schon gar keine Anzeige mehr, wenn sie beleidigt werden", sagt der Bundesvorsitzende der Gewerkschaft der Polizei, *Bernhard Witthaut*.

Wer Medien und Diskussionen aufmerksam verfolgt, gewinnt den Eindruck, dass die Gewalt gegen Polizisten selten zum Thema gemacht wird. Man hat das Gefühl, dass sich die Öffentlichkeit eigentlich nicht für die Anliegen der Polizei interessiert und die Innenminister der Länder wie auch andere Politiker aus Bund oder Land dem Thema eher weniger Bedeutung beimessen. Ein Hinweis darauf kann auch sein, dass sich selbst an der aktuellen wissenschaftlichen Untersuchung zur Gewalt gegen Polizisten und Polizistinnen durch das Kriminologische Forschungsinstitut Niedersachen nicht alle Bundesländer beteiligten.

Polizistinnen und Polizisten befinden sich in der verzwickten Lage, dass sie der Gewalt gegen sie nicht ausweichen können. Sie dürfen in unangenehmen Situationen nicht einfach weggehen oder wegsehen – denn auch das kann sehr schnelle Anzeigen von Bürgern zur Folge haben, etwa wegen unterlassener Hilfeleistung. Sie müssen also bei Streitigkeiten und Aggressionen und vielen anderen Gewaltattacken vor Ort bleiben bis zum bitteren Ende. Die Folge: Wer heute unter Google das Stichworte „Polizist verletzt" eingibt, erhält jeden Tag zahlreiche „positive" Rückmeldungen zu Vorfällen mit im Dienst verletzten Polizisten.

Auch *Bruno Fuhs*, der Rechtsanwalt des Täters der kommenden Nacht, *Mike Bernstein*, kennt diese schwierige Situation der Polizisten und weiß, dass „die Gewaltbereitschaft gegenüber der Polizei immer größer wird".

Mike Bernstein passt seiner Meinung nach in das Schema dieser Täter: „Herr B. kommt aus einem ganz anderen Kulturkreis, wo er gelernt hat, der Obrigkeit zu gehorchen – sonst setzt es was."

Vielleicht hat sich da in *Bernstein* ein stiller Hass auf Polizisten entwickelt ...

32

7 Migranten und Ausländer greifen häufig die Polizei an

Polizeihauptmeister *Ralf Halbach* hat sich später, nach der Tat, seine Gedanken über den Menschen gemacht, der ihn fast getötet hätte. Der Polizist weiß, dass „viele Straftaten gegen Polizisten von Ausländern oder Migranten begangen werden".

Das ist nicht gerade ein Thema, das in der Öffentlichkeit gerne diskutiert wird. Jahrelang wurde dieser Täterkreis beispielsweise nicht mehr in den Kriminalstatistiken ausgewiesen, weil man aus falsch verstandener politischer Korrektheit Diffamierungen von Bevölkerungsgruppen vermeiden wollte. Das führte dazu, dass mit bestimmten Bevölkerungsgruppen verbundene Delikte nicht von allen klar erkannt und die Ursachen nicht entsprechend bekämpft wurden. Letztlich war das eine Entscheidung zum Nachteil jener Migranten und Ausländer, deren guter Ruf in Deutschland durch die Kriminellen unter ihnen dann heute massiv beschädigt und nur schwer zu reparieren sein wird.

Der Bundesvorsitzende der Gewerkschaft der Polizei, *Bernhard Witthaut*, beklagt die Entwicklung und setzt sich dafür ein, „dass wir mehr Kolleginnen und Kollegen einstellen, die einen sogenannten migrativen Hintergrund haben. Wir wissen, dass Menschen, die nicht in Deutschland groß geworden, aber mittlerweile Deutsche sind, oft eine andere Sozialisierung und eine andere Polizei als die unsere kennengelernt haben." Sie haben brutales Vorgehen der Polizei in ihren ehemaligen Heimatländern erlebt und reagieren aggressiv, wenn sie deutschen Polizisten begegnen.

Dieser Personenkreis reagiert auf scheinbare Schwäche bzw. nicht demonstrierte Stärke der Polizei: Das hat zum Beispiel zur Folge, dass die Polizei eher und massiver angegriffen wird, wenn sie in Uniform an einem Tatort erscheint oder im Streifenwagen vorfährt. Treten die Beamten aber in einer entsprechend aufgerüsteten Einsatzkleidung und Schutzausrüstung auf, so bekommen sie eine Eskalation von Gewalt besser und schneller in den Griff.

„Bei manchen ausländischen Mitbürgern ist kein Respekt vorhanden. Wahrscheinlich deshalb, weil sie in ihrem Heimatland mit der Polizei einfach negative Erfahrungen gemacht haben und in Deutschland ihre Abneigung gegen Polizisten dann ausleben. Die wissen genau, in Deutschland kann ihnen durch die Polizei nicht viel passieren", sagt *Halbach*, „das heißt, sie begegnen der Polizei hier viel aggressiver."

Das ist nur eine Seite: Für den Düsseldorfer Polizeipräsidenten *Herbert Schenkelberg* sind Hinweise auf Herkunft nicht das Entscheidende. Er betrachtet den sozialen Status, die persönliche Entwicklung oder die Lebensumstände etwa eines jungen Migranten, also des Kindes eines Einwanderers. Viele seien sozial ausgegrenzt, hätten etwa Schulabschlüsse und eine Integration in unsere Gesellschaft nicht geschafft. Davon seien aber auch andere Deutschen betroffen.

„Es geht um die soziale Ausgrenzung", sagt *Schenkelberg*, „das ist das Problem: Wie schaffen wir es, dass die Gesellschaft mit den Verlierern, die sie produziert, besser umgeht? Besser im Sinne von: Wir brauchen mehr Integration. Das ist ein äußerst mühsamer Weg. Für mich sind auch viele Deutsche nicht integriert."[17]

Ein Lösungsweg: In Düsseldorf gibt es für Intensivtäter sogenannte Fallkonferenzen. Personen, die der Polizei mehrmals in einem Jahr auffallen, werden von der Polizei gemeinsam mit Staatsanwaltschaft, Gericht, Jugendamt und anderen Institutionen begutachtet und es werden individuelle Lösungswege für den Täter gesucht. „Man schafft eine Lösung der Probleme nicht mit Slogans oder Diskussionen", so *Schenkelberg*, „sondern durch konkrete Arbeit im Einzelfall. Wenn es gelingt, die Bedingung, die zu Fehlentwicklungen geführt haben, zu korrigieren, führen wir den Betroffenen auf einen anderen, positiven Weg. Aber das ist unendlich mühsam und personalintensiv. Aber es führt kein anderer Weg zum Ziel."

Polizeihauptmeister *Ralf Halbach* hat sich viele Gedanken über „seinen" Täter gemacht: „Das ist ein Mensch, der in Kasachstan aufgewachsen ist und es als Deutschstämmiger wahrscheinlich in der überwiegenden kasachischen Bevölkerung nicht leicht gehabt hat. Da war er wahrscheinlich auch so eine Art Ausländer. In der Schule und im Beruf hat er es mit Sicherheit nicht einfach gehabt. Man kann sich auch vorstellen, dass der Umgang mit der Polizei echt interessant gewesen ist. Vielleicht wurden die Deutschstämmigen von der Polizei unterdrückt und konnten nicht frei über das sprechen, was ihnen nicht passt. Und wenn man das vielleicht des Öfteren erlebt, kann man sich vorstellen, dass sich dann eine gewisse Aggressivität gegenüber der Polizei entwickelt. Und dann erleben sie unsere freie Gesellschaft und erfahren, das der Polizist hier eigentlich auch nur ein Mensch ist wie alle anderen und keine größere Macht hat wie man selbst. Vor diesem Hintergrund könnte ich mir schon vorstellen, dass einfach der Umgang zwischen so einem Menschen, der aus dem Ausland stammt, und der hiesigen Polizei dann anders ist und er sich einfach anders gegenüber der Polizei verhält. Und wenn der Alkohol noch dazukommt, dann kann ich mir vorstellen, dass es zu extremen Situationen kommt, wie in meinem Fall."

Das Ansehen der Polizei in der Bevölkerung ist nicht in allen Ländern gleich. In Osteuropa hat die Polizei ein erheblich schlechteres Image als in Deutschland. Nur rund jeder Zweite stuft die polizeiliche Organisation im Land als vertrauenswürdig ein. Dagegen belegt die „GfK Studie Vertrauensindex"[18] einen Spitzenwert für die deutsche Polizei. Sie liegt mit 86 Prozent knapp hinter der Feuerwehr und den Ärzten auf Platz 3. Mit diesem Spitzenplatz steht die deutsche Polizei deutlich besser dar, als die Polizei im europäischen Durchschnitt. Auf Platz 20 und damit auf dem letzten Platz liegt mit knapp 14 Prozent die deutsche Politik.

Aber das Vertrauen der Bevölkerung schützt Polizisten wie *Halbach* nicht vor Überfällen ...

8   Der Staat hat an Ansehen verloren

Gewalt gegen Polizisten ist Gewalt gegen den Staat und seine Institutionen. Denn auch, wenn es meist um eine Auseinandersetzung zwischen zwei und mehr Menschen geht, so richten sich die Aggressionen in der Regel nicht gegen die einzelne Person. Es ist die Institution gemeint, in deren Auftrag der Polizist handelt: der Staat – und seine Politiker.

„Ich stimme mittlerweile der These zu, das der Staat und seine Institution an Ansehen verloren haben. Immer weniger Menschen sind bereit, die Autorität eines Polizisten zu akzeptieren", sagt GdP-Chef *Bernhard Witthaut*, „ich betrachte es aber als ein sehr positives Zeichen, dass die Polizei immer noch ein so hohes Ansehen hat in der Bevölkerung. Trotz der schwierigen Aufträge, die wir beispielsweise haben: Demonstrationen oder Fußballspiele. Das bedeutet, dass die Polizei in unser gesellschaftliches System sehr gut eingebunden ist."

Doch so beständig, wie die Zahl der Gewalttaten gegen Polizisten in den vergangenen Jahren ansteigt, so deutlich sinkt das Ansehen des Staates. „Der Frust der Bürger über Parteien und Politik wächst", schreibt das Magazin Stern[19] im Mai 2011, „das zeigen Analysen des Forsa-Instituts, das die Deutschen regelmäßig fragt, was das größte Problem des Landes sei". Im Mai 2011 zeigen sich 35 Prozent der Bundesbürger mit Politikern und Parteien unzufrieden. 1994 waren es bei einer ähnlichen Umfrage nur 10 Prozent – die Negativ-Werte stiegen mit den Jahren beständig. Vier von fünf Deutschen klagen heute, die Politik sei sprunghaft und unberechenbar geworden. Nur 26 Prozent glauben, dass sie die Probleme im Griff habe. Und fast 70 Prozent der Deutschen denken, dass die Politiker angesichts einer komplizierter werdenden Welt überfordert sind.

An verstaubte Autoritäten wendet sich kaum noch jemand, sagt *Rolf Schmidt-Holtz*, der Chairman der Internet-Konferenz „Next". Er war u. a. schon Vorstandsvorsitzender von Sony Music, Chefredakteur des Magazins „Stern" und Moderator des

ARD-Presseclubs. Er ist der Meinung, dass „definitiv ein Verfall der Autoritäten zu beobachten ist. Die Leute merken: Die Politik alleine wird unsere Probleme nicht lösen". Darum müsse die Politik einen Kurswechsel vornehmen: „Sie muss den Autoritätsverfall, den sie erleidet, durch Schwarmintelligenz kompensieren. Das heißt, Politiker fragen in den Schwarm hinein: ‚Leute, was denkt ihr darüber?‘ Und sehr häufig gibt dieses Modell keine schlechteren Antworten als die Politik. Was aber in jedem Fall dadurch wieder hergestellt wird, ist Glaubwürdigkeit."

Eine Bürgerschaft, die von der Politik nicht mehr angesprochen und begeistert wird, neigt zu Desinteresse wie auch zu Frustration. Die wiederum führt, glaubt man der Psychologie, häufig zu Aggressionen. Einher mit diesem Gefühl geht der Verlust von Respekt, vor der Autorität des Staates.

Der Schauspieler und „Schimanski"-Darsteller *Götz George* glaubte noch an die alten Werte: „Der Polizist ist für mich eine Respektsperson. Sieht man einen, hat man sofort ein schlechtes Gewissen."[20]

Diese Zeiten sind lange vorbei – zumindest für ein Großteil der Bundesbürger. Vielen geht es offensichtlich anders: Wenn sie Polizisten begegnen, sehen sie Rot.

Die Gewerkschaft der Polizei kritisiert die Politik für deren Einstellung zur inneren Sicherheit und zur Arbeit der Polizei. „In vielen gesellschaftspolitischen Konflikten sitzt die Polizei zwischen den Stühlen. Immer öfter muss sie sich dafür rechtfertigen, dass sie Recht und Gesetz durchsetzt, die Bürger vor Schaden an Gesundheit und Eigentum schützt und den demokratischen Rechtsstaat bewahrt", sagte der Vorsitzende der GdP, *Bernhard Witthaut*, dem Hamburger Abendblatt[21]. „Es fehlt an Politikern, die den Mut haben zu sagen: Nicht von der Polizei droht Gefahr, sondern von Kriminellen."

Schlechte Stimmung also im Land. Aber woran macht man den Autoritätsverlust der Polizei in der Gesellschaft fest? Ein gewichtiges Zeichen ist sicherlich die Respektlosigkeit gewaltbereiter Fußballfans. Nur unter großen Mühen setzt sich die Polizei im Umfeld der Bundesligaspiele gegen die Krawallmacher durch. Wertmesser sind auch die vielen Demonstrationen, auf denen die Polizist häufig als Feind angesehen wird. Und selbst auf den Partymeilen der Nation wie in der Düsseldorfer Altstadt werden die Uniformierten immer wieder als unerwünschte Ruhestörer betrachtet, die es zu bekämpfen gilt.

Es ist eine verrückte Welt, in der die Guten, die doch entsprechend ihrer Jobbeschreibung nur helfen sollen und wollen, als Gegner ausgemacht werden. Und die Bösen, die sich gern gegen Recht und Gesetz stellen, verehrt werden. Der Staat verliert – nicht nur mit dem schlechten Image seiner Politiker, sondern vor allem auch auf vielen Internetseiten in der Art wie sie etwa die Gruppe „37 Dinge für einen guten Umgang mit der Polizei" für ihre 4 000 Mitglieder auf StudiVZ veröffentlicht hat. Das sind die verachtenswerten Regeln für den Umgang mit der Polizei, die mehr über den Umgang der Bürger mit unserer Polizei aussagt als manche Meinungsumfrage:

1. Wenn ein Polizist mit Dir spricht, stelle Dich taub.
2. Frage, ob Du seine Waffe sehen oder anfassen darfst.
3. Wenn er nein sagt oder warum fragt, sage ihm, dass Du nur sehen wolltest, ob Deine grösser ist.
4. Gib ihm die Hand und fasse ihn oft an.
5. Frage ihn, wo er die coole Verkleidung her hat.
6. Frage ihn, ob Du Dir sein Kostüm ausleihen kannst.
7. Frage nach seinem Namen, und sprich ihn nur mit dem Vornamen an.
8. Tu so, als ob Du schwul wärst, und frage nach einem Date.
9. Fang an zu weinen, wenn er nein sagt.
10. Wenn er ja sagt, melde es seinen Vorgesetzten.
11. Wenn er Dich durchsuchen will und Dir sagt, dass Du die Beine spreizen sollst, erkläre ihm, dass Du nicht an ihm interessiert bist.

12. Sage ihm, dass Du auf Männer in Uniformen stehst.
13. Versuche, ihn mit Süßigkeiten zu bestechen.
14. Versuche zeitgleich mit ihm, Führerschein und Fahrzeugpapiere zu zeigen.
15. Wenn Du was unterzeichnen musst, popel vorher in Deiner Nase und lasse Dir von ihm einen Stift geben.
16. Kaue auf dem Stift herum.
17. Stecke Dir den Stift ins Ohr.
18. Falls er Dir einen Kugelschreiber gibt, baue ihn unauffällig auseinander und klaue die Feder.
19. Frage ihn, ob er eine Tochter hat. Wenn er ja sagt, erzähle ihm, dass Du seinen Nachnamen irgendwoher kennst.
20. Lasse Dir alles zwei Mal erklären.
21. Sprich ihm alles leise nach, was er sagt.
22. Rede mit Dir selbst.
23. Versuche, ihm Dein Auto zu verkaufen.
24. Frage, ob Du sein Auto kaufen kannst.
25. Wenn er Dich mit zur Wache nimmt, frage, ob Du im Auto vorne sitzen darfst.
26. Wenn Du darfst, spiele mit der Sirene.
27. Falls Du hinten sitzen musst, streichel seinen Hinterkopf durch das Gitter.
28. Vergewissere Dich, dass er angeschnallt ist.
29. Hole Dir eine Bierdose aus dem Handschuhfach und öffne sie, noch bevor er zur Tür kommt.
30. Frage ihn, ob er Dein Bier halten könne, bis Du Deinen Führerschein gefunden hast.
31. Sage ihm, er solle nicht den Kofferraum überprüfen.
32. Entschuldige Dich dafür, dass Du nicht gesehen hast, dass eine Kamera in dem Radarkasten war.
33. Frage ihn, ob er nicht einer von den Village People ist, und wo seine Kollegen sind.
34. Weise ihn darauf hin, dass Du sein Gehalt zahlst!

35. Frage ihn, ob er schon einmal einen Menschen erschossen hat.
36. Antwortet er mit ja, frage ihn, ob dies auch schon im Dienst vorgekommen ist.
37. Verabschiede Dich immer mit einem Lächeln und einem leicht süffisantem Unterton mit: „Grüss mir Deine Frau und meine Kinder!"

Über die Polizei wird heute nicht viel Sinnvolles im Internet veröffentlicht. Selten gehen beispielsweise Prominente aus Politik, Gesellschaft, Kultur, Wirtschaft oder Sport mit gutem Beispiel voran und äußern sich anerkennend über die Arbeit der Polizei – der Service von Personenschutz wird aber selbstverständlich gerne angenommen.

Dabei wäre es an der Zeit, sich für die Polizisten stark zu machen. In einer Zeit, in der der Rotstift in den Ministerien regiert und Personal auch bei der Polizei abgebaut und in allen Ecken und Kanten der Diensträume gespart wird.

Für den Landeschef der Gewerkschaft der Polizei in NRW, *Frank Richter*, sind Angriffe auf Polizisten „mittlerweile leider fast zum Volkssport geworden. Die Lage ist dramatisch. Insgesamt können wir eine Verrohung der Gesellschaft feststellen. Die Hemmschwelle Gewalt anzuwenden, ist in den vergangenen Jahren deutlich gesunken. Das zieht sich quer durch alle Schichten und Bevölkerungsgruppen."

So hat sich beispielsweise Mönchengladbach zu einem gefährlichen Pflaster für Polizisten entwickelt. In der einst recht beschaulichen Stadt am Niederrhein wird der Nachtdienst für die Polizisten immer anstrengender und gefährlicher, seit hier vor allem Betrunkene massiv Randale machen. Im April 2011 wurde ein Polizeibeamter morgens um 5 Uhr von einem Schläger angegriffen, als er einen Streit schlichten wollte. Ein 26-Jähriger schlug mit Fäusten auf den Polizisten ein und versetzte ihm Fußtritte, so dass der Beamte zu Boden ging. Mehrere

Kollegen waren nötig, um den verletzten Polizisten zu befreien. Herumstehende Passanten feuerten den Schläger mit Rufen wie „Schlagt die Bullen kaputt" an.

Nach dem Amoklauf im Gutenberg-Gymnasium in Erfurt, bei dem 17 Menschen getötet wurden, forderte die ehemalige Bundestagspräsidentin *Rita Süssmut* dazu auf, der Frage nach dem Entstehen dieser Gewalt in Schulen wie in der Gesellschaft intensiv nachzugehen: „Die Morde von Erfurt lassen ein Verdrängen nicht mehr zu. Sie erreichten die ganze Nation, die Politik, die Öffentlichkeit. Allen Beteiligten wurde bewusst, dass etwas gründlich schief läuft, dass im Umgang der Gesellschaft mit Gewalt Grundlegendes verändert werden muss. Wo Gewalt auch nur in Ansätzen im privaten oder öffentlichen Raum zugelassen ist, ob über die Medien verbreitet oder durch Mordanleitungen in so genannten »Killervideos« und im Internet, da ist mit allen zur Verfügung stehenden Mitteln Einhalt zu gebieten. Bisher jedoch fehlt es an einer konsequenten, für alle Lebensbereiche geltenden und einzuhaltenden Ächtung von Gewalt."[22]

Um die eskalierende Gewaltbereitschaft zu erklären, reiche nach Meinung von *Süssmuth* ein einzelner Ansatz nicht aus. Gewalt habe viele Ursachen: „Wir müssen gewiss auf mehreren Ebenen handeln. Eines aber ist unstreitig: Es fehlt in unserer Gesellschaft an Erziehung, an Zuwendung und Beziehung. Es fehlt an jener Art von Erziehung, die Freiräume zulässt und Grenzen setzt, die Hilfe zum Erwachsenwerden leistet. Wer Chaos und zerstörende Gewalt ablehnt, wer auf Zivilgesellschaft und zivilisierte Mitbürger setzt, der erkennt in Erziehung und Bildung die wichtigsten Aufgaben. Beides bildet eine Einheit und gilt für die Leistungsschwachen wie für die Leistungsstarken. Dafür Sorge zu tragen ist eine zentrale Aufgabe der Familie. Diese Aufgabe gehört ebenso in das Zentrum von Kindergärten und Schulen, ins Zentrum der Gesellschaft. Wertegebundene und Orientierung gebende Erziehung braucht einen breiten Konsens über die gemeinsam zu lebenden und zu verteidigenden

Werte wie Menschlichkeit, Anerkennung des anderen, Toleranz, soziales Verhalten, Rücksichtnahme, Gewaltlosigkeit und Eigeninitiative."[23]

Während es nach der Serie von Schul-Attentaten fast schon zu einem nationalen Einsatzplan kam, wurstelt man in den Bundesländern nur ein wenig an Ursachen und Auswirkungen der Gewalt gegen Polizisten herum. Hier ein wenig mehr Gesetz, dort etwas mehr Schutzverpackung und da ein paar Mann mehr beim Streifengang.

Für *Frank Richter* sind dagegen alle gesellschaftlichen Kräfte gefordert, diese Misere um die Gewalt gegen Polizisten zu bewältigen. In einem Gespräch mit RP-online[24] forderte der Gewerkschaftler: „Es darf nicht sein, dass unsere Kollegen immer mehr zur Zielscheibe der Gewalt werden. Die Politik muss das Thema anfassen. Denn wer Polizisten angreift, greift den Staat an. Schärfere Gesetze sind notwendig, aber nicht die alleinige Lösung des Problems. Das NRW-Innenministerium hat seit 2010 ein Lagebild erstellen lassen. Die Ergebnisse wurden bislang allerdings nicht veröffentlicht."

Wenn wir unseren Polizisten nicht vertrauen und sie nicht respektieren, wenn wir sie nicht vernünftig behandeln, sie nicht vernünftig bezahlen und mit einer hervorragenden Ausrüstung versehen, haben wir irgendwann niemanden mehr, der uns wirksam vor dem Verbrechen beschützt. Nur die Polizei ist dazu in der Lage. Keine Politiker, kein Militär, keine Intellektuellen können uns schützen. Dafür benötigen wir eine starke, einsatzbereite und vor allem auch einsatzwillige Polizei, die nicht das Gefühl haben darf, an zwei Fronten zu arbeiten: gegen Bürger und gegen Kriminelle. Das Verbrechen wartet nur darauf, dass wir die Polizei demotivieren und destabilisieren.

Ralf Halbach, der in Passau als Polizeihauptmeister seinen Dienst versieht und bald Opfer einer schrecklichen Gewalttat sein wird, weiß um die Probleme der Polizei. Aber er kann an der Situation nichts ändern ...

9 Schlechte Stimmung unter Deutschlands Polizisten

Was sind nun die Folgen von den Angriffen gegen die Polizeibeamten? Die Stimmung ist schlecht.

Bernhard Witthaut, der Bundesvorsitzende der GdP, „differenziert zwischen Motivation und Stimmung. Die Stimmung in der Polizei ist in vielen Bereichen sehr schlecht. Die Motivation, als Polizist tätig zu sein, ist hoch. Ob es nun um Einsätze geht, wenn Kolleginnen und Kollegen in Not sind oder wenn es darum geht einen Castor-Transport zu begleiten".

Für die schlechte Stimmungslage gäbe es ein ganzes Bündel von Gründe: „Es demotiviert, wenn ein Polizist bei einer Widerstandshandlung verletzt wird und ein Richter darauf feststellt, dass das halt zum Polizeiberuf dazu gehöre. Dafür kriege man ja eine Polizeizulage von 127,38 €. Meines Erachtens muss ein Dienstherr einem verletzten Polizisten automatisch einen Rechtsbeistand zur Seite stellen."

Besonders die Einsätze bei Demonstrationen, über die später noch geschrieben wird, und bei Fußballspielen machen der Polizei schwer zu schaffen. Im Februar 2011 beispielsweise verletzten Hooligans des 1. FC Köln nach einem Spiel einen leitenden Beamten der Kölner Polizei und einen Abteilungsleiter der Kölner Sportstättengesellschaft schwer. Etwa 20 Männer griffen ihre Opfer während eines Ortstermins an. Beim einem Spiel gegen St. Pauli wurden in Hamburg rund 120 FC-Fans in Polizeigewahrsam genommen, weil sie mit Flaschen auf Polizisten geworfen hatten. Ebenfalls im Februar erlitt ein Polizist nach dem Bayern-Spiel schwere Verletzungen ...

10 Ein neuer Weg heißt Stärke zeigen

Gewalt gegen Polizisten ist heute fast in jedem Ort der Bundesrepublik ein Thema. Für Großstädte wie Düsseldorf sind damit aber besondere Herausforderungen verbunden. Schwerpunkte der Auseinandersetzungen sind hier das feucht-fröhliche und zeitweise für Polizisten brutale Partyleben entlang der „längsten Theke der Welt" in der Düsseldorfer Altstadt, die Straßenkämpfe rund um die Fußballspiele und Auswüchse bei einzelnen der rund 400 Demonstrationen jährlich in der Landeshauptstadt von Nordrhein-Westfalen.

In der Altstadt wurde die Polizei von Politik und Altstadtwirten mit ihren Problemen allein gelassen, als sich 2010 immer häufiger junge Besucher zusammenrotteten und einen Krieg gegen die Polizei begannen – „Polizistenklatschen" statt Partyspass wurde vor allem an Wochenenden zu einer besonderen Belastung für die Polizei.

Mal beschimpfte eine Horde von Altstadtbesuchern Polizisten als „Scheißbullen", schubste und bewarf Beamte mit brennenden Zigaretten bis schließlich sieben Streifenwagen-Besatzungen acht betrunkene Männer im Alter von 18 bis 22 Jahren festnahmen. Mal wurden gleich 160 Fußballfans bei schweren Krawallen in der Düsseldorfer Altstadt festgenommen, nachdem sie sich eine Straßenschlacht mit den Einsatzkräften geliefert hatten; 14 Beamte wurden dabei verletzt. Vor allem durch starke Präsenz der Polizei konnte das Problem einigermaßen in den Griff bekommen werden.

„In der Düsseldorfer Altstadt hatten wir eine Zeit, zu der wir dort nicht so stark vertreten waren. Wir haben festgestellt, dass dies ausgenutzt wird und die Respektlosigkeit gegenüber der Polizei zunimmt, wenn die Kandidaten erkennen, dass die Polizei schwach aufgestellt ist", sagt der Düsseldorfer Polizeipräsident *Herbert Schenkelberg*, „diese Erkenntnis gilt nicht nur für Düsseldorf, sondern auch für andere Städte."[25]

Schenkelberg verweist auf Angriffe gegen Polizisten nach Fußballspielen in Köln und Frankfurt: „Dort musste ein Polizist sogar einen Warnschuss abgeben, weil er so stark bedrängt wurde."

Sowohl in der Partymeile Altstadt wie auch im Umfeld von Fussballspielen hat es die Polizei nach *Schenkelbergs* Beobachtung mit einer „problematischen Klientel" zu tun: „Mit dem Alkoholgenuss kommt eine gewisse Enthemmung, so dass wir da Eskalationen feststellen können."

Ein anderes Problem ist die Einstellung der vor allem jugendlicher Altstadtbesucher oder Fußballfans. Während die Polizei darauf bedacht ist, sich an Recht und Ordnung zu halten, missverstehen viele Jugendliche die Zurückhaltung der Polizei, die keine Handhabe hat, mit Brachialgewalt gegen randalierende Gruppen vorzugehen.

Schenkelberg formuliert den Konflikt vorsichtig: „Viele Jugendliche, die aus Ländern kommen, wo die Polizei eine andere Rolle einnimmt, zeigen ganz oft Unverständnis über die Zurückhaltung der Polizei in der Auseinandersetzung. Die Polizei ist ja dem Grundsatz der Verhältnismäßigkeit verpflichtet, das heißt, dass uns eine unmittelbare Reaktion, wie man sie sich vielleicht auch von der Polizei wünschen würde, untersagt ist. Wir haben es allerdings oft mit Leuten zu tun, die das als Schwäche auslegen und dementsprechend auch auftreten."

Kommt es aber doch einmal zu einem, im öffentlichen Fokus vielleicht unverhältnismäßigen Einsatz der Polizei oder zu einem Polizeiübergriff, führt das zu einem meist negativen Echo in den Medien. Dann bekommt der Polizist großen Ärger u. a. durch die Dienstaufsicht. Ein Dilemma, für das keine Lösung in Sicht ist: Die Folge sind eher zurückhaltende Reaktionen der Polizei auf Gruppenangriffe, die wieder dazu führen können, dass Randalierer noch weniger Respekt vor der Polizei haben. Dazu kommt, dass die Polizei nicht die Institution ist, die die Täter direkt bestraft. So ist der Zeitabstand zwischen Tat und Bestrafung meist zu lange, so dass ein Täter kaum noch einen direkte Verbindung zu seiner Tat herstellen und die Verwerflichkeit dieser auch einsehen kann. Die Polizei schreibt eine Anzeige – dann dauert es lange Zeit, bis eventuell ein Gerichtsverfahren folgt und ein Täter bestraft wird.

Stärke zeigen. Das ist der neue Weg der Polizei bei Massen-veranstaltungen zur Sicherung der öffentlichen Ordnung wie auch zum Schutz der Mitarbeiter. *Schenkelberg* schickt heute nicht mehr nur zwei Beamte alleine auf Streife, sondern kleine Gruppen. Da kommt es dann vor, dass neun Polizistinnen und Polizisten während des „Eurovision Song Contest" im Mai 2011 um Mitternacht im Gänsemarsch durch die Gassen der Düssel-dorfer Altstadt marschieren. Eine Maßnahme mit zwei positi-ven Effekten: Randalierer werden leichter in Schach gehalten und die vielen oft auch ausländischen Partygäste, die Informa-tionsbedarf haben, erhalten umfassend und schnell Auskunft.

Wenn früher eine Zwei-Personen-Streife von Passanten an-gesprochen wurde, hatte sie das Problem, dass sie im Rücken nicht gedeckt war gegen Aggressionen. *Schenkelberg*: „Das be-deutet immer ein sehr ungutes Gefühl für die Polizeibeamten, weil man nie weiß, was hinterrücks geschieht. Zu viert oder fünft kann man sich gegenseitig sichern und hat die Situation im Griff."

Bei vielen Einsätzen im Bundesgebiet hat die Polizei auch festgestellt, dass ihr mehr Respekt entgegengebracht wird, wenn sie kampfbereiter und in dunkler Schutzkleidung, mit Helm und entsprechender Ausrüstung auftritt. „Selbstverständlich kann es erforderlich werden, für bestimmte Auseinandersetzungen so ausgerüstet zu werden, das tun wir auch", bestätigt *Schenkel-berg*, „aber das soll natürlich nicht zum Normalfall werden. Ich möchte nicht, dass in der Altstadt der regelmäßige Dienst derart ausgerüstet erscheint. Dann nehmen wir der Partymeile sozusa-gen ihren Charme".

Wer aber sind die Randalierer, die den Polizisten das Leben so schwer machen?

Für den Düsseldorfer Polizeipräsidenten „sind das gesell-schaftliche Verlierer. Sie stehen außerhalb des Systems, weil sie objektiv erfolglos sind und sich subjektiv auch als Verlierer empfinden."

Die Gesellschaft, so *Schenkelberg*, sage ihnen das auch immer wieder deutlich: Wir wollen euch nicht, wir brauchen euch nicht. Ihr könnt nichts, ihr wollt nichts.

„Für diese jungen Menschen ist der normale Weg in die Erwachsenenwelt weitgehend verschlossen. Der vollzieht sich ja normalerweise über den Einstieg in das Berufsleben. Man verdient Geld, man hat Teil am Wohlstand. Das schaffen diese Menschen nicht. Sie schaffen das nicht, weil sie nicht die Voraussetzungen erfüllen. Aber das sehen sie anders. Sie spüren nur die Ablehnung. Ich denke, das Motiv für Aggression und Gewalt wird dadurch vermittelt, dass man jemandem sagt: Du bist hier überflüssig, ich will dich nicht", beleuchtet *Schenkelberg* die Beweggründe der Täter, „dann kommt hinzu, dass sich eine Solidarisierung unter den ‚Verlierern' bildet. Sie setzen sich nicht zu Hause hin und bedauern ihre Lage. Genau das Gegenteil ist der Fall. Sie gehen auf die Straße und demonstrieren ihren Unmut. Sie zeigen ihre Wut und lassen sie an Vertretern der Gesellschaft aus, die ihr deutlich zeigt, dass sie sie nicht will. Und diese Grundaggression wird schließlich noch durch Alkohol verstärkt." So wird es auch in dieser Nacht in Passau sein...

11 Das Drama beginnt mit einem Ehestreit

Große Verbrechen geschehen nicht aus heiterem Himmel, sie werfen ihre Schatten voraus. Am Abend des 24. September 2009 feiert *Mike Bernstein* zuhause gemeinsam mit einer Bekannten den Geburtstag seiner Ehefrau *Maria*. Die Ermittlungen der Polizei werden in den Tagen nach der Tat ergeben, dass die drei Personen viel Alkohol konsumieren und einen Cannabis-Joint rauchen.

Das ist eine gefährliche Mischung, denn sie beeinflusst Wahrnehmung wie auch die Handlungen eines Menschen. Und so überrascht es nicht, dass es gegen 22.30 Uhr zum Streit zwischen den Eheleuten kommt. Vor Gericht wird die Bekannte des

Ehepaars *Bernstein* berichten, wie der Mann seine Frau in der Auseinandersetzung schließlich festhielt und schlug.

Die Brutalität muss da schon gewaltig gewesen sein, denn Rechtsanwalt *Urlbauer* beschreibt die Zeugin vor Gericht als ein wahres Nervenbündel: „Die hatte furchtbare Angst, als sie aussagen musste. Sie saß in dem Zeugenstuhl, ganz rot, furchtbar unter Druck und konnte oder wollte sich nur wenig erinnern. Sie hat Angst gehabt, totale Angst. Das war schrecklich. Mir hat es sehr leid getan."

Zum Höhepunkt des ehelichen Streits flüchten *Maria Bernstein* und die Bekannte aus der Wohnung. Im Hausflur zerrt *Mike Bernstein* seiner Frau an den Haaren, schlägt sie. Er scheint wie von Sinnen zu sein und beisst seiner Ehefrau sogar in die Nase. Die Bekannte will der Ehefrau helfen, will das miteinander kämpfende Paar trennen. Doch sie schafft es nicht.

Allerdings haben sich die Streitenden inzwischen bis zur Haustür bewegt. Draußen vor der Tür steht ein Pizzabote mit seinem Wagen. Er hat gerade in der Nachbarschaft ein Abendessen abgeliefert und beobachtet die Szene. Um zu helfen, fährt der Pizzabote ein wenig vor und öffnet die Beifahrertür. Die Ehefrau erkennt ihre Chance, reißt sich von ihrem Ehemann los und springt in das Auto.

Maria Bernstein blutet aus mehreren Wunden. Sie weint und fleht den Fahrer an: „Hilf mir. Fahr los."

Der Pizzafahrer gibt Gas und rettet die Frau vor einer weiteren Gewaltattacke des Ehemannes ...

12 Die brutalen Kopftritte der Täter

Streitigkeiten zwischen Eheleuten oder Nachbarn gehören genau so zum Tagesgeschäft von Deutschlands Polizisten wie Einsätze nach Einbrüchen oder Überfällen. Immer wieder werden sie bei solchen Einsätzen allerdings Opfer brutaler Gewaltattacken. Ausgerechnet der Hauptdarsteller einer Reality-TV-Doku, der als Fernseh-Cop bekannt gewordene Polizist, *Michael Frehn*, wird 2010 Opfer eines außergewöhnlich brutalen Angriffs nach einem Einbruch in Mönchengladbach.

Was ist passiert? *Frehn* und sein Kollege sind nachts gegen 1.50 Uhr zu einem Einbruch in einen Supermarkt gefahren. Bei einer Personalien-Überprüfung wehrt sich ein Mann. *Frehn* überwältigt und fixiert ihn am Boden. Was er nicht sieht: Von hinten rempelt ein junger Mann, *Roberto di S.*, seine Kollegen an. Er will offensichtlich die von *Frehn* festgenommene Person befreien.

Andere Polizeibeamte können ihn zunächst abdrängen, doch dann gelingt es dem 21-Jährigen, sich loszureißen. Er rennt direkt auf *Frehn* zu und tritt mit voller Kraft nach dem Polizisten. *Frehn* hat keine Chance. Wenn jemand hinterrücks angegriffen wird und die Attacke nicht bemerkt, kann man nicht reagieren, nicht ausweichen. Polizisten sind auf Selbstverteidigung geschult und beherrschen etliche Tricks, um sich vor solchen Angriffen durch Abwehrbewegungen und Handgriffe zu schützen. Doch *Frehn* beugt sich gerade über den Festgenommen und drückt ihn zu Boden. Die Fußtritte von *Roberto di S.* überraschen den Polizisten in der denkbar ungünstigsten Position – er kann die Kraft der Tritte nicht abwehren.

„Einer davon traf den Beamten mit voller Wucht ins Gesicht. Blutüberströmt brach *Frehn* zusammen. Er erlitt mehrere Knochenbrüche. Die Täter flüchteten, wurden aber schnell von einem Polizeihund gestellt. Die Staatsanwaltschaft Mönchengladbach hat gegen sie Ermittlungen wegen versuchten Totschlages eingeleitet", berichtet der Journalist *Dieter Weber*[26] später über den Einsatz der Polizei.

Am gleichen Tag wird *Roberto di S.* von zwei Polizeibeamten nach einer erkennungsdienstlichen Behandlung in ein Polizeigewahrsam überführt. Dabei beweist er erneut sein ungeheures Gewaltpotenzial. Er reißt sich los und schlägt mit den gefesselten, zu Fäusten geballten Händen in Richtung des Kopfes einer der Beamten. Der kann allerdings dem Schlag ausweichen. Die

Staatsanwaltschaft wundert sich über diese Attacke des Täters nicht: „Der Angeklagte ist bereits mehrfach wegen Körperverletzung, räuberischer Erpressung und Widerstand gegen Vollstreckungsbeamte verurteilt worden. Zum Zeitpunkt der jetzt angeklagten Tat stand er unter Bewährung."

Später stellt der Staatsanwalt nach eingehenden Untersuchungen fest, dass der Täter „den Tod des Polizeibeamten billigend in Kauf genommen habe". In einer Pressemitteilung der Staatsanwaltschaft in Mönchengladbach vom Februar 2011 heißt es: „Dem Täter war insbesondere bewusst, dass ein mit voller Wucht ausgeführter gezielter Tritt gegen den Kopf zu tödlichen Verletzungen führen kann. Der geschädigte Beamte erlitt Jochbeinbrüche, einen Nasentrümmerbruch, einen Kieferbruch sowie eine Gehirnerschütterung. Des Weiteren entstand durch den Tritt ein Haarriss im Schädelknochen im Bereich der Stirnplatte."

Der Gerichtsreport der Bild-Zeitung fasst die Verletzungen des Fernsehpolizisten am 1. März 2011 in einem Bericht aus dem Gerichtssaal in Mönchengladbach so zusammen: „Der TV-Polizist verlor mehrere Zähne. Außerdem: Jochbein mehrfach gebrochen, Nase und Kiefer zertrümmert, Nasenrücken gerissen, Schädel gebrochen, Gehirnerschütterung."

Es ist ein kleines Wunder, dass Opfer *Frehn* schon zwei Monate nach der Tat wieder auf Streife gehen kann. Allerdings berichtet sein Anwalt, *Florian Huppertz*, von Folgeschäden: „Mein Mandant leidet bis heute an Taubheitsgefühlen im Gesicht."

Für den Mönchengladbacher Polizeipräsidenten, *Hans-Hermann Tirre*, befindet sich die Gewalt gegen die Polizei auf einem Höhepunkt. Diese Gewalttaten nehmen erheblich zu, berichtet er auf der Jahrespressekonferenz zur Kriminalitätsentwicklung 2009: „Bundesweit stiegen sie laut einer Anfang August veröffentlichten Studie von 2005 bis 2009 um rund 60 Prozent an."

„Diese dramatische Tendenz spiegelt sich auch in Mönchengladbach wieder", sagt *Tirre* mit Blick auf die regionale Situation in seinem Zuständigkeitsbereich, „der Kriminalitätsbericht für das vergangene Jahr weist 117 Fälle auf, bei denen Täter gewaltsam Widerstand gegen die Polizei leisteten. Die Mönchengladbacher Beamten werden auf diese Gefahren vorbereitet. Es gibt regelmäßig spezielle Ersatztrainings, außerdem werden unter anderem moderne Schutzwesten und Videokameras in Streifenwagen eingesetzt."

Polizeipräsident *Tirre* schildert auch die unterschiedlichen Formen der Gewalt gegen die Polizisten: „Die Fälle von mangelndem Respekt über Beleidigungen und Bedrohungen bis zur Gewalt gegen Einsatzkräfte nehmen zu."

Was das für die Betroffenen bedeutet, schildert *Michael Frehn* dem Gericht in der Verhandlung gegen *Roberto di S.* Anfang 2011: „Mich hat etwas am Kopf getroffen, es hätte ein Schuss oder ein Baseballschläger sein können." Er habe den Täter nicht gesehen und auch nicht die drohende Gefahr erkennen können. Er habe sich über die festgenommene Person gebeugt und sie am Boden fixiert, weil sie sich gegen ihn und seine Kollegen gewehrt hatte. *Frehn* erinnerte sich, dass er in einem See von Blut gelegen und befürchtet habe, sein Augenlicht zu verlieren: ‚Ich habe an den Tod gedacht'."[27]

Im Krankenhaus stellen die Ärzte fest, dass *Frehns* Verletzungen aussehen, als hätte er einen schweren Verkehrsunfall überlebt. Dreimal muss das Opfer operiert werden.

Vor Gericht wendet sich der Täter an *Michael Frehn*, der als Zeuge zur Verhandlung erschienen ist, und bittet ihn um Entschuldigung. Richter kennen das. Vor Gericht sind die Täter meist nicht mehr die Brutalos. Sie treten adrett gekleidet als reuige Sünder auf und lassen gerne ihre Anwälte die richtigen Worte finden. *Mario Prigge*, Rechtsanwalt von *Roberto di S.*, wendet sich an das Gericht: „Mein Mandant gesteht den Tritt, er bereut sehr, dass *Michael Frehn* so schwer verletzt wurde."

Der Polizeibeamte findet für die Entschuldigung des Täters nur einen knappen Kommentar. Schließlich weiß er zu diesem Zeitpunkt nicht einmal, ob er unter den Folgeschäden nicht doch noch sein Leben lang leiden wird. Da fällt es schwer, mal eben zu verzeihen. *Frehn*: „Ich nehme das so zur Kenntnis."

Der Richter, *Lothar Becker*, berücksichtigt das Geständnis in seinem Urteil nicht: Sieben Jahre und zehn Monate wegen versuchten Mordes, gefährlicher Körperverletzung und Widerstands gegen die Staatsgewalt. Ein hartes, aber auch ein gerechtes Urteil. „Im Übrigen war der junge Mann nicht zum ersten Mal als Gewalttäter aufgefallen. Er ist einschlägig vorbestraft", schreibt die Rheinische Post über den jungen Täter, der schon auf eine außergewöhnliche kriminelle Karriere zurückblicken kann, „die Teilnahme an einem Antiaggressionstraining hatte er mehrfach abgelehnt. Bereits einen Monat vor dem Mordversuch war er aufgefallen, als er sich einer Polizeikontrolle widersetzte und die Beamten beleidigte. Auch dafür wurde der Angeklagte jetzt von der Jugendkammer bestraft. Außerdem muss er an *Michael Frehn* 25 000 Euro Schmerzensgeld zahlen."[28]

„Nein zu jeder Gewalt", kommentiert die Journalistin *Heike Ahlen* im Internetauftritt der Westdeutschen Zeitung in Düsseldorf das Urteil: „... *Roberto di S.* stand wegen brutaler Körperverletzung mit einer abgebrochenen Flasche unter Bewährung, als er *Frehn* das Gesicht zertrat. Er ist sicher nicht der Einzige, der geglaubt hat, man könne sich sein Recht selber schaffen. Der Polizisten für Feinde hielt. Aber er ist auch derjenige, der einen Polizisten lebensgefährlich verletzt hat. Dass darauf ein Urteil folgt, das ein Zeichen setzt, ist nicht verwunderlich. Es ist richtig. Aber während Nebenklageanwalt *Hupperts* vor allem forderte, dass deutlich werden solle, dass Gewalt gegen Polizisten nicht toleriert werden kann, geht sein Mandant *Frehn* weiter: ‚Gewalt überhaupt – gegen jeden von uns – ist nicht hinnehmbar.' Und das muss man jedem entgegenhalten, der mutmaßt, das Urteil sei so hart, weil das Opfer ein Polizist war."[29]

Harte Strafen für brutale Taten. Aber selbst diese Urteile schrecken die Täter nicht ab, wie die Erfahrungen der Polizisten zeigen ...

II. 55 MINUTEN

*„Ich fühlte eine tiefe Erleichterung. Endlich hatte ich
die Macht über das Ganze und konnte Befehle geben.
Ich hatte das Gefühl, mit dem Schicksal zu wandeln.
Mein ganzes vergangenes Leben schien mir jetzt
nichts als eine Vorbereitung gewesen zu sein,
eine Vorbereitung auf diese Stunde."*

Winston Churchill,
ehemaliger Premierminister von England

13 Nachts um drei geht es in Passau rund

Die Nächte in Passau sind nicht immer so ruhig wie in dieser Nacht vom 24. auf den 25. September 2009. Die Lokale haben bis 5 Uhr geöffnet und nicht selten beginnt das Nachtleben erst ab 3 Uhr in der Früh.

„Da sind alle Leute auf der Straße und dann ist bei der Polizei die meiste Arbeit", beleuchtet Polizeihauptmeister *Ralf Halbach* die Situation in seiner Heimatstadt, „das war früher anders. Da war es so um 5 Uhr richtig ruhig und kaum noch jemand auf der Straße. Jetzt hat sich das gewandelt, es geht spät in der Nacht los, und es gibt jetzt Lokale, die machen schon um 6 Uhr wieder auf und die Gäste überbrücken die Zeit vom Schließen des einen Lokals bis zum Öffnen des anderen dann auf der Straße."

Passau ist nicht so ein verschlafenes Städtchen wie es bei einem ersten Rundgang den Eindruck macht. Im „Frizz" zum Beispiel, der Studentendisko im Zentrum der Stadt, steht ein ziviler Wachmann an der Tür. Schwarze Uniform, „Security" in fetten Buchstaben auf dem Rücken, breite Schultern.

Passau hat 50 000 Einwohner und davon 10 000 Studenten. „Und die sind nachtaktiv", schmunzelt Anwalt *Urlbauer* ...

14 Alkohol und Cannabis machen Täter aggressiv

Es ist 1.30 Uhr und auf dem WC der Studentenkneipe „Frizz" ist dicke Luft. *Mike Bernstein* steht am Waschbecken und vor ihm vier Studenten – er lässt sie nicht vorbei.

Minuten vorher hat der Streit begonnen. Sein Handy hat im WC keinen Empfang und einer der jungen Männer meinte: „Was nuschelst du denn da, dein Handy hat doch gar keinen Empfang im Keller, du musst rauf."

Vielleicht hat er aber auch nur gesagt: „Hey, das funktioniert nicht, das Scheißhandy" oder „Du hast einen Scheißempfang da unten." Hinterher weiß man das nicht mehr so genau.

Fest steht nur: Eine Sekunde später hat der Student für seinen Kommentar ein paar Schläge ins Gesicht bekommen, und dann wird er auf dem WC festgehalten. Drei weitere Besucher der Disko betreten das WC und es entwickelt sich ein Streit zwischen den Studenten und *Mike Bernstein*, der inzwischen – auch wenn man es ihm nicht angemerkt hat – ziemlich betrunken ist.

Als einer den Versuch macht, sich an *Bernstein* vorbei zum Ausgang zu drängen, verpasst ihm der Handwerker einen Schlag in den Magen. Eine halbe Stunde lang versperrt er den vier jungen Männern auf der Toilette den Weg. Voller Aggressionen. Voller Hass.

Doch schließlich ist *Bernstein* gegangen. Eine Flasche in der Hand hat er sich rückwärts bewegt durch den Flur und zum Ausgang der Diskothek.

Minuten später haben die Studenten die Polizei alarmiert. Zwei Streifenwagen sind auch von der Polizeiinspektion los gefahren, während *Mike Bernstein* zur nächsten Kneipe wandert. Ins „Calvados", einem Nachtlokal, das vor allem nach Mitternacht von Nachtschwärmern wie Studenten gerne aufgesucht wird, weil es dort einen fröhlichen, sympathischen Wirt und neben dem Weißbier auch immer einen guten Happen zum Essen gibt.

Doch *Bernstein* ist nicht lange geblieben. Er trifft *Lucky*, den Taxifahrer an der Theke des „Calvados" und lässt sich von ihm die 500 Meter zur Polizeiinspektion fahren.

Später, im Prozess, kann man nicht mehr genau rekonstruieren, was *Mike Bernstein* angetrieben hat. War es die Mischung aus Alkohol und Cannabis, die ihn aggressiv und unberechenbar gemacht hat? War es die Wut auf seine Frau, die ihm abgehauen ist?

Das sind Fragen, die später auch Rechtsanwalt *Johann Urlbauer* beschäftigen werden, den Anwalt des Geiselopfers: „Ich meine, dass man mal eine Schlägerei hat, wenn man besoffen ist, das kann passieren. Aber so ein Verbrechen mit diesem Ablauf, das verstehe ich nicht."

Niemand versteht das. In der Tatnacht nicht und auch später beim Prozess nicht. Im „Calvados" fällt ihm wohl ein, dass er jetzt seine Frau von der Polizei suchen lassen sollte. *Urlbauer*: „Er will jetzt irgendwie Hilfe haben, weil seine Frau ja weg ist. Er ist vergeblich in der Stadt rumgerannt und hat seine Frau gesucht. Das war der emotionale Hintergrund für sein gewalttätiges Handeln. Vielleicht hat er während der Suche nach seiner Frau auch mit dem Gedanken gespielt, sie für ihr Verschwinden zu bestrafen. Das mag da irgendwo schon in ihm drinnen gewesen sein und hat dann vielleicht die Kette der Gewalttaten ausgelöst. Irgendwie banal."

Und irgendwie nachvollziehbar. Enttäuschung, Verzweiflung und Wut gehen oft eine schreckliche Ehe mit Alkohol und Drogen ein. Da kommt es schnell zu Exzessen, schweren Gewalttaten.

„Vielleicht hat er bei seinen Aktionen aber auch Macht gespürt, Macht ausgeübt", meint Anwalt *Urlbauer*, „die Zeugen aus dem Frizz haben vor Gericht erzählt, dass der Täter immer ein Grinsen im Gesicht hatte. Einen Gesichtsausdruck wie: Ihr macht das, was ich bestimme, was ich will. Vielleicht hat ihm das Spaß gemacht – Macht zu haben."

Es ist 2 Uhr am Freitagmorgen und *Mike Bernstein* verlässt das „Calvados" und setzt sich in das Taxi von *Lucky*, und die Katastrophe nimmt ihren Lauf ...

15 Eine trügerische Ruhe im Passauer Polizeirevier

Für die Polizei ist es eine ruhige Nacht. Die Nacht von Donnerstag auf Freitag, die Nacht vom 24. auf den 25. September 2009. Polizeihauptmeister *Halbach* hat um 18.15 Uhr seine Schicht begonnen. Nichts ist los in der Stadt. Bei der Nachtschicht haben die Polizisten einen speziellen Streifenplan. Von 22 Uhr bis 1 Uhr ist *Halbach* im Streifendienst tätig. Danach übernimmt er den Dienst in der Wache – normalerweise bis 4 Uhr. Aber um diese

Zeit wird er schon längst auf dem Operationstisch im Kranken-haus liegen und die Ärzte werden um sein Leben kämpfen.

Es geht auf 2 Uhr zu. *Halbachs* Kollege, der Dienstgruppenlei-ter, beschließt, sich etwas auszuruhen. Vorher noch hat er eine Streife zum Studentenlokal „Frizz" geschickt, weil dort ein Aus-länder etwas Randale gemacht haben soll. Doch der Mann ist verschwunden und die Polizeibeamten fahren Streife durch die Stadt, um ihn zu finden. Auch die Kollegen eines zweiten Wagens bieten sich an, bei der Suche zu helfen.

„Das war mein Kenntnisstand. Ich habe mitbekommen wie die Streife angefahren ist und wie sie sich von außerhalb gemeldet hat", erinnert sich *Halbach* später an die Situation, „und dann hat der Dienstgruppenleiter gesagt, das sei jetzt ein einfacher Einsatz, nicht viel los, er lege sich hin. Es ist dann so üblich, dass er mir die Telefonnummer aufschreibt, in welchem Büro er er-reichbar ist. Im Ruheraum gibt es nur zwei Plätze, darum ist der Kollege dann in einen anderen ruhig gelegenen Raum gegangen."

Es ist normal, dass Kollegen nachts zum Dienst eine Lie-ge mitbringen und sich in ein abgelegenes, ruhiges Büro legen, wenn der Ruheraum belegt ist. Da hinterlässt man dem wachha-benden Kollegen die Telefonnummer des Raums für den Fall, das Unvorhergesehenes passiert und Not am Mann ist.

Der Ruheraum befindet in einer ruhigen Zone des Hauses. Die schlafenden Polizisten sollen nicht durch jedes Geräusch ge-weckt werden. Schließlich geht es in den Dienstzimmern oben am Empfang gelegentlich hoch her, etwa wenn ein Festgenom-mener renitent wird oder sich Betrunkene lautstark unterhalten.

Ein spezielles Alarmsystem fehlte allerdings, um die ruhen-den Kollegen im Notfall aufwecken zu können. Niemand hätte auch vor dieser Nacht daran gedacht, dass es jemals zu einer Geiselnahme oder einer ähnlichen Gewalttat in der Passauer Po-lizeiinspektion kommen würde.

Später, viele Monate nach der Tatnacht erst, wird das ein Thema werden. Erst wird man intern darüber reden, warum

Halbach in dieser Nacht alleine im Wachraum war. Dann werden sich Medien damit befassen, danach einige Politiker und schließlich der Ausschuss für Kommunale Fragen und Innere Sicherheit im Bayerischen Landtag. Die Staatsregierung wird im April 2011 Bericht erstatten müssen, der Innenminister hat dann das Wort.

Halbach wird später die Situation aus seine Sicht so beschreiben: „Das mit dem Schlafen ist ein schwieriges Thema, das ist schon klar. Es gibt ja offiziell kein Schreiben, in dem es heißt, dass man sich hinlegen darf. Es gibt aber auch keine Anweisung, in der es heißt, dass man nicht ruhen darf. Aber es gibt Ruheräume in den Dienststellen, und die braucht man auch, ganz klar. Man braucht sie schon zur persönlichen Sicherheit. Denn wenn ich zum Beispiel früh morgens um sechs einen Einsatz habe und nicht fit bin, ist das gefährlich. Und für den Bürger ist es natürlich auch von Vorteil, wenn der Polizist, mit dem er zu tun hat, auch einigermaßen ausgeruht ist."

Aber in dieser Nacht steht in Passau die Welt auf dem Kopf. Nichts ist normal …

16 Eine Polizeiwache ohne Videoüberwachung

Der Rechtsanwalt des Geiselnehmers, *Bruno Fuhs*, wird später einige unangenehme Fragen stellen: „Wenn schon alle Beamten schlafen und einer alleine Dienst schiebt, warum ist diese Wache, wo ja häufig nachts Querulanten oder Betrunkene daherkommen, nicht videoüberwacht? Wie kann es sein, dass ein Täter in die Wachstube darf, ohne dass man ihn vorher durchsucht hat? Jede Tankstelle in Deutschland ist besser gesichert als die Polizeiwache in Passau."

Das sind harte Worte, vor allem aber Fragen, die sich später auch die niederbayerische Polizeiführung und dann auch die Politiker im Bayerischen Landtag stellen werden. Und es wird sicherlich auch manche andere Polizeibehörde in Deutschland geben, die nach dieser Geiselnahme erneut Fragen nach der eigenen Sicherheit der Polizisten auf den Wachen stellt.

„Wir haben sogar in Sitzungssälen im Amtsgericht Amberg kugelsichere Gläser drin. Und die Polizeiwache in Wackersdorf ist eine Festung", sagt *Fuhs*, „aber leider fehlen oft die finanziellen Mittel um die Wachen sicher auszustatten. Darum müssen wir uns fragen: Was sind uns unsere Sicherheit und der Schutz der Beamten wert?"

17 Die erste Gewaltattacke auf der Polizeiwache

Es ist zwei Uhr am Freitagmorgen. *Halbach* ist allein in der Wache der Polizeiinspektion Passau an der Nibelungenstraße. Vier Kollegen sind mit ihren beiden Streifenwagen unterwegs zur Disko „Frizz", weil hier ein Mann randaliert haben soll. Während die Streifenbesatzungen nach dem Unbekannten mit ausländischem Akzent suchen, schellt die Türglocke in der Polizeiinspektion.

Halbach lässt den Mann in den Vorraum. Durch ein Panzerglasfenster nimmt er Kontakt auf, doch da die Akustik sehr schlecht ist und der Mann unverständlich spricht, lässt der Polizist den Unbekannten in sein Dienstzimmer.

Er hegt keinen Argwohn gegenüber dem Unbekannten, zudem dieser Unverständliches über einen Streit mit seiner Frau stammelt. Es ist ein Fehler, den Mann hereinzubitten, wie sich schon bald herausstellen soll.

„Es hat dann geläutet, wir haben da so eine Überwachungskamera und da habe ich also gesehen, dass draußen jemand an der Türe steht. Ich habe geöffnet, dann kommt er in einen kleinen Vorraum rein, er kann also noch nicht ins eigentliche Wachzimmer rein, das ist also noch versperrt. Es ist in diesem Vorraum ein großes Panzerglas, allerdings ist es dort versäumt worden, eine Gegensprechanlage einzubauen, die Kommunikation war recht schwierig", erinnert sich *Halbach*, „der Mann hat immer nur irgendwas gesagt: seine Frau, seine Frau, und er brauche Hilfe. Er war sehr aufgeregt und für mich war klar, dass er irgendwas von der Polizei möchte. Dem Mann muss geholfen werden, dachte ich. Einen alkoholisierten Eindruck hat er mir zu diesem Zeitpunkt überhaupt nicht gemacht, eher war er aufgeregt und hilfsbedürftig. Ich habe ihn dann reingelassen. Da muss man auf einen Knopf drücken, dann wird der Türöffner betätigt, und dann stand der Mann vor dem Tresen im Wachraum."

Halbach erfährt nun, dass die Ehefrau des Fremden verschwunden ist: „Ich fragte ihn, ob seine Frau ein Handy habe und ob sie vielleicht telefonisch erreichbar sei. Ich hatte die Hoffnung, vielleicht mit der Frau reden zu können. Da kann man dann mehr darüber herausbekommen, was passiert ist. Im Nachhinein war es so, dass er höchstwahrscheinlich überhaupt nicht darüber sprechen wollte, weil es ihm gar nicht um das ging. Dann hätte er ja eingestehen müssen, dass er seine Frau geschlagen hat. Das wollte er sicher nicht mitteilen. Warum er eigentlich zur Polizei gekommen ist, ist mir auch schleierhaft. Jedenfalls habe ich dann zum Telefonhörer gegriffen, um die Ehefrau anzurufen und da ist er aggressiv geworden."

Vor Gericht wird der Staatsanwalt später feststellen, dass der 27-jährige *Mike Bernstein* den über 20 Jahre älteren Polizisten angegriffen habe, sobald er durch die Schwingtür das Dienstzimmer betreten habe. Er stellt sich direkt vor den Polizeibeamten auf und hämmert mit seinen Fäusten auf *Halbach* ein. Der versucht zunächst zurückschlagen und den Fremden hinter die Schwingtür zu drängen. Doch der Kasache ist dem Polizisten körperlich überlegen, und er hat keine Hemmungen seine brutale Attacke ungebremst weiterzuführen.

„Der war ohne irgendwelche Hemmungen", erinnert sich *Ralf Halbach* noch Monate danach, „er ist sofort auf mich los. Ich habe noch den Telefonhörer in der Hand gehabt und habe ihn dann zur Seite gelegt, und er hat dann sofort auf mich eingeschlagen. Der hat wie ein Boxer die Stellung vor mir eingenommen und hat wie ein Boxer auf mich eingeschlagen. Ich habe versucht, mich zu wehren und zurückzuschlagen. Aber ich merkte sofort, dass er so aggressiv und brutal ist, dass ich keine Chance habe. Ich habe es kurzzeitig geschafft, ihn ein bisschen wegzudrücken, aber es ist natürlich sehr beengt in diesem Dienstraum."

In seiner Not versucht *Halbach* Raum zu gewinnen, zieht sich zurück in einen Flur hinter dem Dienstraum. Doch *Bernstein* folgt ihm. Schlägt weiter.

„Der ist natürlich davon ausgegangen, dass mir jetzt Kollegen zu Hilfe kommen", erinnert sich *Halbach*, „aber das war nicht der Fall."

Bernstein fragt *Halbach*, während er weiter auf den Polizisten einprügelt: „Bist Du alleine?"

Halbach antwortet nicht. „Mir war es ja bewusst, dass ich alleine bin und dann hat er erneut angefangen, auf mich einzuschlagen und zwar derart massiv und heftig, dass ich mich dieser Schläge nicht mehr erwehren konnte. Und mir war klar, dass ich irgendwann, wenn das so weitergeht, bewusstlos werde und zu Boden gehe und der Mann dann alleine auf der Dienststelle ist und machen kann, was er will", sagt *Halbach*. Er denkt an seine Schusswaffe, die dem Mann womöglich in die Hände fällt. Er denkt an seine Kollegen, die den Aggressionen des Unbekannten womöglich hilflos ausgesetzt sind, wenn er sie im Schlaf überrascht. Alles das denkt er in Sekunden. Es sind Gedankenblitze, Horror-Vorstellungen. Es ist, als wäre ein Amokläufer in die Wache eingedrungen, um alles und jeden zu zerstören.

„Diese Vorstellung, dass meinen Kollegen etwas passieren könnte, war ganz schlimm", sagt *Halbach*, „und ich hatte nur begrenzte Möglichkeiten entweder übers Telefon oder Funk Hilfe zu holen. Ich wusste nicht, wo sich die Streifenwagen befanden. Das kann natürlich schon ein paar Minuten dauern, bis die in der Wache eintreffen würden."

Doch ab jetzt zählt jede Minute. Ab jetzt geht es um *Halbachs* Leben, wie sich schon bald herausstellen wird. Jetzt beginnt ein Verzweiflungskampf. 55 Minuten lang. Für *Halbach* eine Ewigkeit ...

18 Der Freund und Helfer wird zum Opfer. Was für ein Schock!

Was für eine Situation für einen Polizeibeamten! Da betritt ein Bürger die Wache und bittet den Polizisten um Hilfe bei der Suche nach seiner Frau – und dann beginnt er eine Schlägerei. *Ralf Halbach* muss sein Gefühls- und Empfindungswelt, seine Gedanken und Reaktionen von einer Sekunde auf die andere, von „Helfen" auf „Bekämpfen" umstellen. Er muss sich innerlich um 360 Grad drehen.

Polizisten wissen, was es bedeutet, wenn Menschen einen nahen Angehörigen suchen. Sie sind zuständig für die Suche nach Vermissten, und auch in Passau kommen jedes Jahr zahlreiche Angehörigen mit der Bitte um Hilfe in die Wache.

Rund 100 000 Menschen werden allein in Deutschland jedes Jahr bei der Polizei als vermisst registriert. Das stürzt mindestens 500 000 Menschen in Verzweiflung, die davon direkt betroffenen sind: Ehe- oder Lebensgefährten, Eltern, Großeltern, Onkel, Tante und Geschwister. Zählt man zum engen, betroffenen Kreis eines Menschen noch entfernte Verwandte, enge Freunde, Nachbarn, Vereins- und Arbeitskollegen hinzu, kommt schnell ein Millionenheer Betroffener zusammen, von denen fast niemand weiß, was zu tun ist und wie man helfen oder an wen man sich wenden kann.[30]

Halbach glaubt also in diesen Minuten, als *Bernstein* ihn um Hilfe bittet, dass er einen verzweifelten Mann vor sich hat, der Angst um seine Frau hat. Die Telefonauskunft bietet keine Ansprechpartner, das Internet hat keine Adressen parat – ansprechbar ist nur die Polizei, von der zwei Insider, der Leitende Kriminaldirektor a. D. *Horst Clages* und der Kriminaloberrat a. D. *Klaus-Dieter Schlieper,* in einer kritischen Bestandsaufnahme unter dem Titel „Polizeiliche Bearbeitung von Vermisstenfällen" feststellten: „Der Bearbeitung von Vermisstenfällen wird in der polizeilichen Praxis nur wenig Aufmerksamkeit gewidmet."

Aber *Ralf Halbach* schenkt dem ihm unbekannten Mitbürger die notwendige Beachtung. Er will helfen.

Die Bevölkerung einer kompletten mittelgroßen Stadt verschwindet also jedes Jahr in der Polizeistatistik – und niemand interessiert sich für die Sorgen und Probleme der Zurückgebliebenen. Außer der Polizei, die die Vermissten registriert, Angehörige beruhigt und – wenn es die Rechtslage, die Gefahreneinschätzung, aber auch die Personalsituation zulassen – aktiv nach den Vermissten sucht.

Polizeihauptmeister *Halbach* weiß, was im Vermisstenfall zu tun ist. Manchmal muss man nur die Angehörigen ein wenig beruhigen. Viele Vermisste kommen ja nach kurzer Zeit wieder heim. Die Polizei bestimmt den Umfang ihrer Aktivitäten aber nach genauer Prüfung der Vermisst-Situation. Da wird die Persönlichkeit des Vermissten eingeschätzt, und es werden die Umstände des Verschwindens beurteilt. Auch spielt es eine Rolle, wie lange die Person schon vermisst wird, welche besonderen Umstände dabei eine Rolle gespielt haben, und es wird überlegt, wo sich die vermisste Person unter Umständen aufhalten könnte.

Kaum jemand kann sich ja vorstellen, welche Arbeit da bei der Polizei zu bewältigen ist. So müssen mehrseitige Vermisst-Formulare ausgefüllt werden; versehen mit persönlichen Daten, unveränderlichen Körpermerkmalen wie Narben oder Tätowierungen, mit Anlagen wie Röntgenbildern oder Gebissschemata. Diese Hinweise sind wichtig, weil die Vermissten-Dateien bei der Polizei auch geführt werden, um sie mit der Liste der unbekannten Toten, die irgendwo ohne Papiere und Hinweise auf die Identität aufgefunden wurden, zu vergleichen.

Dabei muss man wissen, dass die meisten Menschen nicht einem Verbrechen zum Opfer fallen. Viele tauchen aus persönlichen oder beruflichen Gründen unter. Häufig handelt es sich um hilflose Personen, die es aufzufinden gilt. Kranke oder ältere Menschen, die unter psychischen Erkrankungen wie Gedächtnisschwäche leiden. Oder es werden kleine Kinder gesucht, die sich verirrt haben. Da es immer wieder auch vorgekommen ist, dass Angehörige das Verschwinden eines Verwandten vorgetäuscht haben, um ein Verbrechen zu verdecken, achtet die Polizei allerdings auch darauf, ob eventuell widersprüchliche oder falsche Angaben gemacht werden.

Das alles weiß *Halbach*, und es wird an dieser Stelle nur noch einmal dargestellt, um deutlich zu machen, warum der Polizeihauptmeister von der Gewaltattacke des Besuchers überrascht werden konnte. *Halbach* hätte nachgefragt nach den genauen Umständen des Verschwindens von *Maria Bernstein*. Aber dazu kommt er nicht mehr …

19 Selbstverteidigung gegen aggressive Bürger

Polizisten sind darauf trainiert, sich gegen überraschende Angriffe zu verteidigen. Denn die Mitarbeiter der Polizei erleben solche Situationen bei ihren Streifengängen in den Städten und Gemeinden Deutschlands fast täglich. Manchmal sind es nur kleine Konflikte, gelegentlich entwickeln sich daraus allerdings auch Kämpfe auf Leben und Tod. Wenn etwa eine Horde Betrunkener über eine Zwei-Mann-Streife herfällt und weitere Kollegen nicht so schnell am Einsatzort eintreffen.

Halbach kennt solche Situationen seit vielen Jahren. Er hat es immer wieder erlebt. Und er konnte sich auf sich und seine Erfahrung und die seiner Kollegen im Ernstfall immer verlassen. Eigensicherung nennen das die Ausbilder in den Polizeischulen.

„Eigensicherung endet niemals. Sie begleitet Polizeibeamte ein ganzes Berufsleben lang und hält immer neue Herausforderungen bereit", schreiben die Autoren *Arnold Schacht, Herbert Frese* und *Wolfgang Bopp* in ihrem Fachbuch „Praktische Eigensicherung – Grundlagen für Ausbildung und Praxis", „auch das polizeiliche Gegenüber schläft nicht, beschäftigt sich mit den Möglichkeiten und der Aus- und Fortbildung der Polizei und kann darüber hinaus genug Zeit erübrigen, um selbst sehr gut und sehr oft zu trainieren ... Jeder Beamte sollte sich über die positiven Auswirkungen einer mentalen Vorbereitung im Klaren sein. Auch wenn man den Erfolg nicht sofort erkennt, immer wieder durchdachte Verhaltensweisen oder Reaktionsmöglichkeiten in bestimmten Situationen erleichtern das richtige Handeln in der Realsituation ungemein."[31]

Die Polizisten lernen in ihrer Ausbildung sehr effektive Abwehr- und Eigensicherungstechniken. Mit wenigen Maßnahmen sollen sie die Situation beherrschen. Techniken, die so einfach strukturiert sind, dass man auch gegen körperlich überlegene Täter gewinnt.

So sollte es sein. Doch *Halbach* hat trotz seiner Sportlichkeit und seiner Techniken heute Nacht keine Chance.

Dabei warnen Ausbilder wie *Schacht* immer wieder: „Dem Betroffenen darf es während der Zugriffshandlung auf keinen Fall gelingen, eine versteckt getragene Waffe in die Hand zu bekommen oder andere gefährliche Gegenstände zu ziehen. Auch die eigene Dienstwaffe muss vor einem eventuellen Zugriff des Gegenübers geschützt werden."

Halbach hat in dieser Nacht großes Pech, wie sich noch herausstellen wird ...

20 Aus Routine-Einsätzen werden Massenangriffe

In einer gefährlichen Situation, wie sie *Halbach* gerade erlebt, haben sich schon vieltausende Polizisten befunden. Denn die Gefahren lauern bei einer Streifenfahrt an jeder Straßenecke. Polizisten benötigen selbst Schutz, schrieb die Berliner Presse beispielsweise im Juli 2010, als innerhalb weniger Tage mehrfach Polizisten im Dienst angegriffen worden waren.

„Bei einem Einsatz im Zusammenhang mit einem Raubüberfall auf einen Lebensmitteldiscounter griff am Dienstagabend ein offenbar Angetrunkener einen Beamten mit einem abgeschlagenen Flaschenhals an. Der 42-Jährige Mann war auf die beiden Beamten losgegangen. Nur durch einen gezielten Schuss ins Bein des Angreifers konnte der Polizist sich und seinen Kollegen schützen", berichtete Welt-online.[32]

Der Polizeieinsatz hatte so harmlos begonnen. Wie ein Routineeinsatz. Die Funkstreife war abends wegen eines räuberischen Diebstahls zu einem Supermarkt an der Prinzenallee alarmiert worden. In einem Penny-Markt sollte sie gegen einen Ladendieb ermitteln. Doch bereits vor dem Geschäft wurden die beiden Beamten von einem zunächst völlig unbeteiligten 42 Jahre alten Mann plötzlich beschimpft. Der Mann nahm eine Flasche, zerschlug sie und ging mit dem scharfkantigen Flaschenhals auf die Beamten los.

„Mehrfach forderten die Polizisten den 42-Jährigen auf, den gefährlichen Flaschenrest fallen zu lassen, doch der Mann reagierte nicht. Stattdessen näherte er sich den Polizisten immer weiter – offenkundig in der Absicht, alle Warnungen ignorierend, mit dem gesplitterten Glas im nächsten Moment anzugreifen. Daraufhin gab einer der Beamten einen gezielten Schuss auf einen Unterschenkel des 42-Jährigen ab. Der Mann brach zusammen", berichteten die Berliner Journalisten *Maren Wittge* und *Peter Oldenburger*, „unmittelbar danach wurden die Beamten von etwa 100 Schaulustigen umringt und bedroht. Erst nachdem andere Streifenbesatzungen zur Verstärkung kamen, konnte die Polizei die Lage beruhigen."[33]

Nach drei ähnlichen Vorfällen innerhalb weniger Tage sah sich Berlins Innensenator *Ehrhart Körting* zu einer Stellungnahme verpflichtet. Er stellte besorgt fest, dass Polizeibeamte immer besonderer Gefahr ausgesetzt seien und darum besonderen Schutz benötigten.

„In Berlin werde deshalb mit besserer Schutzausrüstung, Fortbildungen für die Polizisten und Gewaltprävention durch

Aufklärungsarbeit an Schulen auf die eskalierende Bedrohung reagiert, so *Körtings* Sprecherin *Kristina Tschenett*. Der Senator setze sich zusammen mit der Innenministerkonferenz darüber hinaus für ein härteres Strafmaß bei Übergriffen auf Polizeibeamte ein ...", schreibt Welt-online über die Reaktion der Politik, „nur selten werden die Täter rechtlich zur Verantwortung gezogen; meist tauchen die Rädelsführer in der Menge unter. Eine der seltenen Ausnahmen: Am Montag wurde ein 19 Jahre alter Lehrling wegen Misshandlung eines Polizisten zu einem Jahr und zwei Monaten Haft mit Bewährung verurteilt. Er war mit einem Kumpan in einem Park in Friedrichshain unvermittelt auf einen Polizisten in Zivil losgegangen, hatte ihn getreten und im Schwitzkasten gewürgt, während sein Komplize die Taschen des Opfers plünderte. In Todesangst zog der Beamte seine Dienstwaffe, um einen Warnschuss abzugeben. Im Gerangel löste sich der Schuss vorschnell; das Projektil traf den 19-Jährigen ins Bein."

Nicht nur in der Weltmetropole Berlin geschehen solche gefährlichen Attacken auf die Polizei. Auch in einem so beschaulichen Studentenstädtchen wie Freiburg kommt es für Polizisten zu gefährlichen Situationen. So eskalierte etwa ein Konflikt zwischen Teilnehmern der „anarchistischen Konferenz" DIY (Do it Yourself) und der Freiburger Polizei. Dabei wurde ein Polizist so schwer am Auge verletzt, dass er notoperiert werden musste. Auslöser war die Festnahme eines Graffiti-Sprayers, der auf frischer Tat ertappt worden war. Daraufhin umzingelte eine Menschenmenge die Polizisten. Sie wurden geschlagen und getreten und mit Flaschen beworfen.[34]

Was für ein Horror! Selbst auf Selbstverteidigung trainierte Polizeibeamte geraten da schnell in eine ausweglose Verteidigungsposition. In der Polizeiausbildung lernen Polizisten mit der Gewalt umzugehen und auch, Gewalt anzuwenden, wenn es keinen anderen Weg mehr gibt. Das beginnt bei einem Konflikt mit dem Ansprechen einer Person, bei der er durch seine Körper-

sprache dem anderen Entschlossenheit vermitteln und deeskalierend auf die sogenannte Zielperson einwirken soll. Eigen-
sicherungsexperte *Schacht*: „Der Zielperson ins Gesicht sehen
bei der Ansprache, hektische Arm- und Handbewegungen vermeiden. Klare Ansprache und Erläuterung der Maßnahme. Der
Gesichtsausdruck sollte Offenheit vermitteln, ein Lächeln hat
selten sein Ziel verfehlt. Freundlich aber bestimmt die Maßnahme angehen. Versuchen die Zielperson in ein Gespräch zu
binden, kooperativ wirken und sich nicht hinter dem Gesetz
oder Vorschriften verstecken, Probleme anderer erkennen
und nicht auf stur schalten, sondern Lösungen anbieten."[35]

Polizisten lernen während ihrer Ausbildung Eingriffs-, Zu-
griffs- und Transporttechniken. Sie wissen, wie man eine Person aus einem Pkw herausholen, festnehmen und in einer
Funkstreife transportieren kann. Sie lernen, was zu tun ist,
wenn jemand den Anordnungen und Weisungen keine Folge
leistet, wie man sich mit dem kurzen Schlagstock oder dem
langen Polizeistock verteidigt. Und selbstverständlich weiß
man alles darüber, wie man mit einer Pistole umgeht. An alles
haben die Ausbilder bei der Polizei gedacht, alles haben sie
vermittelt. Aber man kann nicht alles planen und nicht jede
Situation vorhersehen.

Polizeiinterne Untersuchungen und Ermittlungen zeigen
immer wieder, dass Täter bei einem Konflikt mit dem Polizeibeamten geringste Chancen nutzen. Wie Bluthunde reagieren
sie instinktiv auf die kleinste Schwäche oder Unaufmerksamkeit eines Polizisten. Im Rahmen einer FBI-Studie[36] wurden Täter befragt, wie es dazu kommen konnte, dass sie FBI-Beamte
erschossen haben. Die genannten Gründe: Der Polizeibeamte
vernachlässigte seine Eigensicherung, achtete nicht auf Handbewegungen oder hätte schon zu einem früheren Zeitpunkt
mehr Gewalt anwenden müssen. Der FBI-Mitarbeiter hatte keine Kontrolle über den Täter, er wurde überrascht, war
unvorbereitet, zeigte passives Verhalten oder drückte durch

seine Körpersprache eine Opferrolle aus. Auch passives, resignatives oder depressives Verhalten führten zu der Katastrophe. Und nicht zuletzt: Der Polizeibeamte zögerte beim Ziehen seiner Waffe, oder er machte dabei einen verwirrten Eindruck.

„Nicht nur die Handlungen sind Anteile der Eigensicherung, sondern in viel stärkerem Maße sind es die Sprache und das Ausdrucksverhalten sowie die Mimik und Gestik des Polizeibeamten", kommentieren die Autoren *Dietrich* und *Jörn Ungerer* in ihrem Fachbuch „Lebensgefährliche Situationen als polizeiliche Herausforderung" die FBI-Studie.

Soll *Ralf Halbach* seine Waffe ziehen? Muss er jetzt zur Waffe greifen? Wann ist der richtige Zeitpunkt, bis zum Äußersten zu gehen? Viel später wird mancher sagen, *Halbach* hätte sofort zur Waffe greifen sollen. Aber die, die das sagen, sind nicht dabei, als *Halbach* unter massiven Druck gerät.

Die drei Autoren des Buches „Praktische Eigensicherung" sind erstklassige Polizei- und Selbstverteidigungsexperten. *Schacht* war unter anderem Ausbilder für Eigensicherung und Selbstverteidigung sowie Schießausbilder, *Frese* u. a. Dozent für Eigensicherung und *Bopp*, ein ehemaliger Polizeibeamter, arbeitet heute als Unternehmer und Entwickler im Sicherheits- und Ausrüstungsgewerbe. Sie wissen viel und sie wissen eins ganz genau: „Trotz aller Hilfsmittel und bei bestem Ausbildungsstand muss sich der Beamte vergegenwärtigen, dass es für ihn keine absolute Sicherheit geben kann. Ein Restrisiko verbleibt immer. Für dieses Restrisiko werden wir bezahlt ..."[37]

Halbach befindet sich genau in dieser Situation. Er erlebt gerade am eigenen, geschundenen Leib dieses lebensgefährliche Restrisiko. Es soll noch ein langer Kampf auf Leben und Tod werden ...

21 Keine normale Situation in der Passauer Wache

Es ist verständlich, das der Verteidiger eines Täters den Verlauf und auch die Gründe oder den Auslöser für ein Verbrechen aus einem anderen Blickwinkel betrachtet, als es ein Opferanwalt macht, der eher die Interessen des Opfers im Blick hat. Ja selbst die Betrachtungsweisen einer Tat in den Augen von Verteidiger und Staatsanwalt unterscheiden sich öfter, da ein Staatsanwalt beide Perspektiven, die des Opfers und des Täters im Blick haben, noch mehr aber die Wahrheit und die Beweise bei seinen Ermittlungen im Fokus haben muss.

Rechtsanwalt *Fuhs, Bernsteins* Verteidiger, wird im Prozess darauf hinweisen, dass sich *Halbach* und *Bernstein* ja schon kannten. Aber der Polizist erinnert sich – nach eigener Darstellung – nicht daran, als der betrunkene Mann in seinem Dienstzimmer steht. Für Außenstehende mag es wie eine ganz normale Situation aussehen, aber Rechtsanwalt *Fuhs* sagt später: „Nein, normal war die Situation nicht. Der Herr *B.* kannte wohl den Herrn *H.* aus vorangegangenen Einsätzen und hat offenbar mitbekommen, dass der Herr *H.* seine Bekannte unsanft behandelte, bzw. nicht erwartungsgemäß behandelte."

Fuhs sieht also Aggressionspotenzial schon in der ersten Begegnung *Halbachs* mit dem Täter wie auch in dem Verlauf der Begegnung der beiden auf der Wache: „Herr *B.* ist an diesem Abend nach dem Genuss von Alkohol und Drogen, dem Streit mit seiner Frau und dem auf der Toilette des Lokal ‚Frizz' mit drei oder vier kräftigen Studenten sehr aggressiv gewesen."

Auf der Polizeiwache habe der Polizist *Mike Bernstein* erkannt und so etwas gesagt wie „Schau, dass du nach Hause kommst" oder „Schau, du besoffene Sau, dass du nach Hause kommst". *Fuhs*: „Da ist der *B.* ausgerastet und blitzschnell auf ihn los und dann hat sich diese Auseinandersetzung auf der Wache ergeben."

Halbach bestreitet diese Darstellung. Warum sollte er auch erst jemanden in seine Diensträume einlassen, um ihn kurz danach nach Hause zu schicken? Es gibt manche Ungeklärtheiten über diese Nacht …

22 Konflikte beim Ziehen der Waffe

Halbach ist durchtrainiert, hat einen fitten Körper. „Deswegen hat mich das ja auch so erstaunt, dass ich nicht Herr der Lage geworden bin", sagt der Polizist, „ich mache sportlich sehr viel, Radfahren und Ski fahren. Mein Arzt sagte immer, ich sei fit wie ein 30-Jähriger."

Halbach wohnt nicht weit entfernt von der Dienststelle und fährt bei schönem Wetter meist mit dem Fahrrad zur Arbeit: „Deswegen war ich wirklich erstaunt, dass mir der Mann körperlich einfach überlegen war, stärker war als ich und das ganze gepaart mit dieser Aggressivität natürlich."

Halbachs Gehirn arbeitet fieberhaft. Was soll er machen? Wie reagieren? Lösungen suchen. Entscheidungen treffen. Es bleiben nur Sekunden.

„Ich hatte Pfefferspray dabei. Pfefferspray habe ich öfters schon eingesetzt gegen alkoholisierte, aggressive Personen. Aber ich habe die Erfahrungen gemacht, dass gerade dadurch die Aggressivität noch gesteigert wird. Also es hat nicht die Wirkung, die man eigentlich haben möchte, dieses Pfefferspray", sagt *Halbach*, „also bin ich vom Pfefferspray abgekommen. Ich habe kurz überlegt, die Pistole zu ziehen. Vielleicht zu ziehen und vorzuhalten in der Hoffnung, dass sich der Mann vielleicht ändert."

„Es ist ein Ausdruck einer sehr guten Ausbildung, die wir in Deutschland haben, wenn Polizisten doch eher auf die Waffe oder auf den Griff zur Waffe zu verzichten. Sie versuchen die Situation auf andere Art zu bereinigen. Dafür ist es aber wichtig, dass der Umgang mit der Waffe permanent trainiert wird. Nur so wird einem auch die Angst genommen wird, im Ernstfall auch zur Waffe zu greifen", erklärt der Bundesvorsitzende der GdP, *Bernhard Witthaut*, „eine spannende Frage ist, zu welchem Zeitpunkt jemand die Waffe zieht. Diese Hemmschwelle, zur Waffe zu greifen, finde ich genau richtig. Es soll ein sehr eng begrenzter Katalog von Situationen sein, wann ein Polizist zur Waffe greifen darf.

Das letzte Mittel. Und deswegen ist es ja bei uns auch in den entsprechenden Bestimmungen so geregelt, dass ich nur unter ganz, ganz engen Rahmenrichtlinien zur Waffe greife."[38]

Ralf Halbach trägt seine Waffe, eine Heckler & Koch P7 9 mm, in einem Halfter, mit einem Druckknopf gesichert. Niemand kann sich vorstellen, was es für einen Polizisten bedeutet, die Waffe zu ziehen und auf einen Menschen abzudrücken. Wer sich mit Waffen und dem Schießen in der Theorie befasst, findet meistens nur Informationen, die sich mit der Handhabung von Waffen befassen. Selten geht es um die Empfindungen des Menschen, der den Abzug betätigen muss. Häufig geht es um rein fachliche Beschreibungen,[39] wie diese über die gefährliche Wirkung beim Schuss mit der HK P7 9 mm: „In Niedersachsen kamen in den 90er-Jahren durch eine Eigenschaft der P7 mehrere Menschen zu Tode. Ein Schuss löst sich bei der P7, wenn gleichzeitig Abzug und Spanngriff gedrückt werden; die Waffe differenziert dabei nicht, welcher Hebel zuerst gedrückt wird. Dadurch kam es in Stresssituationen zu mehreren Unfällen, als Polizisten im Reflex nicht nur den Spanngriff, sondern gleichzeitig mit dem Zeigefinger den Abzug durchzogen und Kollegen und Verdächtige verletzten und töteten."

Halbach hat ganz andere Probleme. „Ich habe dann den Druckknopf geöffnet, damit ich die Pistole im Notfall einfach ziehen kann. Habe aber auch in diesem Moment gedacht, dass auch die Pistole nicht wirklich Erfolg versprechend ist", erinnert sich *Halbach*, „das ist das letzte Mittel und natürlich sehr gefährlich. Wenn ich die Pistole ziehe, muss ich mir auch sicher sein, dass ich im Notfall auch schieße. Wenn ich nicht schieße, ist es ein Blödsinn, die Pistole zu ziehen."

Halbach sorgt sich, dass ihm der Täter die Pistole entwenden könnte: „Es ist doch ganz klar. Ich müsste den zumindest kampfunfähig schießen und mich in einer echten Notwehrsituation befinden. Aber das ist eigentlich die schwierigste Entscheidung, die man als Polizeibeamter zu treffen hat."

Halbach hat seine Pistole in einem Einsatz noch nie gebrauchen müssen. Sicher, er ist an der Pistole ausgebildet worden, und er trainiert auch regelmäßig das Schießen mit seiner Waffe: „Ich habe die Pistole schon ein paarmal gezogen, aber ich musste noch nie schießen. Man muss ja auch den Schusswaffengebrauch androhen, bevor man tatsächlich schießt."

Die Waffe zu ziehen, das löst Konflikte in einem Polizisten aus. Jeder Polizist kennt Beispiele, was beim Gebrauch der Schusswaffe alles passieren kann. *Halbach* denkt sekundenlang an einen Fall in Regensburg: „Das ist ja nicht weit weg von uns. Der Fall ist mir komischerweise durch den Kopf geschossen, und die Kollegen haben da jetzt einen Haufen Probleme, weil sie von der Schutzwaffe Gebrauch gemacht haben."

Rechtsanwalt *Urlbauer* bringt den Konflikt für *Halbach* in einem Gespräch Monate später auf den Punkt: „Das ist ja eine Sekunde, in der man sich entscheidet ..."

23 Das fünfte Gebot: Du sollst nicht töten

Darf man einen Menschen, der einen angreift, töten? Wie brutal muss ein Angriff sein, damit man einen Menschen töten darf? Muss man selbst schon so schwer verletzt sein, dass ein Schuss das letzte Mittel ist? Darf man einen Menschen töten, um Schlimmeres zu verhindern?

Das sind Gedanken, die einen Polizisten nicht in den Sekunden der Tat bewegen. Darüber denkt man erst später nach. Darf ich einen Menschen töten? Muss ich einen Menschen, der ganz offensichtlich äußerst gewalttätig ist, töten, um mich selbst oder einen anderen Menschen zu retten?

Wer gibt Antworten auf solche existenziell wichtigen Fragen, die sich Polizisten immer wieder auch stellen?

Darf ich töten? Wer gibt mir das Recht zu töten? Der Dienstherr?

Jeder Polizist hofft, nie in diese Situation zu kommen.

Antworten geben polizeiinterne Verordnungen, etwa jene zum sogenannten Finalen Rettungsschuss, über den später noch nachzudenken ist. Aber das sind dienstliche Anweisungen, die man beachten muss, nach denen man handeln muss. Da geht es nicht um Fragen der Moral oder des Gewissens. Es sind Handlungsanweisungen, Verhaltensmuster, Rechtsfragen.

Aber wenn ein Polizist mit sich allein ist, kann er sich dahinter nicht verstecken. Dann helfen keine Paragraphen. Der Mensch ohne Uniform steht mit der Frage nach der Berechtigung, nach dem Sinn des Tötens ganz allein. Irgendwann zum Beginn seiner Laufbahn muss er sich selbst, eigenverantwortlich die Antwort geben: Darf ich töten? Kann ich töten? Werde ich töten? Und: Kann und will ich danach damit leben, einen Menschen getötet zu haben?

Niemand spricht einem Polizisten wie *Ralf Halbach* das Recht auf Notwehr ab. Seine Ausbilder und Vorgesetzten stehen in dieser Frage zu ihm. Doch die Frage nach dem Sinn und dem Recht des Tötens ist immer ein sehr individuelles Problem, mit dem sich der Mensch schon fast so lange auseinandersetzt wie er denken kann. Vor allem im Zusammenhang mit Kriegen und Revolutionen haben sich Politiker, Soldaten, Philosophen und viele andere nach Antworten gesucht.

Eines der zehn Gebote heißt: „Du sollst nicht töten". Wann darf man sich darüber als Christ hinwegsetzen? *Halbach* ist ein gläubiger Mensch.

Macht nicht auch das Töten eines Geiselnehmers zur Befreiung der Geisel schuldig an Gottes Gebot? Rechtfertigt die Rettung eines Menschenlebens den Tod eines anderen?

Nikolaus Schneider, Präses der Evangelischen Kirche, setzt sich in einem Interview mit der Notwehr-Situation von Polizisten auseinander: „Nehmen wir die innerstaatliche, die polizeiliche Gewalt. Die ist zunächst darauf angelegt, Übeltäter zu fangen. Diese darf die Polizei in Notwehr erschießen. Hier ist das Töten nicht gerechtfertigt, aber hinnehmbar."[40]

Vielleicht ist das ein Hinweis, ein Halt? Im Zusammenhang mit dem Einsatz von Bundeswehrsoldaten in Afghanistan setzte sich der Präses auch damit auseinander, dass Soldaten gezwungen sind zu töten: „Krieg soll nach Gottes Willen nicht sein. Auf diesen Satz lasse ich nichts kommen. In unserer Friedensdenkschrift legen wir es fest: Töten ist eigentlich nie zu legitimieren, aber es kann hinnehmbar werden unter bestimmten Bedingungen."[41]

Ist „hinnehmbar" die Formel, die einem Polizisten hilft?

Im Zusammenhang mit der Tötung des mutmaßlichen Terroristen *Bin Laden* sagte *Schneider*: „Staatsmänner müssen militärische Gewalt einsetzen, wenn sie mit dem Bösen in der Welt konfrontiert sind und auf andere Weise nicht weiterkommen."[42]

Das Erzbischöfliche Ordinariat in München sanktionierte einen finalen Rettungsschuss als „ethisch gerechtfertigt", solange es sich „nicht um einen Akt der Schnelljustiz, sondern um einen Akt der Notwehr handelt", bei dem „unschuldiges Menschenleben nicht anders als durch gewaltsame Ausschaltung des Täters gerettet werden kann".[43]

Der evangelische Militärbischof *Martin Dutzmann* sagte dem Evangelischen Pressedienst, die Tötung eines Menschen sei ethisch nur als äußerstes Mittel zur Gefahrenabwehr zu rechtfertigen.[44]

Niemand kann einem Polizisten die Entscheidung abnehmen, ob er auf einen Menschen schießt oder nicht. Es gibt keine Dienstvorschrift, die das Töten eines Menschen vorschreibt ...

24 Der richtige Moment für den Griff zur Waffe

Halbach und auch seine Kollegen werden sich später immer wieder fragen, ob es besser gewesen wäre, gleich zur Waffe zu greifen. Am Anfang des Kampfes. Mit den ersten Schlägen des Täters.

Aber hinterher hat man die Zeit, über solche Fragen nachzudenken.

Hinterher kann man auch nachlesen, was in den Polizeibestimmungen steht, wann der Einsatz einer Schusswaffe richtig ist.

Hinterher kann man auch noch einmal die Fachliteratur durchblättern und nachschlagen, wie man sich verhalten soll, wenn ein offensichtlich harmloser, Hilfe suchender Ehemann plötzlich gewalttätig wird.

Hinterher kann man auch nachlesen, was die Kritiker in den Medien dazu sagen, dass man nicht gleich geschossen hat.

Hinterher kann man Kollegen fragen und mit ihnen darüber diskutieren.

Hinterher hat man die Zeit, sich mit all diesen Fragen auseinanderzusetzen, die über Leben und Tod eines Menschen bestimmen.

Hinterher ...

Deutsche Polizisten schießen im Schnitt fast jede Woche mit ihrer Dienstwaffe auf Menschen. Nach Angaben der einzelnen Bundesländer haben Beamte in den Jahren von 1998 bis einschließlich 2009 deutschlandweit 547 Mal gezielt auf jemanden geschossen.[45]

In der Bundesrepublik hat jedes Bundesland ein eigenes Polizeigesetz. Doch sie ähneln sich. Unabhängig von den Feinheiten der Rechtslage gibt es grundsätzliche Voraussetzungen, die fast überall gleich sind, wenn man eine Schusswaffe anwenden will oder muss. Und das ist kompliziert. Eigentlich viel zu kompliziert für solche Gefahrensituationen, in denen Entscheidungen unter höchstem Stress innerhalb von Sekunden gefällt werden müssen.

„Die Notwehrsituationen, in denen sich Polizisten mit der Waffe verteidigen müssen, beeinflussen auch das Schießtraining und die Bauart der meisten Polizeiwaffen", schreibt die Tageszeitung „Die Welt"[46] über Notwehrsituationen beim Polizeieinsatz, „so üben Schutzpolizisten regelmäßig sogenannte Deutschüsse – gemeint ist damit das Ziehen der Waffe und das sofortige

Abdrücken ohne genaues Anvisieren des Ziels. Oft müssen sich die betroffenen Beamten in Sekundenbruchteilen verteidigen, wenn ihre Pistole noch im Holster steckt. Aus diesem Grund ist es für Schutzpolizisten in einigen Bundesländern Pflicht, die Pistole schussbereit zu tragen – also durchgeladen. Im Fachjargon heißt das „streifenfertig". Im Ernstfall wird nur noch abgedrückt."

Für die Anwendung von Schusswaffen ist zu beachten, dass grundsätzlich die Beamten den Gebrauch der Waffe zunächst androhen müssen. In Fernsehfilmen hört sich das dann so an: „Stehen bleiben! Hände hoch oder ich schieße!" oder „Stehen bleiben oder ich schieße!" Aber wie hätte *Halbach* den Mann, der ihn da mit seinen Schlägen überrumpelt, warnen sollen?

Als eine solche Androhung des Schusswaffengebrauchs gilt aber auch die Abgabe eines Warnschusses. Aber wie soll man eine Waffe ziehen und in die Luft schießen, wenn ein Mann auf einen einprügelt und man überlegt, wie man seine Kollegen warnen und sich selbst in Sicherheit bringen soll?

Polizeibeamte, die diesen Schusswaffengebrauch nicht ankündigen und ohne solche Warnung auf einen Angreifer schießen, bekommen hinterher große Schwierigkeiten. Sie müssen beweisen, dass eine echte Notlage vorlag. Wie soll man das beweisen ohne Zeugen?

Ohne Androhung oder Warnung dürfen Schusswaffen nur dann gebraucht werden, wenn durch den Schuss ein Angriff auf das eigene Leben oder das eines anderen Menschen abgewehrt werden soll ...

25 Waffen-Einsatz nur bei Lebensgefahr

Ein Polizist, der zur Waffe greift und auf einen Menschen schießt, muss sich sicher sein, dass er sich selbst, ein Kollege oder ein anderer Bürger sich in höchster Gefahr für Leib und Leben befindet.

Wie das aussehen kann, beschreibt die Reporterin der „Süddeutschen Zeitung", *Susi Wimmer*, in einem Bericht[4/] über die Folgen eines Banküberfalls: „11. Oktober 2007. An diesem Donnerstag überfällt, so die Polizei, der arbeitslose Parkettleger *Christoph P.* die Münchner Bank an der Großhaderner Straße. Motiv: finanzielle Probleme. *P.* war ins Drogenmilieu abgerutscht, hatte seinen Job verloren, seine Frau hatte ihn verlassen. Mit 7 000 Euro flüchtet er nach dem Überfall in Richtung U-Bahn an der Guardinistraße. Dort steht er am Bahnsteig, als die Uniformierten nach unten kommen. Die Beamten der Inspektion 34, ein Mann und eine Frau, gehen zunächst an ihm vorbei, doch schon einen Schritt weiter wird ihnen klar, dass die Beschreibung auf den flüchtigen Bankräuber passt. Sie drehen sich um, *Christoph P.* läuft los. Er rennt in Richtung Treppe, hastet die Stufen zum Zwischengeschoss hinauf. Jetzt sind die Beamten auf Schussnähe. ‚Halt, stehenbleiben!‘, rufen sie. Der 22-Jährige dreht sich am Treppenabsatz um. Die Beamten stehen unten. *Christoph P.* will flüchten, da schließt einer der Polizisten auf seine Beine. Die Kugel durchschlägt die linke Wade, *P.* flüchtet weiter und wird wenig später verhaftet. ‚Man darf die kriminelle Energie des Täters nicht außer acht lassen‘, sagt Polizeisprecher *Ruch. Christoph P.* habe sich eine Waffe besorgt, eine Bank überfallen, ‚da muss man auch davon ausgehen, dass er von der Waffe Gebrauch macht‘. Polizisten dürften nur in zwei Situationen zur Waffe greifen: Um das eigene oder das Leben eines Dritten zu schützen, oder um die Flucht eines Straftäters, der eines Verbrechens dringend verdächtig ist, zu verhindern. Insofern sei der Schuss auf *Christoph P.* gerechtfertigt gewesen.“

Befindet sich *Halbach* in höchster Lebensgefahr? Subjektiv sicherlich, aber wie sieht das später ein objektiver Beobachter? Ein Staatsanwalt? Ein Richter? Der Anwalt des Täters?

Es wird erwartet, dass ein Polizist nur dann zur Waffe greift, wenn es keinen anderen Weg mehr gibt. So lässt man beispielsweise auch einen Bankräuber flüchten und schießt nicht auf ihn, wenn man weiß, dass man dessen Fluchtweg durch die Errichtung einer Straßensperre abschneiden kann. Und bevor man auf einen

Täter schießt, versucht man immer erst einen Umweg. Hilfe durch Kollegen holen. Auf die Reifen eines Fluchtwagens schießen.

Auch sollen Polizisten die Waffe möglichst nur gebrauchen, um einen Menschen, der gewalttätig geworden ist, angriffs- und fluchtunfähig zu machen. Man darf nicht einfach so auf einen Menschen so schießen, dass er mit Sicherheit sterben wird. Denn das ist ein „Finaler Rettungsschuss", über den bei dieser Geiselnahme in Passau später noch nachzudenken ist.

Man sieht, es warten viele Verordnungen und Vorschriften und Warnungen auf den Polizisten, wenn er sich in Gefahr befindet und sich verteidigen muss. Und dann gibt es da noch die ganz persönlichen Gründe nicht zu schießen – oder doch zu schießen.

Einfach zur Pistole zu greifen, wie man es von „Tatort" oder „CSI Miami" kennt, das geht in der Realität nicht. Jeder Schuss eines Polizisten wird von Bestimmungen und Gesetzen begleitet. Klare Anweisungen und Regeln, die nur so lange eindeutig sind, wie man die Zeit hat, über sie nachzudenken. Aber *Halbach* kann sich nicht hinsetzen und sich in aller Ruhe fragen, ob er mit einem Schuss auf den Mann seine Situation verbessern kann.

Vor dem Hintergrund solcher Überlegungen ist es nachvollziehbar, dass in Deutschland Polizisten nur selten zu ihrer Waffe greifen. Ein Blick in die Statistik[48] zeigt, dass Polizisten im Jahr 2000 gegen 52 Personen ihre Waffe richteten: 6 Personen wurden tödlich getroffen, 30 verletzt. Auch in den folgenden Jahren hält sich der Schusswaffengebrauch der gesamten Polizei in Deutschland auf diesem niedrigen Niveau. So waren es 2003 54 Personen, auf die Polizisten schießen mussten: 3 Menschen wurden tödlich getroffen, 23 wurden verletzt. 2005 wurden 37 Personen durch den Schusswaffengebrauch der Polizei gestoppt: 4 starben, 30 wurden verletzt.

Nur dem umsichtigen Handeln der Polizisten ist es zu verdanken, dass bei den Schüssen nur wenige Unbeteiligte verletzt wurden. In keinem Fall in den Jahren 2000 bis 2005 wurden Unbeteiligte getötet, 5 nicht beteiligte Personen wurden verletzt.

Halbach wird in dieser Nacht diese Statistik nicht erweitern. Für ihn werden die Folgen schrecklich sein ...

26 Polizist im Schwitzkasten des Täters

2.17 Uhr. Jetzt zählt jede Minute im Leben des Polizisten *Ralf Halbach*. Jede Sekunde, jeder Schritt, jede Bewegung. Er spürt, wie ernst die Situation ist. Er rechnet mit allem. Der Polizeibeamte öffnet, noch während er sich gegen die Schläge *Bernsteins* verteidigt, den Druckmechanismus an seinem Pistolenhalfter. Er zieht die Waffe aber nicht, bringt sie nicht in Anschlag. Noch hat er die Hoffnung, die Situation auch ohne Waffengebrauch zu klären. Er weiß, dass sich zwei Kollegen im Ruheraum im Keller des Gebäudes befinden. Er will sie alarmieren und zieht sich zunächst zurück in den Flur hinter dem Wachraum. Das Treppenhaus ist hell erleuchtet. Er läuft so schnell er kann die Treppe nach unten.

Der Polizeibeamte bemerkt, dass er vom Angeklagten verfolgt wird und dann passiert, was in dieser schlimmen Situation nicht geschehen darf: Auf der Mitte der Treppe kommt *Halbach* zu Sturz – und verliert seine Waffe.

Halbach erinnert sich: „Ich bin dann in den Gang, ich bin wirklich gelaufen, weil ich wusste, es eilt. Ich musste mir ja auch einen gewissen Vorsprung verschaffen, damit es mir gelingt, die beiden Kollegen zu wecken. Ich bin also ziemlich schnell gelaufen, bin wahrscheinlich dadurch im Treppenhaus zu Sturz gekommen. Bin dann auf der Treppe gestürzt. Und hierbei dürfte ich meine Pistole verloren haben. Ich habe so ein metallisches Klimpern gehört. Ich lag dann kurzzeitig am Boden und da war der Mann auch schon bei mir. Ich konnte gar nicht aufstehen, sondern noch im Liegen oder im Aufrichten packte er mich von hinten und legte mir den Arm um den Hals und fing an zuzudrücken."

Der mindestens 20 Kilo schwerere *Bernstein* liegt halb auf dem Polizisten. Packt ihn am Hals, nimmt ihn in den Schwitzkasten und würgte ihn mit aller Kraft. *Halbach* spürt, dass er gleich das Bewusstsein verlieren wird. Bernstein schlägt ihm mit der Faust ins Gesicht. Dann sieht der 27-Jährige die Pistole am Boden. Er nimmt sie und schlägt mit dem Lauf mehrmals auf *Halbachs* Gesicht ein.

Halbach erkennt, dass sein Plan nicht aufgegangen ist. Jetzt wehrt sich mit aller Kraft, die ihm geblieben ist, gegen seinen Gegner. Wehrt sich verzweifelt, wohl auch, um nicht vor Kraftlosigkeit in Ohnmacht zu fallen.

„Schießen oder nicht. Sicher kam mir der Gedanke, dass das die einfachste, schnellste und wirkungsvollste Lösung gewesen wäre", erinnert sich *Halbach* später, „aber ich wusste, dass ich schnell laufen kann und fit bin. Der läuft mir mit Sicherheit nach, das war mir klar. Aber wenn es mir gelungen wäre, in den Ruheraum zu gelangen und die Kollegen aufzuwecken, wären wir zu Dritt gegen einen Mann gewesen. Das dauert zwar ein paar Sekunden bis die beiden vom Bett aufstehen, aber wir wären zu Dritt gewesen und hätten es dann wesentlich leichter gehabt, ihn zu bändigen. Das war meine Überlegung, und das war für mich, da hat es dann überhaupt nichts mehr gegeben, die sinnvollste Lösung."

War es vielleicht eine Flucht, war es Panik, die ihn den Flur entlang und die Treppe hinunter hasten ließ?

„Nein. Das war keine Flucht. Ich bin nicht vor ihm weggelaufen, sondern ich wollte Verstärkung holen", erinnert sich *Halbach*, „ich handelte ganz gezielt, wollte Hilfe und Verstärkung holen um diesen Tobenden zu bändigen."

Doch die Aktion misslingt. Ein falscher Schritt. Vielleicht ein Treppenabsatz zu viel, durch den *Halbach* aus dem Laufrhythmus kommt. Er verliert die Balance, stürzt – und da ist der Täter auch schon über ihm.

„Er hat mit aller Kraft zugedrückt, so dass mir die Luft weggeblieben ist. Man sieht dann richtig schwarz. Ich wusste, irgendwann werde ich bewusstlos. Ich musste mich irgendwie verteidigen, was sehr schwierig war und dann hat er die Pistole genommen und mir damit ins Gesicht geschlagen. Bestimmt tünf bis zehn Mal. Das war für mich ganz schlimm. Erstens wusste ich nun: Er hat meine Pistole. Und zweitens schlug er mir nun mit einem Eisenteil ins Gesicht. Ich habe das genau gespürt", erinnert sich *Halbach* an die schrecklichsten Sekunden seines Lebens ...

27 Die Geisel befindet sich in Lebensgefahr

Halbach muss erkennen: Er befindet sich in höchster Gefahr. Er spürt mit jedem Schlag, den er einsteckt, dass er diesen Gegner nicht bezwingen kann. Er ist aber darauf trainiert, sich selbst zu verteidigen. Fast schon reflexartig versucht er Herr der Lage zu werden.

„In solchen existenziellen Grenzlagen kumulieren Belastungsgrenzen und Erfahrungsgrenzen zu einem existentiellen Notfallprofil, das entweder durch Angriff oder Flucht entschieden wird", verklausuliert die Kriminalwissenschaft diese Situation. Die Autoren *Dietrich* und *Jörn Ungerer* schreiben in ihrem Buch „Lebensgefährliche Situationen als polizeiliche Herausforderungen", dass es in dieser Grenzlage nur zwei Wege gibt: entweder schießen oder erschossen werden. „Zwischenstadien des Erstarrens oder der Hilflosigkeit tragen kaum zum Überleben bei. Weiterhin existiert in solchen Augenblicken ein existenzielles Zeitfenster der Lebenserhaltung mit nur wenigen Sekunden. Im Grunde genommen kann nur jemand diesen Zustand nachempfinden, der schon einmal dieses Zeitfenster erlebt hat. Die Interpretationen und Bewertungen durch Erlebnisexterne bleiben daher selbst vor Gericht nur Stückwerk."[49]

Das ist sehr zurückhaltend und wissenschaftlich distanziert formuliert. Doch darum geht es: Stirbt der Polizist – oder stirbt der Täter? Wer bleibt auf der Strecke? Polizisten werden in ihrer Ausbildung auch auf diese Situationen vorbereitet. Aber was bedeutet das schon. Bei *Halbach* liegt die Ausbildung Jahrzehnte zurück. Die Theorie hat der Praxis den Weg bereitet, aber diese Situation hat selbst er noch nie erlebt. Er hätte sich in seinen schlimmsten Träumen nicht vorgestellt, dass ihm so etwas einmal passieren würde.

Alle Polizisten wissen heute um die Gefahren in ihrem Beruf. Sie sind immer größeren Anfeindungen und brutalen Übergriffen und Angriffen ausgesetzt. Polizisten reden darüber in ihren Pausen und in ihrer Freizeit. Sie machen sich Sorgen um ihr Leben und das ihrer Kolleginnen und Kollegen. Und die Polizeiführungen denken darüber nach, wie sie ihre Mitarbeiter noch besser schützen können. Aber: Das meiste ist Theorie. Manches für den praktisches Alltag unbrauchbar.

Halbach befindet sich jetzt in einer solchen gefährlichen Situation. Was kann er tun?

„Seit einigen Jahre rückt die Eigensicherung vermehrt in den Mittelpunkt der Polizeiaus- und -fortbildung. Sie wird zunehmend zu einer Eigenschaft des Überlebens im polizeilichen Einsatz. Anlass für diese Entwicklungen waren tödliche Einsätze unserer Polizeibeamten. Einsatzanalysen ergaben, dass die Eigensicherung dabei eine nicht unwesentliche Rolle spielte", schreiben *Dietrich* und *Jörn Ungerer.*

Aber für *Halbach* spielt die Theorie in seiner lebensbedrohlichen Situation jetzt ebenso wenig eine Rolle, wie für andere Polizisten in ähnlichen Extremsituation. Täglich geraten Polizisten in Deutschland in lebensgefährliche Situation. Meistens geht es für die Beamten glimpflich aus. Aber eben nicht immer. Beispiele dafür finden sich viele in den Schlagzeilen der Medien: Nach einem Banküberfall der sogenannten „Gentlemen-Räuber" im Dezember 2010 in Karlsruhe wurde eine Polizistin schwer verletzt. Die Karlsruher Polizei war an einem Freitagnachmittag um kurz nach 16 Uhr informiert worden, dass sich in der Innenstadt ein Banküberfall ereignet habe. Als die Polizei am Tatort eintraf, waren die beiden Täter auf der Flucht. Polizisten suchten in der Umgebung und entdeckten zwei verdächtige Personen. Als diese kontrolliert werden sollten, eröffneten sie sofort das Feuer. Eine Polizistin erlitt einen Oberschenkeldurchschuss. Im Laufe des Kampfes wurden der Täter und die Täterin tödlich getroffen.

Bei einem Einsatz schwer verletzt wurde auch eine Polizistin in Köln im Januar 2011. Sie hatte keine Chance. Dabei sah es zunächst nach einem Routineeinsatz aus: Die Polizei war gegen drei Uhr nachts alarmiert worden. Grund für den Einsatz war ein lautstarker Streit zwischen einem Ehepaar. Als die Beamten an der Wohnungstür klingelten und „Polizei" riefen, feuerte der Ehemann mit einem Revolver mehrere Schüsse durch die geschlossene Tür. Die Polizistin trug zwar eine Schutzweste, trotzdem wurde sie lebensgefährlich verletzt. Denn die Kugel traf die 28-Jährige zwischen ihrem Hosengürtel und dem unteren Rand der Schutzweste.

Beide Beamten erwlderten das Feuer, schossen ebenfalls durch die geschlossene Tür und verletzten den 55-jährigen Täter dabei mit Schüssen in die Brust. Der Polizei gelang es wenig später mit hinzugerufener Verstärkung, den Schützen zu überwältigen.

Die Folgen des dramatischen Schusswechsels zwischen dem Randalierer und einer Polizistin beschrieb der Express-Reporter *Axel Hill* so: „Der schwer verletzte Schütze liegt in einer Klinik, wird rund um die Uhr von jeweils zwei Polizisten bewacht. Staatsanwalt *Alf Willwacher*: ‚Wir ermitteln wegen versuchten Totschlags und haben einen Haftbefehlsantrag gestellt.' Der schwer verletzten Polizistin – eine Kugel traf sie im Unterleib, eine weitere am Arm – geht es nach einer Not-OP besser. ‚Sie konnte sogar schon wieder lächeln', freuen sich Kollegen."[50]

Solcherart Beispiele gibt es viele in den Akten der Polizei. Sie beschreiben das Schicksal von verletzten und schwer verletzten und auch tödlich getroffenen Kolleginnen und Kollegen. Sie haben ihn hinter sich: Diesen Kampf auf Leben und Tod, mit dem jeder Beamte rechnen muss, wenn er seine Uniform anzieht und den Dienst antritt. Die beste Ausbildung kann die Polizisten nicht vor solchen Folgen bewahren.

Und *Halbach* erlebt gerade die größte Katastrophe in seinem Leben, die wie ein Tsunami über ihn kommt und die letzten Kräfte seines verwundeten Lebens fordert ...

28 Mit dem eigenen Blut seinen Namen geschrieben

2.20 Uhr. Der Schuss. *Halbachs* Leben steuert auf die Sekunde zu, die sein ganzen Leben verändern wird.

„Ich habe dann noch mal meine letzte Kraft zusammengenommen und habe es geschafft, mich aus dem Würgegriff zu befreien. Ich bin dann irgendwie aufgestanden oder aufgesprungen, und in dem Moment habe ich gespürt, wie er die Pistole an meine Schläfe hielt", erinnert sich *Halbach* an die schlimmsten Minuten seines Lebens, „in dieser Situation habe ich eine Abwehrbewegung mit beiden Armen nach oben gemacht. Ich bin nach oben gefahren und in dem Moment ist also der Knall losgegangen."

Der Schuss.

2.20 Uhr. Ein Schuss aus der Heckler & Koch P7 9 mm.

Der Schuss aus der eigenen Waffe des Polizisten.

„Für mich war es ein Knall und dann sah ich einen großen Feuerschein, ein orangefarbener Feuerschein, und in meinem Gesicht ist es warm geworden", erzählt *Halbach* später, „das war das Erste, was ich gefühlt habe, die ersten Empfindungen und gleichzeitig habe ich gedacht, jetzt müsste ich eigentlich tot sein, du müsstest zu Boden fallen, du musst tot sein. Er hat mir in den Kopf geschossen. Aber ich war nicht tot, und ich habe gedacht: Ja, ich lebe ja noch, ich kann hören, ich kann sehen, ich kann fühlen. Es ist alles vorhanden. Ich kann mich bewegen, ich kann auch noch denken. Gleichzeitig habe ich auch daran gedacht, dass ich doch eigentlich tot bin."

Halbach kann sich auch heute noch nicht erklären, wie er das überlebt hat: „Das ist das Allerschlimmste. In diesen Sekunden nach dem Schuss gehen einem so viele Gedanken durch den Kopf, bis man das richtig realisiert hat. Erst wird auf mich geschossen: Ich lebe noch, er hat meine Pistole. Dann denkt man, dass man diese Person von einem zum anderen Moment ganz anders einschätzen muss. Vorher war es mehr oder weniger eine Schlägerei, eine körperliche Auseinandersetzung. Aber ab diesem Zeitpunkt war er ein Gewaltverbrecher, der keine Hemmungen, keine Skrupel hat, mit einer Pistole auf jemanden zu schießen. Und das ist eigentlich das Schlimmste in dieser Situation gewesen, dass man sich so umstellen muss. Vorher hatte ich vielleicht einen Verrückten vor mir. Jetzt habe ich es mit einem Verbrecher zu tun, bei dem man mit allem rechnen muss."

Aus Sicht des Täters und seines Verteidigers sah das später anders aus. *Bernsteins* Verteidiger *Bruno Fuhs* wird sich fragen, „warum man mit einer fertig geladenen Waffe in der Wache rumläuft. Und diese Waffe, mit der mein Mandant dann geschossen hat, hat keine großen Sperren, sondern da muss man bloß drücken und dann knallt das Ding sofort los. Und wenn man sich jetzt vorstellt, dass einer aufgeregt ist, hinter einem Polizisten herläuft, besoffen ist, dann noch die Treppe im Dunkeln runtergeht, dann neigt jeder Mensch dazu innerlich zu verkrampfen. Und wenn man da ein bisschen fester am Abzug draufdrückt, löst sich schon der erste Schuss und dann ist das Debakel da. Das will ich bei meinem Mandanten nicht ganz ausschließen, denn er sagte hinterher, er war überrascht, dass es so schnell ‚knall‘ gemacht hat."

„Mein Mandant hat wirklich Glück gehabt", sagt der Anwalt von *Ralf Halbach*, „wenn du so eine Pistole an der Schläfe hast und dann der Schuss gefallen ist, und das Opfer darauf wartet, dass es umfällt, aber weiterlebt. Das ist einfach Glück. Bei meinem Mandanten kam viel Glück zusammen. Der Schusskanal führt nicht ins Gehirn, sondern ‚nur‘ durch den Kiefer. Und du liegst da und hast die Kugel im Körper und ein Fremder hält dir eine Pistole an Brust und Herz und droht ‚Ich erschieße Dich'. Jeder hätte in dieser Situation mit dem Leben abgeschlossen."

Es hat „knall" gemacht. Niemand kann wirklich nachvollziehen, was *Halbach* da gerade erlebt. Man muss es sich ja nur einmal vorstellen, um den Wahnsinn zu begreifen. Da kommt ein vorgeblich hilfloser Mensch in die Polizeiwache, wird dann von einer Sekunde zur nächsten aggressiv, schlägt auf den Polizisten ein und wird innerhalb weniger Minuten zu einem unberechenbaren, aggressiven, brutalen Gewalttäter. Zu einem Amokläufer.

„Auf dem Treppenabsatz hat mein Mandant dann aus etwa 10 cm Entfernung mit der Dienstwaffe auf den Kopf des Polizisten geschossen und dann hat das Unglück seinen Lauf genommen", beleuchtet *Bernsteins* Strafverteidiger *Fuhs* die Situation, „wenn man sich den *B.* anschaut, war er spätestens auf dem Treppenabsatz mit der Situation völlig überfordert, und es ist der Besonnenheit des Polizisten zu verdanken, dass da nicht mehr passiert ist. Dass Herr *H.*, obwohl schwer verletzt und blutend, auf der Treppe deeskalierend mit dem Herrn *B.* gesprochen hat, war das Beste, was man machen konnte. Denn hätte man meinen Mandanten in dieser Situationen im Kasernenton angebrüllt oder angeschrien, dann wäre Herr *B.* ausgerastet ..."

Halbach spürt seine warme, rechte Gesichtshälfte und sackt zusammen. Er ist von der Kugel aus seiner Dienstpistole am Kopf getroffen worden. Er blutet heftig. Auch der Angeklagte bemerkt die schweren Verletzungen des Angeschossenen. Doch er ignoriert die Verwundung und macht sich offensichtlich keine Gedanken darüber, ob die Kopfverletzungen zum Tode des Mannes führen können. Er drückt *Halbach* die Waffe auf die Brust und droht: „Ich erschieße Dich."

Halbach hat große Angst, dass seine Kollegen im Haus aufgewacht sein könnten und gleich ahnungslos den Flur entlang kommen, um nachzusehen, was los ist. Er hat Angst, dass seine Kollegen ins Schussfeld des Täters geraten und dieser sofort schießt.

Mühsam sucht *Halbach* nach Worten. Er versucht den Täter zu beruhigen, sagt sinngemäß: „Es ist alles nicht so schlimm."

Halbach fragt den Täter nach seinem Vornamen. Der Täter antwortet und fragt *Halbach* wiederum nach seinem Vornamen und da der wegen seiner stark blutenden Mundwunde nicht mehr deutlich sprechen kann, malt *Halbach* seinen Namen mit seinem eigenen Blut aus der Schusswunde auf den Fliesenboden: *Ralf* ...

29 In der Passauer Wache läuft ein Mann Amok

Ist in der Passauer Polizeiwache ein Amokläufer unterwegs? Und wenn ja: Wie geht man mit einem Amokläufer um? Hat *Ralf Halbach* überhaupt eine Chance, den Mann zu stoppen?

Der Journalist *Guido Grandt* beschäftigt sich in seinem Buch „11.3. Der Amoklauf von Winnenden" mit der Psychologie solcher Täter: „Oftmals, aber nicht immer, gehen viele Komponenten Hand in Hand: eine zerbrochene soziale Lebenswelt mit sozialer Einsamkeit und Entwurzelung, eine Tatwaffe und eine psychische Krankheit." [51]

Aber macht man es sich nicht zu einfach, nur starke psychische Störungen wie psychopathische, psychotische und traumatische dafür verantwortlich zu machen? Sind Schizophrenie und Persönlichkeitsstörungen grundsätzlich für ein solches Verhalten verantwortlich? Menschen würden zu Tätern, weil sie sich selbst und ihre soziale Umwelt nicht mehr ertragen könnten, meint der Psychologe und Psychotherapeut *Peter Langmann* in seinem Buch „Amok im Kopf. Warum Schüler töten". Das zerstörte Innenleben suche ein Ventil, seinen eigenartigen Frieden in der Zerstörung nach Außen. Obwohl es viele Überschneidungen gebe, beispielsweise kämen die meisten Amokläufer aus soliden Mittelschichtsfamilien, bedürfe es individueller Betrachtung.

Eine Etikettierung von Amokläufern lehnen die Experten des United States Secret Service in einer Analyse aus dem Jahr 2002 ab. Bei den in 27 Jahren untersuchten 37 School Shootings würden die Täter kein einheitliches Persönlichkeitsprofil aufweisen. Wohl aber werden drei Gruppen unterschieden: die depressiven, die schizophren-paranoiden und die kontaktscheuen, völlig unauffälligen Typen.

Der Begriff Amok[52] leitet sich zum einen aus dem malaiischen Wort amuk ab. Das bedeutet soviel wie rasend, wütend. Zum anderen stammt das Wort Amok aus dem portugiesischen amuco, das malaiische und javanische Krieger bezeichnet, die durch materielle Zuwendungen und statusverleihende Rituale an den herrschenden König gebunden waren und für diesen kämpften und starben. Erst im Verlauf der Kolonialisierung wurde der Begriff Amok zum krankhaft abweichenden Verhalten erklärt und gesellschaftlich negativ bewertet. Laut Definition der Weltgesundeitsbehörde (WHO) ist Amok eine willkürliche, anscheinend nicht provozierte Episode mörderischen oder erheblich (fremd-)zerstörerischen Verhaltens. Danach folge Amnesie und/ oder Erschöpfung, häufig auch eine Wendung in selbstzerstörerisches Verhalten, d. h. Verwundung oder Verstümmelung bis zum Suizid. Amok sei die Sonderform eines Tötungsdelikts, bei der sowohl Mord als auch Selbstmord gleichzeitig auftreten, sagt *Guido Grandt*. Normalerweise handelt es sich um eine geplante, zumindest lange erwogene Tat. *Grandt:* „In der Wissenschaft wird zwischen Amoktätern und Amokläufern unterschieden. Der Amoktäter gestaltet sein Vorgehen planvoll. Der Amokläufer geht ohne Plan vor."

Offensichtlich handelt es sich bei *Bernstein* nicht um einen Amoktäter, sondern um einen Amokläufer. *Bernstein* geht ziemlich kopflos vor. In der nachträglichen Betrachtung des Verlaufs der Geiselnahme wird man das Verhalten des Täters als irritierend bezeichnen.

Dietrich und *Jörn Ungerer*, die sich in Ihrem Buch „Lebensgefährliche Situationen als polizeiliche Herausforderungen" auch mit Amok-Aktionen befasst haben, unterscheiden Amokläufe, Panikverhalten und Massaker. Der Amokläufer betände sich auf Menschenjagd. Diese Jagd erfolge nicht etwa blindwütig und unüberlegt, sondern sei als Vergeltungsaktionen etwa für Drangsalierungen, persönliche Kränkungen oder Demütigungen zu sehen, die sie durch spezielle Personen erfahren haben.

Bei einem Panikverhalten hingegen, befände sich die Person in einer lebensgefährlichen Situation. „Rücksichtslos wird gegen Personen vorgegangen, die real oder subjektiv eingeschätzt den eigenen Fluchtweg versperren oder die Flucht behindern oder gar verhindern", sagen die Autoren *Ungerer*[53], „an dieser Stelle werden alle erdenklichen Gewaltmittel eingesetzt."

Das Massaker wiederum ist ein Grenzfall bewaffneter Einsätze. Täter von Massakern erinnern sich hinterher meistens nicht mehr genau an die Details ihrer Handlungen. *Ungerer*: „Plötzlich ging es los, so die Aussagen mancher Beteiligter. Der Schusswaffeneinsatz ist unkontrolliert, die menschlichen Ziele willkürlich."

Wer von einer Gewalttat hört, wie sie gerade in der Passauer Polizeiwache geschieht, denkt sofort an die Amokläufe in den USA.[54] Sie haben sich schmerzlich in das öffentliche Bewusstsein eingebrannt: Im August 1966 tötet ein geistesgestörter Heckenschütze an der University of Texas 16 Menschen, bevor er selbst von der Polizei erschossen wird. Im April 1999 erschießen in Littleton, Colorado zwei vermummte, schwarz gekleidete Jugendliche an der Columbine-Schule einen Lehrer und 12 Mitschüler und verletzten 24 weitere, bevor sie sich selbst richten. Der schlimmste Amoklauf geschieht im April 2007 in Blacksburg, Virginia: Ein Student massakriert an der Virgina-Tech insgesamt 32 Menschen, verletzt 29 weitere und erschießt sich dann selbst.

Auch in Deutschland gibt es eine traurige Bilanz dieser Art Kriminalität. Im Juni 1964 gibt ein geistig verwirrter Invalide vom Schulhof der katholischen Volksschule Volkhoven mit einem Flammenwerfer durch ein offenes Fenster mehrere Flammenstöße auf die Schüler ab. Acht der insgesamt 28 schwer verletzten 9- bis 11-Jährigen sterben. Dann ersticht er noch 2 Lehrerinnen mit einer Lanze. Im März 2000 schießt ein 16-jähriger Schüler den Leiter eines Realschulinternats in Brannenburg in den Kopf, weil er ihn am Vortag von der Schule verwiesen hat. Der Täter fügt sich danach selbst schwere Verletzungen zu, der Internatsleiter stirbt einige Tage später. Im April 2002 geschieht eine schreckliche Gewalttat am Gutenberg-Gymnasium in Erfurt, 17 Tote. Im September 2009 stürmt ein 18-Jähriger ein Gymnasium in Ansbach. Er ist mit einer Axt, 2 Messern und Molotowcocktails bewaffnet und verletzt 8 Jugendliche und 2 Lehrer. Polizeibeamte verletzten ihn mit Schüssen aus ihren Maschinenpistolen schwer und überwältigen ihn. Gegen den Täter wird ein Haftbefehl wegen 10-fachen versuchten Mordes erlassen.

Die Liste solcher Art Kriminalfälle ist lang. Auch bei *Bernsteins* Tat hat man den Eindruck, es handele es sich um einen Amoklauf. Doch der Eindruck trügt. Es scheint, dass die Typisierung des Täters, der in dieser Nacht in der Passauer Polizeiwache wütet, nicht leicht werden wird.

„Der Panikakteur tötet auf der Flucht Menschen, die ihm im Wege stehen", schreiben die Autoren Ungerer, „der Massakerakteur dagegen bekämpft Menschen, die ihn vermeintlich bedrohen."

Bernsteins Tat hat von allem etwas. Noch ist es ein Krieg Mann gegen Mann. *Ralf Halbach* macht alles, damit daraus kein Massaker wird. Darum muss er seine Kollegen schützen oder zumindest warnen ...

30 In der Gefahrensituation hilft kein Totstellen

„Ich habe realisiert, dass ich einen Gewaltverbrecher vor mir habe. Ich überlege, was ich machen kann. Ich habe so gut wie keine Schmerzen. Ich blute. Ich denke an meine Frau und meine Kinder. Aber ich rechne jetzt mit dem Schlimmsten und will da lebend rauskommen", beschreibt *Halbach* später seine Empfindungen und Gedanken kurz nach dem Schuss. „Ich habe mir auch überlegt, mich tot zu stellen. Man kennt das aus der Tierwelt, sagt mein Psychiater. Ich bin aber davon abgekommen, ich wollte mitbestimmen, was passiert. Wenn ich mich tot gestellt hätte, hätte ich nicht steuern können, was er macht."

Es ist 2.35 Uhr und *Halbach* spürt einen starken Überlebenswillen in sich: „Ich bin gesessen bzw. halb gelegen auf der Treppe. Er war etwa zwei Meter von mir entfernt. Er hat meine Waffe in der Hand, meine Dienstpistole. Ich weiß nun, dass es für ihn offensichtlich kein Problem ist, die Waffe trotz ihrer Handballen-Sicherung zu bedienen."

Mike Bernstein scheint mit einer solchen Eskalation der Gewalt selbst nicht gerechnet zu haben. Er sagt zu dem schwer verletzten *Halbach*: „ Was soll ich machen? Ich bekomme jetzt 10 oder 15 Jahre, werde eingesperrt. Was soll ich machen?"

Halbach erinnert sich: „Mal hat er mir die Pistole an die Schläfe gehalten, dann hat er sich den Lauf in den Mund gesteckt. Er wollte mir wohl klar machen, dass er entweder mich umbringt oder sich selbst töten wird. Gleichzeitig hat er aber auch damit gerechnet, dass meine Kollegen, die sich im Haus befinden, durch den Schuss alarmiert worden sind. Das heißt, er hat sofort eine wachsame Stellung eingenommen, und hat Pistole nach oben gehalten und beobachtet, ob jemand kommt."

Minutenlang beobachtet *Bernstein* den Gang oberhalb der Treppe. Er rechnet damit, dass jede Minute ein Kollege von *Halbach* erscheint. Für *Halbach* ist diese Vorstellung unerträglich. Er rechnete damit, dass der Täter sofort schießt, wenn sich ihm jemand nähert: „Es war mir deshalb eigentlich lieber, wenn niemand kommt. Das war zunächst die beste Lösung für mich. Aber mir war klar, dass ich handeln musste. Ich musste dafür sorgen, dass es irgendwie zu einem Abschluss kommt, das Ganze. Aber das war natürlich nicht so einfach. Meine Kollegen im Ruheraum aufzuwecken war für mich keine Lösung mehr. Wenn der Täter bewaffnet den Kollegen gegenüber steht, dann sind die machtlos, dachte ich. Ich musste mir jetzt was anderes einfallen lassen."

Halbach hat eine Idee. Trotz der Verwundung, trotz des starken Blutverlustes, trotz seiner Schwäche schmiedet er einen Befreiungsplan. Er will versuchen, aus dem Gebäude herauszukommen und dann von dort aus Hilfe holen.

„Ich habe zunächst mit psychologischen Mitteln versucht, den Mann zu beruhigen. Man hat ja gewisse Erfahrungen als Polizeibeamter. In der Psychologie ist das ja auch ein normaler Vorgang: Das Opfer versucht sich mit seinem Peiniger zu verständigen und zunächst auf diese Art die Situation zu lösen", erzählt *Halbach* über den Fortgang der Geiselnahme. „Ich hab ihn gefragt, was mit seiner Frau los ist. Ich habe ihn gefragt, ob er Kinder hat. Habe ihn in ein Gespräch verwickelt. Einfach um Zeit zu gewinnen und ihn abzulenken. Ich dachte, dass die beiden anderen Streifenwagen bald wohl zurückkommen würden. Ich hatte auch die Hoffnung, dass der Mann vielleicht aufgibt oder sonst irgendwas. Es hätte ja so vieles passieren können."

Unglaublich, welche Kraft Menschen in Todesnot aufbringen. Zu welchen Gedanken ein Mensch auch mit einer schwersten Verwundung fähig ist. Zu welchen Handlungen auch ein schwer verwundeter Mensch noch in der Lage ist, wird sich in den nächsten Minuten zeigen. Jetzt sitzen Täter und Opfer erst einmal auf der Treppe und rauchen eine Zigarette miteinander. Es herrscht eine trügerische Ruhe …

31 Eine Amoklage erfordert sofortiges Handeln

Polizisten sind in der Regel darauf trainiert einen Amokläufer zu stellen. Es gibt klare Anweisungen in internen Leitfäden. Manches findet sich auch im Internet. So gibt es beispielsweise eine Homepage www.sek-team.net, auf der Informationen über die Spezialeinsatzkommandos veröffentlicht sind. Dort liest man konkrete Handlungsanweisungen wie diese: „Die Konfrontation mit Amoktätern stellt eine extreme Herausforderung dar. Die Bewältigung der Amoklage erfordert ein sofortiges polizeiliches Handeln unter Inkaufnahme eines hohen, aber kalkulierbaren Eigenrisikos, um möglichst schnell weitere Tathandlungen zu verhindern. Lassen Sie sich trotz Ihrer Verpflichtung zum sofortigen Handeln nicht zu ‚blindem Aktionismus' verleiten, auch nicht durch die emotional aufgeheizte Atmosphäre und auch nicht durch Schwerverletzte oder hilfsbedürftige Personen. Rechnen Sie damit, dass der Täter weiterhin Waffen, Sprengmittel, gefährliche Werkzeuge oder körperliche Gewalt rücksichtslos und unberechenbar einsetzt."[56]

Regelmäßig werden Polizisten in den Schulungen darauf hingewiesen, Vorsorgemaßnahmen zum eigenen Schutz zu beherzigen. Dazu gehört der Hinweis, die im Fahrzeug mitgeführte Schutzweste anzuziehen. Die Beamten sollen aber berücksichtigen, dass diese Westen keinen ausreichenden Schutz gegen den Beschuss mit Langwaffen oder gegen Sprengmittel bieten. Wichtig sei auch, dass die Beamten vor Ort nicht unüberlegt vordringen, sondern sich zunächst einen Überblick verschaffen. Auch sollen Spezialeinheiten und Spezialkräfte angefordert werden.

Halbach hat dazu aber keine Gelegenheit. Er ist noch auf sich selbst angewiesen. Es gibt keine Schulung unter dem Motto „Wie befreie ich mich aus der Hand eines Amokläufers", denn damit hat bis zu diesem Tag niemand gerechnet.

Die Ratschläge[56] sind darauf ausgerichtet, dass Polizisten, etwa bei einem Amoklauf in einer Schule, als Erste eintreffen und Vorbereitungen treffen sollen, den Täter unschädlich zu machen: „Fordern Sie besondere FEM an, z. B. Sonderwagen, sondergeschützte Fahrzeuge des Personenschutzes. Sprechen Sie das Vorgehen klar und eindeutig ab. Sichern Sie sich gegenseitig, ggf. mit ‚Sperrfeuer'. Nutzen Sie lageangepasst vorhandene Deckungen. Deckung bieten auch Fahrzeuge der Müllabfuhr oder Baumaschinen sowie gepanzerte Fahrzeuge von Geld- und Werttransportunternehmen. Vermeiden Sie unbedachtes Hineinstürmen in Objekte. Berücksichtigen Sie, dass Sie durch

Geräusche, z. B. Sprechfunkverkehr, für den Täter lokalisierbar sind. Versuchen Sie den Täter abzulenken. Nutzen Sie das Überraschungsmoment."

Genau das ist es, was *Halbach* im Moment versuchen kann. Den Täter ablenken. Einen Überraschungsmoment nutzen. Diese Hinweise sind *Halbach* absolut präsent. Darin sieht er seine Chance, zu überleben ...

32 Ralf Halbach rechnet mit seiner Hinrichtung

2.45 Uhr. *Ralf Halbach* macht sich große Sorgen. Er denkt nicht an seine schweren Verletzungen im Gesicht und der Brust, er denkt immer wieder an seine ahnungslosen Kollegen. Er hat Angst, dass sie den Schuss gehört haben und gleich durch die Tür kommen, um nachzusehen, was geschehen ist. Der Polizist ahnt, dass auch *Bernstein* damit rechnet, und beschließt, die Gelegenheit zu nutzen. Er tut so, als hätte er Geräusche gehört und warnt den Geiselgangster. *Bernstein*, nervös und gestresst, sieht nach oben zum Gang und entfernte sich von seinem Opfer.

Halbach weiß zu diesem Zeitpunkt nicht, dass der Täter mit einem Alkoholpegel von rund 2,0 Promille sehr betrunken und in diesem Zustand unberechenbar ist: „Auf mich wirkte er vollkommen nüchtern. Ich habe das überhaupt nicht gemerkt. Wahrscheinlich überdeckte die Aggressivität die Folgen seiner Alkoholisierung. Was ebenfalls erstaunlich war: Er hat nicht nach Alkohol gerochen. Ich war ihm ja ziemlich nah, aber ich habe zu keinem Zeitpunkt einen Alkoholgeruch wahrgenommen."

Halbach raucht mit dem Täter eine Zigarette.

„Ich wollte mich mit ihm verbrüdern, einfach um Zeit zu gewinnen, um eine neue Situation zu schaffen. Ich dachte, vielleicht kommen die Kollegen oder es ergibt sich sonst irgendetwas", erinnert sich *Halbach*. Er hat einen enormen Überlebenswillen entwickelt: „Der Mann war dann auch nicht mehr ganz so aggressiv. Er hat mir nichts getan, obwohl er immer zu mir hergekommen ist und mir die Pistole an die Brust gesetzt hat. Das war sein Machtspiel. Er wollte mir immer wieder seine Macht über mich ausdrücken, indem er mir die Pistole aufs Herz drückte und sagte, ich kann immer wieder abdrücken. Das hat man auch in seiner ganzen Mimik und Gestik und seiner Ausdrucksweise gesehen, dass ihm das Spaß gemacht hat, Gewalt über einen Polizisten und gleichzeitig über die ganze Polizeidienststelle auszuüben. Immer wieder hat er mir die Pistole auf mein Herz gehalten. Es war also nicht so, das der aufgegeben hätte. Mir war klar, so geht es nicht weiter, das bringt mir nichts. Er hat dann irgendein Geräusch wahrgenommen auf der Dienststelle, hat sich zwei Meter von mir entfernt und mit der Pistole nach oben gezielt. Wohl weil er gedacht hat, es kommt irgendjemand."

Was *Halbach* und *Bernstein* nicht wissen: Die beiden Polizisten, die sich nicht im Ruheraum, sondern in anderen Räumen der Polizeiinspektion befinden, vernehmen zwar Stimmen, schätzen die Situation aber als nicht ungewöhnlich ein. Das liegt daran, dass öfter einmal Betrunkene von Polizeistreifen mitgebracht und in ein sogenanntes Rauschzimmer im Keller geführt werden.

„Der Täter hat irgendwie damit gerechnet, dass jemand kommt", beschreibt *Halbach* die dramatischen Minuten, „den Augenblick wollte ich auch nutzen, weil er ein bisschen von mir weg war. Und dann bin ich aufgesprungen und losgelaufen. Ich hatte ein bisschen Vorsprung und wollte durch die Tiefgarage in den Außenbereich der Dienststelle gelangen. Ich bin also gelaufen, musste zwei Feuertüren öffnen, die recht schwergängig waren. Ich habe sofort gemerkt, dass er mir nachläuft. Gott sei Dank war die Tür zur Tiefgarage offen. Ich konnte sofort rauslaufen. Dann habe ich versucht, die Türe zuzuhalten, doch das habe ich aber nur ein paar Sekunden geschafft."

Ein guter Plan, den sich der Polizist da in seiner Not ausgedacht hat: *Halbach* nutzt die Unaufmerksamkeit des Täters aus und rennt in Richtung der Tiefgarage. Er will durch die Tiefgarage das Gebäude zu verlassen, über den Hof laufen und dann durch eine mit einem Sicherheitscode versehene Türe von außen wieder in das Gebäude gelangen. Auf diese Art will er den Täter ausschließen und sich selbst die Zeit verschaffen, sich wieder zu bewaffnen und seine Kollegen zu alarmieren.

Ein geschickter Plan, eine beachtenswerte Leistung für einen so schwer verletzten Mann. Doch schon als *Halbach* die Türe der Tiefgarage hinter sich schließen will, ist ihm der Täter dicht auf den Versen. Der Polizist stemmt sich mit aller ihm verbliebenen Kraft gegen die Tür und versucht sie von außen zuzudrücken. Doch als ihm bewusst wird, dass er das nicht schafft, entschließt er sich, noch einen weiteren Endspurt zu wagen. Er rennt über das Freigelände vor dem Polizeipräsidium zielgerichtet auf die Sicherheitstür zu. Doch da rutscht der Polizist aus und stürzt erneut. *Halbach* will schon aufgeben, als er sieht, dass auch der ihn verfolgende *Bernstein* hingefallen ist.

„Ich bin zu Boden gestürzt. Durch das schnelle Laufen, durch die Verletzung. Ich weiß es nicht, warum. Vielleicht habe ich die Kurve zu eng genommen. Wie ich auf dem Boden gelegen bin, da habe ich nur gedacht, jetzt ist es aus. Jetzt erschießt er mich. Jetzt macht er kurzen Prozess. Jetzt ist er mit Sicherheit so erbost und so erzürnt, jetzt macht er das Kasperle-Theater nicht mehr mit. Er wird mich jetzt erschießen. Und wie mir dieser Gedanke so gekommen ist, habe ich gehört und gespürt, dass der Mann auch gestürzt ist. Ich bin sofort wieder aufgesprungen und weitergelaufen", erzählt *Halbach*.

Noch einmal rafft er seine ganze Kraft zusammen und spurtet los. Er schafft es bis zur Sicherheitstür. Er gibt den Sicherheitscode ein. Doch hier scheitert er. Die Tür öffnet sich nicht, weil er in der Aufregung Zahlen verwechselt hat. Bevor er ein weiteres Mal die Nummer eingeben kann, steht *Bernstein* hinter ihm.

Halbach erinnert sich: „Wenn mir das gelungen wäre, hätte sich der Mann im umzäunten Außenbereich befunden und diesen nicht verlassen können. Ich hätte dann meine Kollegen zu Hilfe geholt, und dann hätten wir geeignete Maßnahmen eingeleitet, um diesem Mann dann Herr zu werden. Allerdings habe ich mich dann in der Aufregung vertippt bei diesem Tür-Code und bin dann bei der Eisentür gestanden und er war unmittelbar hinter mir, hat mir die Pistole in den Rücken gedrückt und war total aufgebracht. Er hat dann geschrien und ich dachte jetzt kommt dein Ende."

Der 27-Jährige drückt ihm die Schusswaffe in den Rücken und dirigiert ihn zu den in einer Reihe aufgestellten Dienstfahrzeugen im Hof. Es ist eine gespenstige Szene, wie die beiden Männer über den hell erleuchteten Parkplatz zu den Wagen gehen. *Bernstein* fordert den Polizisten auf, sich zwischen zwei geparkten Autos flach hinzulegen.

Bernstein ist wütend über *Halbach*. *Halbach* rechnet fest damit, dass ihn der Geiselnehmer hinrichten will: „Ich dachte, jetzt beginnt deine letzte Minute. Ich wurde zwischen zwei Autos dirigiert, musste mich hier hinlegen. Zwischen diesen beiden Autos. Ich bin dem Ganzen sehr zögerlich nachgekommen, weil ich dachte, ich komme sowieso nicht mehr raus. Ich habe das einfach rausgezögert. Er hat gesagt, du sollst dich hinlegen, dann habe ich mich wieder hingekniet, wieder hinlegen und so weiter. Er war so richtig aggressiv. Ich dachte, wenn ich mich hinlege, dann erschießt er mich gleich. Gleichzeitig war ja immer noch meine Hoffnung, irgendwann kommt eine Streife zurück. Das war sehr wichtig für mich, die Ruhe zu bewahren. Also habe ich immer wieder versucht, auf Zeit zu spielen, einfach abzuwarten und die Ankunft dieser Streife herbeizusehnen."

Halbach rechnet fest damit, dass er vom Angeklagten hingerichtet wird. Doch noch ist die Tortour nicht zu Ende.

Auf einem Balkon in einem Wohnhaus gegenüber dem Polizeipräsidium steht *Marianne Merker* im Dunkeln. Die beiden Männer sehen sie nicht. Die ältere Frau ist durch die Geräusche auf dem Hof wach geworden und wundert sich über das seltsame Verhalten der beiden Gestalten ...

33 In Lebensgefahr nach einer Lösung suchen

Hat *Halbach* keine Angst? Doch, er hat große Angst, auch wenn er sie als solche nicht erkennt. Dafür geht alles zu schnell. Er reagiert. Er wehrt ab. Er zieht sich zurück. Er denkt fieberhaft über Lösungen und Auswege nach.

Vor allem hat er Angst davor, dass die Situation noch mehr eskaliert. Dass auch seine Kollegen, die noch in verschiedenen Räumen der Polizeiinspektion schlafen, von dem Täter überrascht werden. Dass sie schlaftrunken aus ihren Räumen kommen und ebenfalls in die Gewalt des Täters geraten. Oder dass plötzlich die Kollegen, die gerade noch draußen auf Streife sind, in die Wache kommen und ebenfalls vom Täter überwältigt oder gar angeschossen werden. Die Kollegen, die gerade in der Stadt genau nach dem Mann suchen, der *Halbach* in seine Gewalt gebracht hat.

Niemand kann sich vorstellen, was in einem Menschen vorgeht, dem eine Pistole an den Kopf gehalten wird. Erst recht hat niemand eine Ahnung von dem Schrecken und den Qualen, die einen erfüllen, wenn einem eine Kugel in den Körper geschossen wird. Was man denkt und fühlt, wenn man bei vollem Bewusstsein damit rechnen muss, jeden Moment zu sterben.

Schon Angst alleine reicht, um Menschen sterben zu lassen. Angst allein kann schon so viel Stress auslösen, dass ein Herz versagt. Wenn ein Mensch Angst hat, beginnt er zu schwitzen, sein Pulsschlag und seine Atmung beschleunigen. Eigentlich ist Angst ein für den Menschen positives Gefühl. Wer Angst hat, passt auf sich auf. Wer sich bedroht fühlt, geht automatisch in Deckung, sucht Schutz vor der Gefahr.

Aber *Halbach* kann keinen Schutz mehr suchen. Die Pistole am Kopf! Der Täter ist *Halbach* so nah, dass sich der Atem der beiden vermischt. Da kommt schnell massive Angst auf. Ein Schwall von Angst. Eine Welle dieses kaum zu händigenden Gefühls, das bei manchen einhergeht mit Panik und Lähmung aller Bewegungen. Ein Wunder, dass *Halbach* nicht ausrastet ...

34 Auch Polizisten leben mit der Angst

„Die Angst ist dein größter Feind", heißt ein Buch, in dem Polizistinnen und Polizisten von gefährlichen Erfahrungen erzählen. Der Herausgeber, *Volker Uhl*, arbeitet als Kriminalhauptkommissar und stellvertretender Leiter der Koordinierungsstelle für Konflikthandhabung und Krisenmanagement an der Akademie der Polizei Baden-Württemberg in Freiburg. In seinem Vorwort beschreibt *Uhl*, wie er einen Anruf erhält, in dem ihm mitgeteilt wird, dass in Heilbronn eine Polizistin erschossen und ihr Streifenpartner angeschossen worden ist.

Ja, allein zu erfahren, dass sich Kollegen in Todesgefahr befinden oder gar erschossen worden sind, verändert schon den Menschen: „Als Angehöriger der Koordinierungsstelle für Konflikthandhabung und Krisenmanagement war ich auch für die Betreuung von Polizisten nach belastenden Einsätzen zuständig. Sollte die Nachricht stimmen, gab es Betreuungsbedarf. Aber auch rein persönlich machte mich der Anruf betroffen. Der blaue Frühlingshimmel verdüsterte sich schlagartig. Mein Hals wurde trockener und trockener, die Stimme brüchiger, während der schreckliche Verdacht von Telefonat zu Telefonat immer mehr zur Gewissheit wurde: Am helllichten Tag war eine junge Kollegin erschossen worden, die Ärzte kämpften noch um das Leben ihres Streifenpartners. Tränen liefen mir die Wange herunter. Wieso eigentlich? Wieso bin ich traurig, wenn wildfremde Menschen im Dienst ums Leben kommen?"

Der Polizeiexperte fand dafür eine Erklärung wenige Tage später in der E-Mail[57] einer Kollegin. Sie schrieb ihm, dass „wir alle wissen, dass wir einen gefährlichen Job haben und jederzeit etwas passieren kann, unabhängig, ob wir auf dem Land oder in der gefährlichen Großstadt unseren Dienst tun. Dennoch überkam es mich eiskalt, als ich hörte, dass es wieder jemanden ‚unserer Familie' erwischt hatte, denn wir alle wissen, es hätte auch uns treffen können. Wie oft hatten wir schon Glück, weil die Schutzengel gute Arbeit leisteten. Ich habe schon zweimal ein Messer abbekommen, in einen Gewehrlauf geschaut, die Nase vor eine tickende Bombe gehalten, wilde Verfolgungsfahrten hinter mich gebracht, Kugeln sind mir um die Birne geflogen und bei einer Verkehrskontrolle wurde ich fast über den Haufen gefahren. Wie schnell und ganz einfach hätte da alles schief gehen können. Aber zum Glück sitze ich hier und kann hier schreiben, während die Kollegin vor einem Trauerzug mit 2 000 Polizisten hergetragen wird. 22 Jahre alt – unfassbar! Unfassbar die Tat und unfassbar, dass wir unseren Job in dem Bewusstsein machen, dass wir es sein könnten, die irgendwann vor Kollegen hergetragen werden."

Polizistenalltag. Polizisten sind selten die harten und hartgesottenen Männer und Frauen, die mit links ihre Fälle lösen oder Gewaltsituationen klären. Das alles ist Fernsehfantasie.

Der Hamburger Hauptkommissar *Björn Buck* gesteht im Juli 2009 gegenüber dem Hamburger Abendblatt: „Ich hatte Angst um mein Leben."[58]

Der 39-jährige Polizist erlebt, wie über 1 000 jugendliche Gewalttäter im Hamburger Schanzenviertel randalieren. *Buck* war mit einer Hundertschaft Polizisten im Einsatz, um die Jugendlichen an kriminellen Taten zu hindern. Schließlich wird er zu einem Straßenabschnitt gerufen, wo ein Streifenwagen brennt. Die Polizisten werden, so *Buck*, „von unfassbaren Mengen an Flaschen und Steinen beworfen". Als er gemeinsam mit seinen Kollegen einen Täter überwältigen will, treffen ihn zwei Steinen am Helm und am Knie.

„Ich bekam Angst", erzählt *Buck* dem Reporter des Hamburger Abendblattes, „echte Angst, dort nicht mehr herauszukommen". In dieser Situation sei ihm die eigene Verwundbarkeit bewusst geworden. Und später im Rettungswagen sei ihm das Zittern gekommen.

„Wenn es einen aus dem Nichts die Beine wegreißt, dass ist ein Schock", sagt der Hauptkommissar.

Polizisten haben Angst. Auch wenn sie selten in aller Offenheit und in der Öffentlichkeit darüber sprechen. Aber Angst gehört bei Polizisten wie bei jedem anderen Mensch zum ganz normalen Leben. Angst gehört zum Menschen wie das Atmen, wie Liebe und Leiden, wie Trauer und Freude. Der Schriftsteller *Max Frisch* schrieb über Angst: „Blinder als blind ist der Ängstliche."

Und *Maxim Gorky* schrieb einst: „Angst ist für die Seele ebenso gesund, wie ein Bad für den Körper."

Die Psychologen der Polizei wissen um die Probleme ihrer Kollegen vor Ort, wissen um die Ängste von Polizistinnen und Polizisten und versuchen ihnen mit unterschiedlichen Methoden die Angst zu nehmen.

„Angst ist eine natürliche und normale Reaktion auf einen Reiz, der als bedrohlich oder unkontrollierbar eingeschätzt wird", heißt es in einem Vortrag „Angst in der Polizei – Erfahrungen und Einschätzungen in Seelsorge und Psychologie" der Autoren *Kurt Grützner, Manuela Hesser* und *Dorothea Pfützner*. Sie schreiben, dass sich „der Umgang mit Angst in der Polizei im Laufe der letzten 20 bis 30 Jahre stetig zum Positiven verändert habe".

Früher waren Polizisten nur die Starken – da hatte man keine Angst. Doch schon seit vielen Jahren befassen sich Polizeiführung, Psychologen und Betroffene immer wieder mit dem Thema. Früher hatten Polizisten keine Angst zu haben, Angstgefühle und Störungen wurden nicht thematisiert und Angst wurde als Schwäche ausgelegt und letztlich verdrängt. Heute stehen die meisten Polizisten zu ihrer Angst. Nur so wird sie normal und verständlich und vor allem beherrschbar. Polizisten dürfen und sollen ihre Angst zugeben und thematisieren, denn das bedeutet Stärke. Polizisten werden außerdem bei belastenden Ereignissen und bei Problemen mit Angstgefühlen psychologisch betreut. Außerdem dienen Seminare und andere Maßnahmen der Vorbeugung.

„Polizisten haben oft mit potenziell traumatisierenden und belastenden Ereignissen zu tun, wodurch der Polizist eine post-traumatische Belastungsstörung erfahren kann", schreiben die Autoren des Angst-Vortrags. Das sei etwa der Tod oder die Verletzung eines Kollegen. Das können Situationen sein, in denen das eigene Leben bedroht ist, oder es sind schwere Unfälle, bei denen sie aktiv werden müssen. Geiselnahmen, Überfälle, Amokdrohungen oder Schusswaffengebrauch gehören dazu. „Polizisten sind vielen gefährlichen Situationen ausgesetzt. Das ist ganz normal, wenn sie ‚natürliche' Angst in diesen Situationen haben. In manchen Fällen werden diese Erfahrungen allerdings auf andere, nicht gefährliche Situationen generalisiert."

Das kann eine Massenschlägerei sein, bei der der Polizist Angst empfindet; das kann eine Fahrzeugkontrolle sein, bei der man angegriffen wurde.

Die Psychologie[59] kennt auch viele körperliche Symptome, die auf Angst hinweisen. Angst erzeugt ein Gefühl der inneren Anspannung. Diese Anspannung wird auf die Muskulatur übertragen. Es kann zu chronischen und schmerzhaften Muskelverspannungen kommen. Durch eine Überreizung eines Nervenstranges im vegetativen Nervensystem, der normalerweise für die Anregung des Herz-Kreislauf-Systems zuständig ist, kommt es zu Zittern und Angstschweiß-Bildung. Darüber hinaus kann derjenige, der Angst empfindet, Beklemmungsgefühle, Schmerzen und Herzrhythmusstörungen bekommen. Möglich ist auch eine Verengung der Arterien, wodurch sich der Blutdruck oft gefährlich erhöht.

Im umgekehrten Fall kann es zu einem niedrigen Blutdruck kommen. Dadurch werden Ohnmachtsanfälle, Schwindel, Erröten oder ein blasses Gesicht ausgelöst. Angst kann auch Auswirkungen auf den Magen-Darm-Trakt haben. Es entstehen Koliken oder Durchfall. Manch einer kann die Muskulatur der Blase nicht mehr beherrschen. Letztlich können die Folgen dieser Erfahrungen zu dauerhaften Schäden führen. Noch lange nach der Extrembelastung kann es bei den Betroffenen zu hektischer Atmung, asthmaartiger Atemnot, anfallartigen Kopfschmerzen und Sehstörungen, als Symptome erlebter Angst kommen.

Wie normal letztlich Angst als Erfahrung des Menschen ist, beschreibt der Psychologe und Psychotherapeut *Wolfgang Schmidbauer* in seinem „Lexikon Psychologie". „Ein Gefühl von Unsicherheit, Erregung und Spannung, das manchmal – nicht immer – mit der Vorstellung einer bedrohlichen, möglicherweise Schmerzen verursachenden Situation verbunden ist, nennt man im allgemeinen Sprachgebrauch Angst", schreibt der Autor, „die Angstreaktion ist ein sinnvolles Stück unserer biologischen Ausrüstung. Wer sich vor Gefahren nicht fürchtet und ihre Wiederholung nicht vermeidet, hat geringe Überlebenschancen."

Es wäre also ganz normal, wenn *Halbach* in seiner lebensbedrohlichen Situation Angst empfinden würde. „Das Gefühl des Kontrollverlustes kann sich zu einer Angst entwickeln, der Situation hilflos ausgesetzt zu sein", schreiben *Grützner* und Co.

Halbach denkt nicht an diese Theorie, er kann nur reagieren. Körper und Geist rufen automatisch Reaktionen aus dem Erfahrungsschatz des Polizisten ab. 30 Jahre Polizeidienst, 30 Jahre Konfrontation mit Gewalttaten. Das sind 30 Jahre Erfahrungen, aus denen *Halbach* in dieser Situation versucht zu schöpfen.

Halbach reagiert. Er fragt sich nicht, ob er Angst hat. Er fühlt die Angst nicht. *Halbach* handelt. Mit einer Kugel im Körper und Verletzungen, die jede Sekunde seinen Tod bewirken können ...

35 Eine ahnungslose Rentnerin wird zur Lebensretterin

Marianne Merker, eine sehr rüstige, engagierte Frau, steht nachts um 2.49 Uhr auf ihrem Balkon und wählt den Notruf der

Polizei. Sie denkt, sie telefoniert mit einem Polizisten in der Polizeiinspektion in dem Gebäude gegenüber ihrer Wohnung, als sie von den zwei komischen Gestalten auf dem Hof des Polizeigebäudes berichtet. Was sie nicht weiß: Notrufe gehen seit einer internen Polizeireform nicht mehr bei der Polizei in Passau, sondern in der Notrufzentrale in Straubing ein. Von dort aus werden die Polizisten in Passau alarmiert. Was in diesem Fall aber nicht funktioniert, weil der diensthabende Polizist, *Ralf Halbach*, sich in der Gewalt eines Geiselgangsters befindet und einer der zwei von *Marianne Merker* beobachteten Personen ist.

Die Anruferin wird erst im Laufe des Gespräches darüber aufgeklärt, dass sie mit einem Beamten in der Notrufzentrale der Polizei in Straubing spricht. Das ist so, als würde man in irgendeinem Callcenter landen und in diesem Fall vergehen Minuten bis in der Notrufzentrale festgestellt wird, dass es nicht um zwei dubiose Gestalten im Hof des Straubinger Polizeigebäudes, sondern um den Hof der Passauer Polizeiinspektion geht.

„In manchen Situationen ist die genaueste Beobachtung aller Umstände und ein anschließendes Telefonat mit guten Hinweisen schon sehr hilfreich", sagte *Eduard Zimmermann*, Gründer des Opferschutzes Weißer Ring. Nach seiner Idee werden jedes Jahr drei Bürger mit dem XY-Preis für Zivilcourage mit jeweils 10 000 Euro ausgezeichnet. „Geht im nächsten Jahr die Auszeichnung möglicherweise an eine aufmerksame Bürgerin aus Passau?", fragte später das Passauer Magazin „Bürgerblick"[60], „der richtigen Reaktion von *Marianne M.* (69) verdankt Polizeihauptmeister *H.* (49) vielleicht sein Leben. Als der lebensgefährlich verletzte Beamte auf dem Innenhof der Polizeiinspektion von einem Verbrecher in Schach gehalten wurde, wählte sie den Notruf. Sie war von Geräuschen wach geworden, ging hinaus auf den Balkon. ‚Ich sah eine Gestalt mit ausgestrecktem Arm. Mein Bauchgefühl sagte mir, dass hier jemand in Gefahr ist', erzählt sie. Durch ihren Anruf kehrten die Streifenwagenbesatzungen rasch zurück, um ihrem Kollegen zu helfen und waren vorgewarnt. Als wichtige Zeugin wird die Küchenhilfe beim Prozess gegen den Täter aussagen."

Die Straubinger Notrufzentrale alarmiert in der Tat die Streifenwagenbesatzungen und informiert die Kollegen über den Hinweis der Nachbarin, über sogenannte „Vorkommnisse im Hof, da sind Leute und so …"

36 Der schwer verletzte Polizist warnt die Kollegen

„Ich musste also zwischen zwei Fahrzeugen auf dem Hof kauern. Da ich nun wusste, dass mich der Täter wohl nicht sofort erschießen würde, habe ich wieder versucht, mit ihm das Gespräch aufzunehmen", berichtet *Halbach* vom Fortgang der Geiselnahme, „ich habe es dann auf einer anderen Schiene versucht und gesagt: Ich bin schwer verletzt, ich blute, kannst du nicht einen Arzt verständigen. Und dann haben wir ein bisschen debattiert und in dem Moment habe ich gehört, wie das Tor vor der Dienststelle aufgeht und ein Dienstfahrzeug in den Hof fährt."

Zwei von *Halbachs* Kollegen steigen aus ihrem Streifenwagen aus. Sie wissen nicht, was passiert ist. Sie wissen nur, dass sich nach Information einer Nachbarin zwei Männer im einzäunten Bereich des Polizeiparkplatzes aufhalten sollen. Und dass einer einen ausländischen Akzent hat. Sie vermuten, dass es Diebe sein könnten, die sich da an den Fahrzeugen zu schaffen machen. Aber ausgerechnet bei der Polizei?

Halbach vermutet gleich, dass seine Kollegen nicht ahnen, in was für einer Situation er sich befindet. Er spürt das. Sonst würden sie sich vorsichtiger benehmen: „Ich habe sofort geschrien: Ich bin es, er hat meine Pistole, ich bin verletzt."

Halbach warnt seine Kollegen, die sofort in Deckung gehen und ihre Waffen in Anschlag bringen. Endlich sind die Kollegen informiert. Endlich können die Kollegen mit den richtigen Methoden die Geiselnahme zu einem Ende bringen. Endlich Hilfe für *Ralf Halbach*, der kaum noch bei Kräften ist und sich nur noch mühsam wach hält.

Mike Bernstein schießt auf *Halbachs* Kollegen ...

37   Der Täter schießt mehrmals auf die Polizisten

Es ist erst kurz vor 3.00 Uhr, als auch die in der Polizeiinspektion ruhenden Polizisten von der Einsatzzentrale in Straubing über die ernste Lage informiert werden.

Die drei Polizisten und eine Polizistin legen sofort ihre schusssicheren Westen an, verschaffen sich einen Überblick über die Situation und beziehen Positionen im Gebäude. Sie sehen ihre Kollegen *Michael Bauer* und *Dieter Liebermann* im Hof. Sie sind hinter abgestellten Fahrzeugen in Deckung gegangen, nachdem *Bernstein* auf sie geschossen hat. Um eine bessere Sicht auf den Täter zu haben, läuft *Bauer* ins Gebäude und dort in das Geschäftszimmer der Polizeiinspektion. Die Fenster im 1. Stock der Polizeiinspektion bieten eine freie Sicht auf die geparkten Autos und die Szenerie mit *Bernstein* und *Halbach*.

Als *Bernstein* den Beamten am Fenster sieht, ruft er ihm zu, dass er vom Fenster weg gehen soll. Er droht dem Polizeibeamten mit Worten: „Ich erschieß Dich!" *Bernstein* schießt kurz danach tatsächlich mehrmals auf *Bauer* und verfehlt nur um wenige Zentimeter sein Ziel.

Dann treffen die Besatzungsmitglieder des zweiten Streifenwagens, *Peter Niklasch* und *Michael Luchten*, ein und rennen ins Dienstgebäude. Von oben hoffen sie auf eine bessere Sicht und eine bessere Schussposition. Sie gelangen durch ein Fenster auf ein Flachdach, einen Anbau der Polizeiinspektion. Die Polizeibeamten robben bis zur Kante des Daches vor. Nun sehen sie den Täter und sein Opfer etwa zehn Meter entfernt unterhalb vor sich. *Bernstein* schießt zwei Mal, als er einen Beamten auf dem Flachdach entdeckt.

Eine dramatische Situation. *Bernstein* setzt seine Waffe wieder an den Kopf seines Opfers ...

38 Ruf nach der Härte des Gesetzes

Polizisten sind es gewohnt, dass Verhaftete renitent werden. Vieltausende Mal kommt es auf den Dienststellen zu Gewaltakten gegen Polizeibeamte.

In Delmenhorst zum Beispiel drehte Anfang 2011 ein 49-Jähriger Mann durch, nachdem er von der Polizei verhaftet worden war. Die Beamten hatten den Mann zur Wache mitgenommen, weil er mit vier Haftbefehlen gesucht wurde. Plötzlich schlug der Mann gezielt gegen den Kopf eines Beamten, der danach in ein Krankenhaus eingeliefert werden musste.

In Vilshofen griff im Januar 2011 ein erst 17-jähriger Schüler auf einer Dienststelle die wachhabenden Beamten an und verletzte zwei Polizisten. Der Jugendliche war stark betrunken auf der Straße aufgegriffen worden. Auf der Dienststelle wurde er aggressiv. Erst beleidigte und bedrohte er Beamte; dann trat er einen Polizisten mit seinen Springerstiefeln und einem anderen schlug er mit der Faust ins Gesicht. Dann rief er Nazi-Parolen und sang Nazi-Lieder.

Immer wieder kommt es auch zu gezielten Überfällen auf Dienststellen der Polizei. In Berlin wurden beispielsweise wiederholt Polizeiwachen mit Steinen und Molotow-Cocktails angegriffen und Autos angezündet.

Der rechtspolitische Sprecher der CSU-Landesgruppe im Bundestag, *Stephan Mayer*, forderte staatliche Reaktionen auf die Gewalttaten. Offene Angriffe auf Polizeiwachen belegten die Rücksichtslosigkeit und Gewaltbereitschaft der Täter. Es müsse „noch stärker die Härte des Gesetzes" zur Anwendung kommen ...[61]

39 Der Polizist will den Täter ablenken

Ralf Halbach hat es geahnt. Genau das hat er vermeiden wollen: Dass seine Kollegen dem Täter in die Falle laufen. Nun aber liegt er hier zwischen zwei Autos, der Täter über ihm und die Kollegen nähern sich offensichtlich über dem Parkplatz.

„Er hat sofort geschossen. In die Richtung der Kollegen geschossen, mehrmals", erinnert sich *Halbach*. Er versucht, den Mann abzulenken. „Ich habe das Gespräch mit ihm fortgesetzt. Habe von meiner Verletzung gesprochen, dass ich einen Arzt brauche. Ich habe ich ihm den Vorschlag gemacht, dass die Kollegen ihm ein Handy bringen könnten. Ich selbst hatte ja kein Handy mehr. Das hatte ich nach dem Sturz auf der Treppe im Haus liegen lassen."

Halbach will den 27-Jährigen irgendwie ablenken, damit ihn die Kollegen vielleicht überraschen und überwältigen können. Er weiß nicht, dass sich seine Kollegen inzwischen in einigermaßen sicheren Positionen befinden, in denen sie die Lage gut überblicken können. *Bernstein* lässt sich auch auf ein Gespräch ein, überlegt sogar, ob er seine Frau erreichen kann.

„Es war für mich ganz wichtig, den Mann abzulenken. Als Polizist und als Kollege denke ich immer an die anderen. Das kommt daher, weil man in der Regel zu zweit im Einsatz ist. Man denkt natürlich immer für seinen Kollegen mit. Genau so ist die Denkweise. Für mich ist es ganz wichtig, dass den Kollegen nichts passiert, denn das wäre das Allerschlimmste gewesen, wenn denen auch noch was passiert wäre", erzählt *Halbach*, „der Mann wurde dann wieder sehr aggressiv, weil er nicht sofort ein Handy bekommen hat. Er hat immer wieder geschrien: Wenn ich kein Handy bekomme, dann schieße ich."

Neun Polizisten sind inzwischen im Einsatz. Einer der Polizeibeamten, *Dieter Liebermann*, hat beschlossen, die Situation zu klären. Er nähert sich den Fahrzeugen, hinter denen sich *Bernstein* mit seinem Opfer versteckt hält. Eine mutige Tat, wie sein Kollege *Halbach* später sagt.

„Ein Held", nennt ihn der Rechtsanwalt *Johann Urlbauer*, „der Herr *Liebermann* ist mein Hero. Bewundernswert, absolut bewundernswert."

Eine Kollegin hatte ein Handy besorgt und es *Liebermann* gegeben. Er nähert sich langsam dem Täter. Er hat in einer Hand das Handy, in der anderen seine Pistole. Der Täter sieht das und verlangt sofort: „Waffe weg!"

Liebermann hat keine andere Wahl. Er legt die Pistole auf die Motorhaube eines Wagens in der Nähe und nähert sich dann unbewaffnet dem Täter. Ein gefährliches Unterfangen. Wenn nur irgendetwas den Täter irritiert, würde dieser die Nerven verlieren und schießen. Man hat auch schon Rettungswagen angefordert, um *Halbach* und möglichen weiteren Opfern schnell Erste Hilfe leisten zu können. Einige Kollegen befürchten allerdings, dass *Ralf Halbach* inzwischen tot ist.

Nachdem *Liebermann* das Handy übergeben und sich wieder zurückgezogen hat, interessiert sich *Bernstein* nicht mehr für das Telefon.

„Das war wieder so ein Machtspiel", glaubt *Halbach*, „er hat nur Macht ausgeübt. Das hat bei diesem Täter die ganze Zeit immer sehr im Vordergrund gestanden. Er wollte seine Macht demonstrieren. Das hat ihm wohl Spaß gemacht, eine Pistole zu haben, mit dieser auch auf Polizisten zu schießen. Das war für ihn anscheinend sehr wichtig. Es hat danach noch eine ähnliche Szene gegeben: Nachdem er das Handy besaß, hat es mir hingeworfen mit der Aufforderung, ich sollte telefonieren. Aber ich konnte nicht, ich konnte nicht mal die Tastensperre des Telefons aufheben."

Offensichtlich merkt *Mike Bernstein*, dass sein Opfer am Ende seiner Kräfte ist und vielleicht nicht mehr lange zu leben hat, wenn ihm nicht geholfen wird. Er zieht sein Unterhemd aus, als hätte ihn plötzlich das Mitleid für den Polizisten erfasst und drückt es auf *Halbachs* Wunden.

„Warum er das gemacht hat, weiß ich nicht. Wenn man es positiv sieht, könnte man sagen, es sind menschliche Züge. Das war

kurz nachdem ich wiederholt habe, dass ich einen Arzt brauche",
sagt *Halbach*, „aber wenn er wirklich Mitleid oder sonst irgendwas gehabt hätte, hätte er ja sagen können: ‚Okay ich gebe auf,
du kannst zu einem Arzt'. Er hätte seine Macht freiwillig abgeben
können. Das hätte er am Treppenabsatz im Haus machen können,
das hätte er zu jeder Zeit machen können. Er hat es nicht getan."
Bernstein will die Lage offensichtlich weiterhin kontrollieren.
Bis zum letzten Schuss ...

40 Ein Wunder geschieht in höchster Not

Die Handy-Übergabe durch *Dieter Liebermann* wird von des-
sen Kollegen aufmerksam verfolgt. Sie haben ihre Waffen im
Anschlag, sind bereit, sofort einzugreifen, wenn der Täter ihren
Kollegen angreifen sollte.

Einer der Beamten beobachtet den Hergang von einem
Flachdach aus. Er sieht, dass der Täter den Kollegen *Halbach*
weiterhin mit der Waffe bedroht und überlegt, ob er mit einem
gezielten Schuss, einem sogenannten Finalen Rettungsschuss,
den Täter ausschalten kann.

Er hat einen guten Sichtkontakt zu dem Täter, aber er kann
seine Maschinenpistole nicht richtig abstützen. Das Magazin ist
im Weg, und weil sich vor ihm nur eine sehr niedrige Blechbrüs-
tung befindet, muss er sich zum Schießen weit hochbewegen,
um schließlich steil nach unten zu schießen.

Das birgt viele Gefahren für den Einsatz der Waffe: das eigene Leben, aber auch das des Gefangenen könnte gefährdet
werden. Denn der Täter hätte bei einem Angriff durch den Polizisten möglicherweise zuviel Zeit und könnte zurückschießen
oder seine Geisel töten.

Doch nachdem das Handy übergeben ist, fasst der Polizist
den Entschluss, auf den Täter zu schießen. Er sieht bereits durch
die Zielelnrichtung seiner Maschinenpistole, als er sich dazu entschließt, noch eine Chance wahrzunehmen und den Angeklag-

ten direkt anzusprechen. Der Polizeibeamte ruft: „Pistole weg, sonst erschieße ich Dich!"

Doch statt sich zu ergeben, schießt *Bernstein* sofort in Richtung des Flachdachs auf den Polizisten. Der duckt sich, wird nicht getroffen. Und als er wenige Sekunden später erneut über den Rand des Flachdachs sieht, um die Lage zu checken, erkennt er, dass sich die Lage gerade völlig verändert hat. Ein Wunder ...

41 Alle 90 Minuten ein Angriff auf Polizisten

Polizisten in Deutschland müssen viel aushalten. Es gibt wohl keine Straftat, die gegen Mitarbeiter der Polizei nicht schon einmal verübt worden ist. Manchmal lesen sich die Geschichten dieser Angriffe als wären sie von Drehbuchautoren für einen Thriller erfunden worden. Doch für die Beamten, die sich mitten in diesem Krieg der Straße befinden, ist das bitterer Ernst.

Da biss ein Betrunkener in Fürstenau, der vorher gemeinsam mit seinem Bruder den Wagen einer Fahrschule gewaltsam gestoppt und den Fahrschüler angegriffen hatte, einem Polizisten in den Oberschenkel. Einen anderen Beamten bespuckte er, einen dritten verletzte er an der Hand. Nur unter größten Mühen gelang es den Polizisten, den Randalierer zu bändigen.

Bei einer Verkehrskontrolle in Hannover griff ein 37-jähriger Mann, der ein gestohlenes Fahrrad mit sich führte, zwei Polizeibeamte mit Pfefferspray an. In einer ähnlichen Situation befanden sich zwei Polizisten in Duisburg. Sie wollten einen Autofahrer kontrollieren, weil er keinen Sicherheitsgurt angelegt hatte. Statt den Führerschein zu zeigen, sprang der Fahrer einem 29-jährigen Polizisten an die Gurgel und würgte ihn. Mit einer Harke attackierte ein Radfahrer in Berlin einen Polizisten, der ihn kontrollieren wollte. Der Mann wurde vorläufig festgenommen. Verletzt wurde niemand.

Frank Richter, der Vorsitzende der Gewerkschaft der Polizei in Nordrhein-Westfalen, stellte im Februar 2010 in der Düsseldorf-Ausgabe der Bild-Zeitung fest: „Alle 90 Minuten erfolgt ein Angriff auf unsere Beamten."[62]

Auch der Bundesvorsitzende der GdP, *Bernhard Witthaut*, ist während seiner aktiven Dienstzeit mehrmals angegriffen worden: „Auf mich ist auch schon mal geschossen worden. Aber das ist im Grunde genommen etwas, womit du als Polizist ständig leben musst. Und wenn du jemanden festnehmen willst und der wehrt sich, dann kriegst du auch einen Schlag ab. Darum gibt es das Training, die Vorbereitung auf Einsatzsituationen. Üben und Trainieren von Einsatzsituationen. Anwenden von bestimmten Haltegriffen, Festnahme-Griffen auch zur eigenen Sicherung. Dies wird mittlerweile immer wichtiger."

In Hamburg musste ein Mobiles Einsatzkommandos (MEK) auf den Weg geschickt werden, weil ein junger Mann gedroht hatte, Polizeibeamte „abzuknallen". Das MEK stürmte die Wohnung, in der sich der Täter verschanzt hatte. Der 21-Jährige besaß „nur" eine Gaswaffe. In Berlin griff ein Mann Polizisten mit einem Molotowcocktail an. In Aachen verletzte ein gewalttätiger 19-Jähriger einen Beamten mit einem Kopfstoss. In Göttingen warf ein Demonstrant mit Feuerwerkskörpern – ein Polizist wurde verletzt, erlitt ein Knalltrauma. Eine betrunkene Frau trat in Schifferstadt einer Polizistin in den Unterleib, gegen die Hüfte und vor die Knie. In Oberhausen biss ein wütender Ehemann einem Polizisten in den Unterschenkel – er hatte nur einen Ehestreit schlichten wollen. Genau das versuchten Polizisten auch in Berlin – elf Beamte wurden bei diesem Einsatz verletzt, als sie von drei Männern einer arabischen Großfamilie angegriffen wurden. Einer der Täter kam an das Reizstoffsprühgerät einer Polizistin und schoss dem Beamten ins Gesicht.

Immer wieder muss die Polizei in Mannschaftsstärke anrücken, um einen wild gewordenen Täter zu stoppen – kein Einzelfall. In der Psychiatrie des Klinikums In Fulda waren zehn Polizeibeamte notwendig, um einen 31-jährigen, renitenten Patienten zu bändigen. Sieben der Polizeibeamten erlitten leichte Verletzungen. Zunächst hatte der Kranke Teile der Einrichtung der Krankenstation zerstört. Unter anderem demolierte er den Stromverteilerkasten, so dass die Stromversorgung in der Abteilung ausfiel.

Als die Polizei zur Unterstützung des Pflegepersonals anrückte, wurden die Polizisten Ziel der Angriffe. „Der 31-jährige Russlanddeutsche entwickelte keinerlei kriminelle Energie, seine Aggression richtete sich bis zum Eintreffen der Beamten nur gegen Sachen", sagte Polizeisprecher *Martin Schäfer*.

„Gegenüber den Beamten habe er übermenschliche Kräfte entwickelt, sieben Polizisten erlitten zumeist Prellungen", berichtete die Fuldaer Zeitung.

„Ein solcher Patient lebt in diesen Momenten in einer anderen Welt, er hat das Gefühl, sich mit allen ihm zur Verfügung stehenden Mitteln verteidigen zu müssen", sagte der Leiter der Psychiatrie am Klinikum Fulda, Professor *Dr. Georg Wiedemann*.

Solche Kranke werden in der Regel als nicht zurechnungsfähig betrachtet und für ihre Taten nicht zur Verantwortung gezogen. Aber auch von Drogenkranken geht eine große Gefahr aus, weil sie nicht selten eine erhöhte Aggressionsbereitschaft haben. So demolierte im schwäbischen Marktoberdorf ein 21-Jähriger erst den Kontoauszugsdrucker einer Bank, dann drückte er den Alarmknopf des Feuermelders. Als der erste Polizeiwagen vorfuhr, sprang der Mann, der inzwischen alle Kleidungsstücke ausgezogen hatte, auf die Motorhaube und das Dach des Fahrzeugs. Und damit nicht genug – er schlug auch noch einem Beamten unvermittelt ins Gesicht.

Nicht selten arten auch Familienfeiern zu Horror-Ereignissen aus, und oft ist großer Alkoholgenuss der Treibstoff. Da endete eine arabische Hochzeitsfeier in Berlin-Kreuzberg mit einer Massenschlägerei. Etwa 250 Gästen beteiligten sich daran. Als die alarmierten Polizisten eintrafen, passierte, was ebenfalls nicht selten ist: Plötzlich richtete sich die Aggression der Hochzeitsgäste gegen die Beamten, die zwei Kontrahenten trennen wollten. Ein Gast schleuderte einen Stuhl gegen die Polizisten, andere Partyteilnehmer verstellten den Beamten den Weg, als sie einen Haupttäter festnehmen wollten. Schließlich mussten die Polizisten zu Pfefferspray und Schlagstöcken greifen, um die Situation zu klären.

Der Ort der Massenschlägerei war den Polizisten allerdings bereits vertraut. Schön öfter hatte es in dem als Hochzeitslocation beliebten Festsaal größere Prügeleien unter den Gästen gegeben. Und nicht zum ersten Mal wurden plötzlich die Helfer selbst angegriffen. Der Betreiber des Festsaals sieht darin kein Problem: „Dass sich Leute prügeln, kommt immer wieder mal vor. Auch in Diskos oder Kneipen. Das ist kein Problem arabischer oder türkischer Hochzeiten."

Doch was für den einen Normalität ist, bedeutet für andere enormen Stress. Denn wer will schon immer wieder zur Zielscheibe von Gewalttätigkeiten werden, wenn er doch eigentlich nur gekommen ist, um zu helfen?

Wie *Halbach*, der doch eigentlich einem Mann helfen will, der seine Frau vermisst …

42 Die Chance zum Finalen Rettungsschuss

Die Geiselnahme von Passau befindet sich in ihrer Endphase. Es ist eine gefährliche und dramatische Situation. *Halbachs* Kollegen halten zwar den Täter in Schach, hindern ihn daran zu flüchten und überlegen fieberhaft, was sie tun können.

Sie wollen das Leben ihres Kollegen nicht gefährden. Sie haben die Hoffnung, dass *Halbach* nicht so schwer verletzt ist, wie es aussieht. Sie hoffen, dass *Halbach* nicht tot ist. Sie wollen den Kollegen retten. Sie wollen den Täter überwältigen und kampfunfähig machen und müssen gleichzeitig darauf achten, nicht selbst zum Opfer zu werden.

Einer der Beamten wird später sagen, das er zu einem bestimmten Zeitpunkt in der Lage gewesen wäre, den Finalen Rettungsschuss anzuwenden, es aber dann doch nicht machte.

Was bedeutet das?

Im „Musterentwurf eines einheitlichen Polizeigesetzes", § 41 Abs. 2 ist der Begriff wie folgt definiert: „Ein Schuss, der mit an Sicherheit grenzender Wahrscheinlichkeit tödlich wirken wird, ist nur zulässig, wenn er das einzige Mittel zur Abwehr einer gegenwärtigen Lebensgefahr oder der Gefahr einer schwerwiegenden Verletzung der körperlichen Unversehrtheit ist."[63]

Das Internet-Lexikon Wikipedia hat dazu eine einfache Formulierung gefunden: „Als Finaler Rettungsschuss wird in Deutschland der gezielte tödliche Einsatz von Schusswaffen im Dienst von Polizisten bezeichnet, um im Sinne der Nothilfe Gefahr von Dritten genau dann abzuwenden, wenn keine anderen Mittel zur Abwendung verfügbar sind. Ein Einsatzgebiet sind etwa Geiselnahmen, bei denen Verhandlungen und der Einsatz von nicht tödlichen Waffen keine realistischen Aussichten auf Erfolg bieten."[64]

Eine einfache Formulierung – eine schwere Entscheidung für den Polizisten, bei der es für den Täter um Leben und Tod geht. Im konkreten Fall bedeutet das, dass *Halbachs* Kollege die Gelegenheit hat, den Geiselnehmer mit einem Schuss töten zu können. Doch gerade das ist eine Situation, von der jeder Polizist in Deutschland hofft, dass er nicht in diese Situation gerät.

Die Spezialeinsatzkommandos der Polizei haben sehr häufig mit solchen Entscheidungen zu tun. Sie müssen Geiseln befreien und manchmal bleibt ihnen nichts anderes übrig, als auf den Täter oder die Täter zu schießen. Diese Spezialeinheiten kennen aber eine Reihe von Methoden, um einen Täter schnell kampfunfähig zu machen. Wenn man, wie etwa bei einem Banküberfall, ein wenig Zeit hat, auch über die Konsequenzen nachzudenken, ist es einfacher, den richtigen Weg zu finden.

Doch diesmal bleibt den Kollegen von *Halbach* keine Zeit zum Überlegen. Wer hier die Gelegenheit für einen finalen Rettungsschuss sieht, ist mit seinem Wissen und mit seinem Gewissen auf sich alleine gestellt. Der Finale Rettungsschuss ist das äußerste

Mittel, die härteste Zwangsmaßnahme, die ein Polizei ergreifen kann.

„Die Eignung des Schusswaffengebrauchs als Zwangsmittel setzt aber auch die Beherrschung der Schusswaffe voraus. Der Schusswaffengebrauch durch einen Beamten, der im Umgang mit Waffen nur ungenügende Erfahrung hat, ist schon deshalb kein geeignetes Zwangsmittel, weil nicht vorausgesetzt werden kann, dass ein solcher Beamter überhaupt das trifft, worauf er gezielt hat. Es ist deshalb Grundvoraussetzung für die Eignung dieses Schusswaffengebrauchs als Zwangsmittel, dass die Beamten eine gründliche Ausbildung erhalten und ständig im Training bleiben", schreibt die Autorin *Dietlind Neuwirth*, in ihrem Buch „Polizeilicher Schusswaffengebrauch gegen Personen".[65]

Die Juristin und vormalige Professorin an der Fachhochschule des Bundes für öffentliche Verwaltung, Fachbereich Öffentliche Sicherheit, weiß, dass die „Geeignetheit des gezielt tödlichen Schusses immer wieder mit der Begründung in Frage gestellt wird, dass es einfacher sei, einer Person die Waffe aus der Hand zu schießen, als diese mit sofort tödlicher Wirkung zu treffen".

Hier in Passau ist es Nacht und die Lichtverhältnisse sind nicht die besten. Trotzdem hätten der eine oder andere Kollege die Möglichkeit zu diesem Finalen Rettungsschuss vielleicht gehabt. Aber die Beamten kennen die Warnungen vor dem allzu leichtfertigen Umgang mit der Waffe gerade und insbesondere beim Finalen Rettungsschuss. Sie wissen, dass sie später diesen Schuss, der den Tod eines Menschen zu Folge haben soll, rechtfertigen und ausführlich begründen müssen.

In der Theorie kennen die Polizisten alle Situationen – aber den meisten fehlt verständlicherweise die Praxis. „Zwar ist es zutreffend, dass die Ausschaltung aller auch reflexartiger Handlungen nur durch Kopf-, Genick- und Herzschüsse bewirkt werden kann. Die sofort tödliche Wirkung tritt jedoch nicht nur dann ein, wenn es dem Polizeibeamten gelingt, exakt das nur 5-Mark-Stück große Stammhirn, die Halswirbelsäule oder mitten ins

Herz zu treffen. Wenn aus Präzisionsgewehren abgefeuerte sogenannte Hochleistungsprojektile in den Schädel, den Hals oder das Herz eindringen, bewirkt der dadurch hervorgerufene hydro-dynamische Effekt die Zerstörung lebenswichtiger Zentren bzw. motorischer Nervenbahnen und damit eine sofortige Lähmung der Bewegungsmuskulatur und so die momentane Handlungsunfähigkeit. Bedenken gegen die grundsätzliche Eignung des gezielt tödlichen Schusses oder des Schusswaffengebrauchs insgesamt sind also nach heutigem Stand der Technik bzw. der Waffen und Schießausbildung der Vollzugsbeamten nicht mehr aufrecht zu erhalten", schreibt *Neuwirth* in ihrem Buch.

Elitebeamten von Spezialeinsatzkommandos der Polizei treffen in der Regel eine Patronenhülse aus 250 m Entfernung und können einen Attentäter selbst in schneller Fahrt mit einem Auto durch einen Finalen Rettungsschuss stoppen. Sie sind vorbereitet auf diese Situationen. Sie sind vielfältig geschult, psychisch und physisch. Und sie wissen genau, was sie im Ernstfall tun müssen, um eine Situation zu klären.

Doch genau das kann man nicht von den Beamten erwarten, die im Allroundeinsatz in einem Ort wie Passau ihren Dienst tun. Ihr Job ist – im Gegensatz zu den Spezialeinsatzkommandos – nicht die Ausschaltung von gefährlichen Kriminellen allein. Die Beamten in Passau haben ganz andere, sehr viele Aufgaben. Sie schlichten Streit in einer Kneipe oder eine Familie, sie sperren Unfallstellen ab, wenn es an einer Kreuzung gekracht hat. Sie regeln den Verkehr bei Schneesturm im Winter. Sie suchen ein vermisstes Kind oder eine Seniorin, die sich verirrt hat. Die Polizisten sind, auch wenn das im Bewusstsein der Bevölkerung außer Mode gekommen ist, Freund und Helfer.

Sie sind nicht so geschult, nicht so trainiert, dass sie jederzeit diesen Finalen Rettungsschuss auch exakt ausführen können. Es ist ja ohnehin eine extrem schwere Entscheidung, zu beschließen, einen Menschen zu töten. Eine der schwersten Entscheidungen, die ein Mensch treffen kann und treffen muss.

Es gibt im Übrigen eine Reihe Voraussetzungen, die zutreffen müssen, um überhaupt einen solchen Schuss abgeben zu dürfen. Dieser Schuss ist nur dann zulässig, wenn er das einzige Mittel zur Abwehr einer gegenwärtigen Lebensgefahr oder einer schwerwiegenden Verletzung der körperlichen Unversehrtheit ist. Auch muss man sicher sein, dass durch diesen Schuss nicht der als Geisel genommene Kollege in Gefahr gerät, möglicherweise noch durch den Täter erschossen wird. Das bedeutet letztlich: Ein solcher Schuss muss mit an Sicherheit grenzender Wahrscheinlichkeit sofort tödlich wirken.

Die Verantwortung des einzelnen Beamten in dieser Situation ist so groß, dass sich einige Politiker in Deutschland sogar weigerten, den Finalen Rettungsschuss in ein Gesetz zu kleiden. Der Innensenator in Berlin, *Erhard Körting*, formulierte seine Bedenken so: „Es ist meine feste Überzeugung, dass ich nicht ins Gesetz reinschreiben will, die Polizeibehörde darf töten. Dieses Recht billige ich wirklich nur einem einzelnen Menschen, auch einem Polizeibeamten, in einer Notwehrsituation zu, und nicht einer Behörde, die sozusagen von ihr aus dann noch aktenkundig macht, unter den und den Voraussetzungen darf jetzt getötet werden."

Das hessische Ministerium des Inneren und für Sport erläutert die Hintergründe in seiner Information zum Finalen Rettungsschuss[66]: „Unter ‚Finaler Rettungsschuss' versteht man die gezielte Abgabe eines tödlich wirkenden Schusses zur Abwehr einer Lebensgefahr. Ein Beispiel: Der zum Mord entschlossene Geiselnehmer wird von der Polizei gezielt durch einen Schuss getötet, weil das Leben der Geisel auf andere Weise nicht gerettet werden kann. Der Finale Rettungsschuss ist in den meisten Bundesländern bereits geregelt, so in Baden Württemberg, Bayern, Brandenburg, Rheinland-Pfalz, Sachsen, Sachsen-Anhalt, Saarland, Thüringen und Bremen. Das neue Polizeigesetz enthält eine eindeutige Befugnis-Norm. Die Regelung stellt klar, dass ein solcher Schuss möglich ist, wenn er das einzige Mittel zur Abwehr einer gegenwärtigen Lebensgefahr oder einer gegenwärtigen Gefahr einer schwerwiegenden Verletzung der körperlichen Unversehrtheit dient. Mit der eindeutigen gesetzlichen Regelung sind die Polizeibeamtinnen und -beamten nicht mehr auf juristische Hilfskonstruktionen angewiesen."

Aber jeder Polizist weiß auch, wie umstritten der Finale Rettungsschuss in der Öffentlichkeit ist. Zum einen richtet sich diese Kritik allein gegen den Begriff Finaler Rettungsschuss, zum anderen sehen einige Kritiker darin einen Freibrief für das Töten von Kriminellen oder mutmaßlichen Kriminellen. Bei manchen Kritikern steht auch die Frage nach der Notwendigkeit eines Finalen Rettungsschusses im Mittelpunkt. Gerade diese Frage können letztlich aber nur jene Beamten beantworten, die sich in der aktuellen Situation befinden. Beamte wie *Ralf Halbach* und seine Kollegen, die nur wenig mehr als zehn Meter entfernt in Position liegen.

Hier geht es um das Leben eines Polizeibeamten, der mitten in der Nacht überfallen worden ist, dem in den Kopf geschossen worden ist und der sich in akuter Lebensgefahr befindet. Denn der Täter, umzingelt von Polizeibeamten, weiß nicht mehr, wie er fliehen soll und ob er fliehen kann und die Polizeibeamten wissen nicht, ob er nicht zu äußersten bereit ist, um die Situation für sich zu verbessern ...

43 Am frühen Morgen geschieht ein Wunder

Es ist 3.10 Uhr. Die Geiselnahme erlebt einen neuen dramatischen Höhepunkt – ein Wunder geschieht.

„Seit dieser Nacht kann mein Mandant seinen zweiten Geburtstag feiern", sagt später der Anwalt des Täters, *Bruno Fuhs*. Der Polizist, der da mit seiner Maschinenpistole nicht auf den Täter schießt, habe seinem Mandanten das Leben geschenkt: „Der Polizist hätte aus der Entfernung und bei den Lichtverhältnissen den Herrn B. ohne Weiteres erschießen können. Ohne Probleme, und es wäre dann auch gerechtfertigt gewesen. Er hat es nicht getan. Er hat wohl gezögert, weil er nicht wusste, ob mein Mandant noch ein zweites Magazin für seine Pistole besaß. Wenn man aus der Entfernung hätte schießen müssen, hätte man wohl einen Finalen Todesschuss gebraucht. Ihn nur zu verletzen, hätte eine weitere Gefahr für den neben ihm liegenden Herrn H. bedeutet. Ich möchte in diesen Minuten nicht in der Haut des Polizisten gesteckt haben."

Manchmal geschieht jedoch ein Wunder. Denn der auf dem Flachdach liegende Polizist sieht plötzlich, dass an der Pistole, die *Mike Bernstein* in der Hand hält, der sogenannte Schlitten hinten eingerastet ist. Das passiert bei dieser Heckler & Koch P7 immer, wenn keine Patrone mehr in der Waffe und das Magazin leer ist.

Der Beamte weiß, dass er jetzt sehr schnell handeln muss. Jetzt haben die Polizisten die Chance, den Täter zu überwältigen. Sie müssen ihn ergreifen, bevor er die Chance hat, ein Reservemagazin in die Waffe zu drücken. Niemand weiß, ob *Bernstein* überhaupt über ein Reservemagazin verfügt, aber die Polizisten müssen in dieser Situation mit allem rechnen. Sie müssen handeln.

Später vor Gericht heißt es dann in der recht nüchternen Juristensprache, dass der Kollege *Niklasch* dem Kollegen *Liebermann* zugerufen habe, dass „die Waffe des Angeklagten leer geschossen sei. Dies nahm der Polizeibeamte *L.* gegen 3.10 Uhr zum Anlass, hinter seinem Fahrzeug hervorzukommen und auf den Angeklagten zuzulaufen. Der Angeklagte nahm nunmehr den Zeugen *L.* ins Visier. Der Polizeibeamte *L.* schlägt dem Angeklagten die Waffe aus der Hand, überwältigte ihn. Der Polizeibeamte *B.*, der diesen Vorgang auch aus dem Geschäftszimmer beobachtete, lief ebenfalls nach unten und unterstützte seinen Kollegen *L.* bei der Festnahme. Weitere Polizeibeamte kamen hinzu, so dass der Angeklagte festgenommen werden konnte. Der geschädigte *H.* stand, als er die Festnahme bemerkt hatte, auf und lief eigenständig in das Dienstgebäude die Treppe hoch. Dort wurde er vom Polizeibeamten *H.* empfangen und auf eine Bank im Vorraum gebracht. Die Rettungssanitäter, die vor dem

Eingangstor der Polizeiinspektion bereits standen, wurden hereingelassen und versorgten den geschädigten *H.* Bei der Festnahme leistete der Angeklagte passiven Widerstand. Er musste dann von den Polizeibeamten in die Arrestzelle getragen werden. Bei der dann angeordneten Blutentnahme beleidigte er die anwesenden Polizeibeamten mit den Ausdrücken ‚Drecks-Bullen‘ und ‚Bullenschweine‘. Als der Polizeibeamte *N.* sich weigerte, ihn selbstständig aus einem Glas Wasser trinken zu lassen, – wegen Schmauchspuren – erklärte er diesem gegenüber, dass er seine Familie umbringen werde.“

Halbach erinnert sich an diese Sekunden, in denen vielleicht über Leben und Tod entschieden wurde, als wäre die Geiselnahme gerade erst passiert: „Das war ganz wichtig für mich, zu wissen, dass ich nicht mehr allein bin. Es ist noch jemand da. Und dann war natürlich wichtig, wie der Kollege *N.* auf diesem Vordach den Täter angesprochen hat: Schmeiß deine Pistole weg, wirf sie weg, sonst erschieße ich dich. Da sagt der überraschte Täter nur: Was wird jetzt hier gesagt? Und dann schießt er in Richtung meines Kollegen. Aber das waren dann seine letzten Schüsse. Ich habe gesehen, dass der Verschluss der Pistole nicht mehr nach vorne gesprungen ist, weil das Magazin leer war. Der Täter war sehr überrascht, dass er nicht mehr schießen konnte. Er hat dann einen Moment innegehalten und den Moment habe ich ausgenutzt und bin weg. Ich bin dann sofort aufgesprungen, bin die Treppe hinaufgelaufen bis zur Dienststelle, da ist der Eingang zur Polizeidienststelle. Ich bin da raufgelaufen und da sind dann Kollegen gewesen, und ich bin dann ins Gebäude rein und habe mich auf die Bank gelegt und habe dann den Kollegen noch schnell erzählt, was passiert ist, weil mir ja klar war, ich komme jetzt ins Krankenhaus, und ich musste den Kollegen ja erzählen, in kurzen Umrissen, was passiert ist, damit sie wissen, was los war. Sie wussten das ja nicht.“

Dann legen die Sanitäter *Ralf Halbach* auf ihre Trage. Eine lange Nacht für die Ärzte im Passauer Klinikum beginnt …

III. DANACH

„Wir glauben, Erfahrungen zu machen, aber die Erfahrungen machen uns."

Eugène Ionesco,
rumänisch-französischer Schriftsteller

44 Nach der Befreiung schwebt der Polizist im siebten Himmel

Nach der Tat beginnt die Routine. Für die Polizisten heißt das Spurensicherung. Beweismittel werden gesichert – die Patronenhülsen, die Patronenreste in den Wänden, Blutspuren. Skizzen werden angefertigt …

Einer von *Halbachs* Kollegen greift zum Fotoapparat und macht so viele Fotos wie es eben geht. Sie werden später helfen, den Verlauf der Tat minutiös zu rekonstruieren.

Halbach, der Polizist der sich auch noch in höchster Gefahr um seine Kollegen sorgte, denkt auf dem Weg ins Krankenhaus sogar noch an das Wohlbefinden seiner Familie. Als ein Kollege ihm sagt, dass man seine Familie informieren will, meint *Halbach*, man solle seine Frau und die Kinder nicht extra aufwecken: „Das reicht, wenn du ihr das um 6 Uhr in der Frühe sagst, da brauchst du sie nicht mitten in der Nacht aufwecken."

Halbach will seine Familie nicht in Panik versetzen. Er weiß ja aus Erfahrung, was Angehörige empfinden, wenn ein Polizeibeamter mitten in der Nacht vor der Türe steht, um dann die Familie zu verständigen: „Das ist dann immer das Schlimmste, was passieren kann."

Halbach ist selbst jetzt, nachdem er die Geiselnahme überstanden hat, noch voller Engagement – und das Gefühl, das er erlebt, ist auch Monate später für ihn unbeschreiblich: „Da war zunächst eine Erleichterung und das Gefühl, mit dem Leben davongekommen zu sein. Aber auf dem Weg ins Krankenhaus denkt man an seine Familie, an die Kinder und an die Frau. Das ist sehr schwierig zu beschreiben. Man ist mit dem Leben davongekommen und sich bewusst, einen Schuss in den Kopf überlebt zu haben. Das ist ein ganz ungewöhnliches Gefühl. Es ist, als wäre man praktisch unantastbar, unverletzbar. Man schwebt im siebten Himmel. Man glaubt wirklich, man kann jetzt gegen Gott und die Welt ankämpfen, es kann einem nichts passieren."

Halbach ist während der Fahrt ins Passauer Klinikum bei vollem Bewusstsein. Erst im sogenannten Schockraum der Notaufnahme verabreicht man ihm eine Narkose. Er erinnert sich, dass „schon der Notarzt ein bisschen mit den Verletzungen überfordert war. Ich habe mir vom Arzt berichten lassen, was überhaupt los ist mit mir. Ich wusste ja nur, dass ich einen Schuss in den Kopf bekommen hatte. Aber ich habe mir überhaupt keine Gedanken darüber gemacht, wo die Kugel mich überall getroffen hat. Ich habe gefühlt und bin dann mit meinem Finger in ein Loch gekommen, das war der Einschussbereich."

In der Klinik versuchen die Ärzte, erst *Halbachs* Leben und dann die Funktionen seines Kiefers und des Mundes zu retten. Ein Unterkieferspezialist kümmert sich darum. Später wird man kaum noch erkennen, dass der Polizist hier eine schwere Mundverletzung hatte. Er selbst wird aber noch lange über Taubheit im Mundbereich und Dehn-Schwierigkeiten beim Essen klagen: „Es ist ein Gefühl, als hätte mir ein Zahnarzt mit einer Spritze den Kiefer betäubt."

Halbach hat Glück im Unglück gehabt. Die Kugel ist noch im Körper, aber es sind keine lebenswichtigen Organe verletzt. Es ist ein Hartgeschoss, sogenannte Man-Stop-Munition, deren Projektil sich beim Einschuss verformt.

„Ich habe über meine Verletzungen eigentlich gar nicht groß nachgedacht", erinnert sich *Halbach*, „ich habe nicht gemerkt, das ein Projektil in meiner Brust steckt. Die Ärzte haben die Munition aus meinem Körper herausgeholt. Ich wusste sehr wohl, dass irgendwo was verletzt ist. Ich habe aber nicht richtig gemerkt, dass da tiefer durch meinen Körper durchschossen worden ist. Ich dachte eigentlich, dass ich keine großen Verletzungen habe, weil ich noch alles habe machen können. Die Hände waren nicht verletzt, ich habe sprechen können. Denken auch, dass war sehr wichtig für mich. Vor allem wenn man einen Schuss in den Kopf bekommt, dann ist es ja vor allem wichtig, dass das Gehirn nicht in Mitleidenschaft gezogen wird. Aber das war nicht der Fall."

Die Ärzte versetzen *Ralf Halbach* nach der Operation bis zum Mittag in ein künstliches Koma. „Dann bin ich aufgewacht und meine Frau stand an meinem Bett", erinnert sich *Halbach*.

Knapp 14 Tage nach dem Ereignis ist er wieder zuhause. Noch stark geschwächt, aber insgesamt wohlauf. Wenn man von *Halbachs* Psyche absieht, die jetzt Probleme macht. „Mir ist von der Polizei angeboten worden, einen Polizeipsychologen in Anspruch zu nehmen. Doch dann wurde ich zunächst vier Wochen krankgeschrieben. In dieser Zeit fanden wir einen Psychiater, der mich dann betreute und sehr geholfen hat."

Glück im Unglück, doch ganz so glimpflich, wie es in den ersten Tagen nach dem Ereignis aussieht, geht es nicht weiter. Die Schädigung seiner Psyche, das wird er erst später feststellen, ist viel größer als er denkt: „Ich hatte wahnsinniges Glück. Wäre der Schusskanal nur ein paar Millimeter weiter nach innen gewesen ..."

45 Freunde und Kollegen helfen dem Opfer

Für die Familie, für Freunde und Verwandte, Nachbarn und Kollegen ist die Geiselnahme *Halbachs* ein „Riesenschock".

„Die Kollegen sind zu mir nach Hause gefahren und haben mit meiner Frau gesprochen und ihr gesagt, dass es auf der Dienststelle eine Schießerei gegeben hat. Kopfschuss. Die Kollegen wussten da noch nicht, was alles passiert war", erzählt *Halbach*, „meine Frau ist natürlich sofort zu mir ins Krankenhaus gefahren, ich lag auf der Intensivstation im Koma. Dann sind auch die Kinder gekommen. Aus Erzählungen weiß ich, dass da direkt eine große Betroffenheit war. Meine Tochter, die in München berufstätig ist, kam gleich morgens angereist. Im Radio hat sie von der Geiselnahme gehört, hat nur nicht gewusst, dass ich der schwer verletzte Polizist bin."

Halbach hat das Gefühl, dass die Polizei die Folgen des Überfalls in den Tagen danach recht gut gehandhabt hat: „Man hat ein Team aus Kollegen gebildet, mit denen ich auch befreundet bin und die mich und teilweise auch meine Familie recht gut kennen. Und die haben mich und meine Familie dann rundum betreut."

Sie machten Fahrdienste, erledigten Besorgungen und halfen, wo Not am Mann war. „Ich muss sagen, dass war ideal. Das hat wunderbar funktioniert. Das war ein Team aus einem Kollegen und einer Kollegin. Sie haben nicht nur mich im Klinikum betreut, was allein auch schon recht schwierig war, weil natürlich auch viele Medienvertreter mit mir sprechen wollten. Gott und die Welt wollten was über mich wissen. Und meine Kollegen haben zusammen- und möglichst viel geheim gehalten. Wenn im Krankenhaus direkt nach mir gefragt wurde, haben sie die Leute an die Polizeiinspektion verwiesen. Sie haben unerwünschte Besucher abgewimmelt. Ich konnte mich entscheiden, empfange ich diesen Besuch oder nicht. Und auch zu Hause haben sich Kollegen dabei abgewechselt mir und meiner Familie zu helfen", freut sich *Halbach* noch heute über die Unterstützung ...

46 Der Schock eines Überfalls sitzt tief

Polizeipsychologen wissen genau, welche Folgen so eine schwere Verletzung haben kann, wie sie *Halbach* erlitten hat. Sofort oder mit zeitlicher Verzögerung treten psychische und oft auch körperliche Störungen auf. Diese sogenannte posttraumatische Belastungsstörung erkennt man an unterschiedlichen Symptomen: Immer wieder drängen sich Erinnerungen an das Ereignis auf. Man hat stark belastende Träume. Das Opfer ist unfähig, sich an wichtige Situationen des Ereignisses zu erinnern. Man verspürt ein Gefühl der Isolierung oder auch Schuldgefühlen oder Scham. Manche Menschen sind dann sehr gereizt, andere können sich nur schwer konzentrieren. Andere verspüren vegetative Reaktionen wie etwa Hitzewallungen, Herzrasen, Verdauungsbeschwerden oder Schlafstörungen.

Polizeiintern werden die Kollegen eines geschädigten Polizisten gebeten „nach belastenden Ereignissen im Vergleich mit dem

Alltagsverhalten auf Veränderungen betroffener Kollegen hinsichtlich ihres Verhaltens, ihrer Reaktionen oder ihrer Aussagen zu achten. Konkret kann sich dies in körperlichen Reaktionen wie beispielsweise Zittern, Weinen, Starrheit oder Schweißausbrüchen äußern. Auch Angstreaktionen und Unverständnis über das eigene Verhalten sind Hinweise auf eine erhöhte Belastung."[67]

Weitere Hinweise können ununterbrochenes und wiederholendes Erzählen von dem Ereignisses sein. Starke Unruhe, gesteigerte Schreckhaftigkeit oder apathisches Verhalten sind bekannte Reaktionen. Aber auch die Vermeidung, über das Ereignis zu sprechen und – wie bei *Halbach* – die Ablehnung an den Ort der Tat zurückzukehren, sind mögliche Reaktionen.

Hinweise auf nicht verarbeitete Belastungen finden sich auch in Äußerungen wie „Ich kann nicht vergessen", „Ich habe plötzlich Angst", „Ich kann nicht schlafen", „Ich will nicht daran denken", Ich weiß nichts mehr" oder „Lasst mich in Ruhe".

Nach einem belastenden Ereignis sind viele Reaktionen möglich: Darüber reden wollen, sich zurückziehen, Fassungslosigkeit, Zusammenbruch, die eigene Männlichkeit oder Stärke besonders hervorheben oder Weinen.

Vor diesem Hintergrund haben die Kollegen von *Ralf Halbach* ausgezeichnete Hilfe geleistet. Selbstlose Unterstützung von Kollegen für den Kollegen. Teamarbeit. Das gibt es nicht mehr oft in Unternehmen und das zeigt, wie sehr Polizisten zusammenhalten, wenn es ernst wird und einer von ihnen in Gefahr ist. Polizisten wissen, sie müssen sich aufeinander verlassen können. Denn zu oft befinden sie sich in gefährlichen Situationen, zu oft wird auch ein Polizist schnell zu einer hilflosen Person, der geholfen werden muss. Und die Hilfe endet nicht an der Tür der Polizeiwache.

„Es war wirklich wunderbar. Als ich vom Klinikum entlassen wurde, haben mich Kollegen nach Hause gefahren und mich gut betreut. Und erst auf meinen Wunsch und dem meiner Familie haben sie nach und nach damit aufgehört", beschreibt *Halbach* die Zeit unmittelbar nach der Geiselnahme.

In die brutale Realität zurückgerissen wird er erst durch eine erste Vernehmung durch einen Kollegen: „Er wirklich recht nett. Ich habe auch direkt einen Draht zu ihm gefunden. Aber trotzdem war das für mich sehr belastend. Zum ersten Mal musste ich in allen Details schildern, was passiert war."

Alles hätte nun in aller Ruhe seinen Gang gehen können, wenn *Ralf Halbach* sich nicht geärgert hätte. In den Medien waren die Geiselnahme und sein Verhalten seiner Meinung nach nicht richtig dargestellt worden. Und das wollte er ändern …

47 Polizeiseelsorger leisten Erste Hilfe

Die schrecklichen Erlebnisse bei einer Geiselnahme oder einem Mord, oder die Erfahrungen bei einer Katastrophe zu verarbeiten, bedarf meist der neutralen Unterstützung von Experten. Neben den dafür ausgebildeten Kollegen und Polizeipsychologen helfen oft auch Polizeiseelsorger der katholischen und evangelischen Kirche.

Seit Jahrzehnten arbeiten die Priester und Pfarrer vertrauensvoll mit der Polizei in ganz Deutschland zusammen. Für den Düsseldorfer Polizeipräsidenten *Herbert Schenkelberg* ist diese Unterstützung sehr wichtig: „Da muss ich die Kirchen lobend hervorheben. Sowohl die evangelische als auch die katholische Kirche haben ja ihre Polizeiseelsorge sehr gut organisiert. Wir haben hier im Hause beispielsweise auch zwei Pfarrer, die Sprechstunden anbieten, die von sich aus in die Dienstgruppen gehen oder auch bei Einsätzen dabei sind."[68]

„Polizeiseelsorge, das ist oft Arbeit mit ganz existenziellen Themen: Tod, Trauer, Leid, schwere Schicksale, Gewalt; all den Dingen, denen die Polizei in ihrem Dienst begegnet", heißt es bei der evangelischen Stiftung Polizeiseelsorge. Die Organisation leistet Hilfe für Polizeibeamtinnen und Polizeibeamte nach besonderen Stresssituationen, wie nach Schusswaffengebrauch, Geiselnahme oder Mord. Die Seelsorger helfen den Polizisten dabei, trotz der negativen Alltagserfahrungen im Beruf ein stabiles Wertesystem und positives Menschenbild zu bewahren.

„Schwerpunkte der zahlreichen Aktivitäten sind neben der Seelsorge die Bereiche Berufsethik und Spiritualität. Die überkonfessionellen Angebote, z. B. Gespräche und Begleitung, Seminare und Gottesdienste sind offen für alle Mitarbeitende in der Polizei", heißt es bei der Stiftung Polizeiseelsorge in Wuppertal[69], „die Arbeit wird von ordinierten Seelsorgerinnen und Seelsorgern in ökumenischer Zusammenarbeit geleistet. Diese stehen unter Schweigepflicht und haben das Zeugnisverweigerungsrecht. Sie üben ihre Arbeit unabhängig von staatlichen Weisungen aus. Die Mitarbeitenden in der Polizeiseelsorge kennen den Berufsalltag bei der Polizei und haben die besonderen Belastungen und ethischen Anforderungen im Polizeiberuf im Blick."

Die Mitarbeiter der Kirchen stehen nicht nur für Einzelgespräche zur Verfügung. Sie begleiten die Polizeibeamtinnen und -beamten auch immer wieder einmal in ihrem Dienstalltag, vor allem auch bei Großeinsätzen und nach besonders extremen Einsätzen. Dabei helfen sie den Polizisten im Umgang mit den Erfahrungen mit Tod, Leid, Gewalt und Schuld.

Darüber hinaus übernehmen beispielsweise die Mitarbeitenden des leitenden Landespfarramtes für Polizeiseelsorge der Evangelischen Kirche im Rheinland[70] auch die Beratung der Ministerien in Bezug auf die berufsethischen Curricula, die Aus- und Fortbildung der Polizeipfarrerinnen und Polizeipfarrer und die kirchliche Seminararbeit für die Polizei.

Ähnlich ist die Arbeit der Katholischen Kirche im Dienst der Polizei, die die Grundsätze ihrer Arbeit[71] so formuliert: „Die Polizeiseelsorge gilt den Frauen und Männern, die in den Polizei-Organisationen Dienst leisten. Die pastorale Sorge der Kirche gilt also den Menschen, nicht der Organisation ... Die Schwerpunkte der Polizeiseelsorge sind von den spezifischen Anforderungen des Polizeiberufs geprägt: Konflikte schlichten, das staatliche Gewaltmonopol zum Schutz der Menschen- und Bürgerrechte durchsetzen, stressige Einsätze übernehmen, Überbringen von Todesnachrichten, ständiger Kontakt mit Randgruppen und kriminellem Milieu, längere geschlossene Einsätze im Inland, längere Abwesenheiten durch internationale Polizeieinsätze im Ausland."

Unabhängig von den Kirchengemeinden bieten die Polizeiseelsorger im täglichen Dienst und bei besonders belastenden Einsatz-Ereignissen Begleitung und Hilfestellung an, die sich an einem speziellen Anforderungskatalog[72] orientieren: Unter Primärprävention versteht man da Einsatzvorbereitung, Qualifizierung, Stressimmunisierung und Stressmanagement. Dann gibt es Einsatzbegleitung und -Nachsorge. Und zur langfristigen Psychosozialen Nachsorge zählen Psychosoziale Dienste, Seelsorge und ambulante Psychosoziale Beratung wie auch die Psychotherapie und Rehabilitation.

Die Unterstützung durch die Seelsorger ist vielfältig und wichtig. Und Menschen wie *Ralf Halbach*, Polizisten, die selbst Opfer einer Gewalttat geworden sind, benötigen diese Hilfe ganz besonders. Es gibt so viele offenen Fragen und Bedenken und Zweifel ...

48 Waffenbenutzung hat oft schwere Folgen

Es geschieht alles in Sekunden. Angriffe. Abwehrmaßnahmen. Oft bleiben den Polizisten nur Sekunden, um auf einen Angriff zu reagieren. Meistens treffen sie die richtigen Entscheidungen. Manchmal ist es eine Fehlentscheidung mit fatalen Folgen. Aber kann man den Polizisten da einen Vorwurf machen oder sie gar dafür verurteilen?

Halbach hat nicht zur Waffe gegriffen. Nicht geschossen. Ein Fehler?

Im Nachhinein betrachtet war es für ihn persönlich sicherlich kein Fehler, auch wenn er sich unter Umständen seine Verletzungen und den Kollegen gefahrvolle Minuten hätte ersparen können – aber wer weiß das schon.

Er hat den Täter nicht – voreilig oder gar leichtfertig – erschossen. Er musste hinterher nicht wie andere Kollegen darüber immer wieder nachdenken, ob er den Tod eines Menschen berechtigt oder leichtfertig oder fahrlässig bewirkt hatte. Selbstvorwürfe bleiben ihm erspart, ebenso eine Psychotherapie, um mit der Frage nach Schuld und Verantwortung für den Tod eines Menschen klarzukommen. Er ersparte sich auch eine intensive polizei-interne Untersuchung oder gar einen Prozess und vielleicht eine Hetzkampagne im Internet oder in anderen Medien: Vorwürfe, er sei Schuld einen zwar betrunkenen und rabiaten, aber letztlich doch harmlosen Familienvater getötet zu haben.

Solchen Angriffen sind Polizisten immer wieder ausgesetzt, wenn sie zur Waffe greifen und einen Menschen schwer verletzen oder – was selten passiert – gar töten. In solchen Fällen gibt es dann Schlagzeilen wie diese: „Prozess gegen Polizisten wegen fahrlässiger Tötung".[73]

Da wurde im Frühjahr 2011 ein 47-jähriger Hauptkommissar vor dem Bonner Landgericht angeklagt, nachts einen Diskothekenbesucher mit einem Bauchschuss getötet zu haben. Was war passiert? Die Polizei war alarmiert worden, weil sich zwei Gruppen von Männern miteinander schlugen. Zwei angeblich bewaffnete Personen flüchteten beim Eintreffen der Polizei. Als Polizeibeamte die Männer stellten, machte einer eine Handbewegung zu seinem Gürtel, an dem er ein Holster trug. Ein Polizist schoss: „Für mich war das eindeutig das Ziehen einer Waffe."

„Der Aufforderung, stehen zu bleiben, die Hände zu heben und sich umzudrehen, sei nur einer der Verdächtigen gefolgt. Der 44-Jährige habe sich hingegen umgedreht und mit der rechten Hand an ein – offenbar leeres – Holster an seinem Gürtel gegriffen", berichtete der Bonner Generalanzeiger[74] und zitiert den Angeklagten: „Da kam ein Automatismus. Ich musste davon ausgehen, dass er eine Waffe zieht."

Später stellte sich allerdings heraus, dass der Mann keine Waffe mehr getragen hatte. Das Holster war leer gewesen, ursprünglich befand sich darin ein Teleskopschlagstock. Diesen hatte er allerdings zuvor in der Disco benutzt, und ein Türsteher hatte ihm die Waffe abgenommen.

Der Hauptkommissar verwies zu seiner Verteidigung auf seine Ausbildung: Bei Schießübungen würden sie darauf trainiert, in einer Gefahrensituation größtmögliche Wirkung zu erzielen und somit auf eine größtmögliche Fläche zu schießen.

Der Staatsanwalt sah das anders: Der Polizist habe seine Sorgfaltspflicht verletzt, weil er auch mit einem Warnschuss oder einem Schuss auf die Füße den vermeintlichen Angriff hätte abwehren können.

Der Polizist hat in den wenigen Sekunden, die ihm zur Verfügung standen, für eine Entscheidung zwischen Schießen und Warten, Leben und Tod, die falsche Wahl getroffen. Sein Fehler?

Hinterher weiß man immer mehr – der Kammervorsitzende im Bonner Landgericht stellte jedenfalls fest, dass sich der Diskothekenbesucher dem angeklagten Polizisten als „Person darstellte, die eine Schusswaffe trägt und gewaltbereit war". Daher hätte der Hauptkommissar davon ausgehen können, dass der 44-Jährige eine Schusswaffe einsetzen wollte: „Die Handbewegung konnte nur so gedeutet werden, dass der vor ihm stehende Mann eine Pistole ziehen und auf ihn richten wollte. Worauf hätte er warten sollen?"[75]

Der Prozess endete mit einem Freispruch für den Polizeihauptkommissar, der wegen fahrlässiger Tötung angeklagt worden war ...

49 Polizist korrigiert das öffentliche Bild des Tatverlaufs

Wenn Tageszeitungen, Radiostationen und Fernsehsender nach einer Katastrophe oder einem schweren Verbrechen berichten, wird nicht immer die ganze Wahrheit dargestellt. Das ist meist kein böser Wille oder Schlampigkeit der Journalisten. Vielmehr passiert es oft, dass die richtigen Informationen noch nicht zur Verfügung stehen, die Pressestellen von Behörden vielleicht – noch – nichts mitteilen dürfen. Aber wenn der Redaktionsschluss die Reporter drückt, wenn die Tageszeitung ihre Seiten schließen will, um rechtzeitig am Morgen zu erscheinen, wenn der Redakteur der Fernseh- oder Radionachrichtensendung den Film oder den Hörfunkbeitrag abschließen muss, dann werden nicht selten auch Nachrichten verarbeitet, die nicht ganz richtig – oder manchmal ganz schön falsch sind.

Gelegentlich gerät auch ein falscher Zungenschlag in eine Überschrift oder einen Kommentar, und mit so einem Dilemma muss sich auch *Ralf Halbach* während seiner Genesung auseinandersetzen: „Ich fand, dass die Geiselnahme und die Umstände, die dazu führten, eigentlich nicht korrekt in den Medien dargestellt worden waren. Da war von meiner angeblichen Flucht die Rede oder von einem betrunkenen Täter. Nach dem Motto: Polizeibeamter wird mit Besoffenem nicht fertig. Das war natürlich für mich sehr belastend so kurz nach der Tat. Das wollte ich gewissermaßen klarstellen."

Halbach will das öffentliche Bild von sich korrigieren. Kein leichtes Unterfangen, doch der Mann, der schon eine Geiselnahme so mutig bewältigt hat, findet auch hier einen Weg. Er wendet sich an einen Journalisten in Passau, den er schon seit seiner Jugend kennt und zu dem er Vertrauen hat. *Hubert Denk* ist Herausgeber und Chefredakteur eines engagierten Passauer Monatsmagazins mit dem vielversprechenden Titel „Bürgerblick". Er hat schon bei etlichen überregionalen Magazinen und Zeitungen gearbeitet, bevor er sich auf den Regionaljournalismus konzentrierte. Er ist ein kritischer Journalist, arbeitet gelegentlich mit investigativen Methoden und überzeugt einige Tausend Leser jeden Monat mit seiner Berichterstattung davon, dass Passau ein kritisches Medium braucht.

Opfer haben es nicht immer leicht mit den Journalisten. Oft können sie sich ihrer nicht erwehren, haben nicht immer Anwälte, die sie und ihre Interessen vertreten. Im Gegensatz zu den Tätern, die praktisch von der Festnahme durch die Polizei an einen Anspruch auf einen Rechtsanwalt, einen Pflichtverteidiger, haben. Sicher haben inzwischen auch Opfer schwerer Straftaten einen Anspruch auf einen sogenannten Opferanwalt, doch auch *Ralf Halbach* braucht mehrere Monate, bis er sich entschließt, den Passauer Rechtsanwalt *Johann Urlbauer* mit seiner Vertretung zu beauftragen.

„Opfer werden gerne vergessen", sagt *Urlbauer*.

Halbach fällt auf, dass da in den Medien etwas schiefläuft, als sein Sohn auf der Arbeitsstelle angesprochen wird: „Ach, war das dein Vater, der da vor dem Besoffenen davongelaufen ist?"

Das klingt hart für einen Mann, der so mutig war wie *Halbach*. Und es ist verständlich, dass er die vermeintliche „öffentliche Schande" nicht auf sich sitzen lassen will. Auch wenn man nachvollziehen kann, dass im journalistischen Arbeitsalltag aus einem „taktischen Rückzug" eines Polizisten mal schnell eine „Flucht" wird – für das betroffene Opfer muss das nicht akzeptabel sein.

Halbach wäre nicht der Mann, als den wir ihn bisher kennengelernt haben, wenn er so etwas einfach geschluckt hätte. Er ist nicht glücklich über die Pressearbeit von Polizei und Staatsanwaltschaft, die den Tathergang nicht in seinem Sinne kommuniziert hat: „Der Tatablauf war anfangs nur ganz vage bekannt, ganz vage. Man muss dann halt auch aus Opferschutzgründen sagen, dass man noch ermittelt und keine Informationen mitteilen kann."

Das aber ist nicht so einfach. Journalisten lassen sich in solch einem Fall wie einer Geiselnahme in einer Behörde – zu Recht – nicht tagelang mit nichts sagenden Informationen abspeisen. Sie „ermitteln" dann selber. Recherchieren bei Polizisten, bei Nachbarn, bei Sanitätern, bei Ärzten – kurz bei allen Personen, die etwas wissen könnten. Da kommt schnell eine Schieflage bei den Nachrichten zustande.

Halbach kann das zwar nachvollziehen, findet aber – auch zu Recht – dass „das Opfer vor falschen Darstellungen in dem Medien geschützt werden muss". Und um das schiefe Bild von ihm und den Vorgängen bei der Geiselnahme zu korrigieren, gibt er *Hubert Denk* ein Interview für den „Bürgerblick". Der schreibt im Oktober 2009 einen Bericht unter der Überschrift: „Polizeihauptmeister *H.* überlebte Kopfschuss, aber das Trauma sitzt tief: ‚Er wollte mich hinrichten'"[76]. Und das ist die Geschichte, mit der *Ralf Halbach* das schiefe Bild in der Öffentlichkeit gerade gerückt hat. Chefredakteur *Hubert Denk* schreibt:

„Ein schwer alkoholisierter Aussiedler aus Kasachstan, blindwütend nach einem Ehekrach, hat auf dem Polizeirevier Passau eines der verwerflichsten Verbrechen in unserem Rechtsstaat verübt: Er schoss auf einen Polizisten. Die Kugel traf den Beamten *Ralf H.*[77] mitten im Gesicht. Es ist ein Wunder, dass er überlebte.

Die genauen Umstände der Tat sind noch ungeklärt, weil der unter starke Schmerzmittel gesetzte Patient noch nicht angehört worden ist. Es fehlten nur wenige Zentimeter und der Beamte hätte sein Leben verloren. Am liebsten würde der vierfache Familienvater wahrscheinlich über Fußball reden. Er ist eingefleischter FC-Bayern-Fan, sitzt mit einem dunkelblauen Trainingsanzug auf dem Sofa und schenkt sich ein Glas Mineralwasser ein.

‚Anfangs ging es nur mit Strohhalm', sagt er. In der Küche klopft seine Frau die Schnitzel für das Mittagessen. Auch die älteste Tochter aus München ist da. Im Schoß seiner Familie geht es ihm gut. Es hilft der Heilung. ‚Wenn die Straubinger Kripobeamten zur Vernehmung kommen, das wird die nächste große Kraftanstrengung sein', sagt er. Auch den Anblick einer Waffe kann er nur schwer ertragen. Die Wunde im Gesicht, das wissen Mediziner, wird rascher verheilen als die angeschlagene Psyche.

Eine blutverkrustete Narbe zieht sich zwei Fingerbreit unterhalb des rechten Auges bis hin zum Kinn. Die Wangenhälfte ist geschwollen und taub – wie nach einer Weisheitszahn-Operation. ‚Der Kiefer-Chirurg hat es gut hinbekommen. Er hat mich ein bisschen geliftet und dann war das Loch geschlossen', sagt Polizeihauptmeister *Ralf H.* Er lässt nach dem traumatischen Erlebnis zwischen Leben und Tod diesen Funken Humor durchblitzen. Jammern ist nicht seine Art. ‚Bei einem Polizeibeamten sammeln sich viele schreckliche Bilder im Kopf', erzählt er. Das hilft ihm vermutlich jetzt sogar, weil er gelernt hat, sie zu verarbeiten oder Abstand zu nehmen. Heuer hat er sein 30. Dienstjubiläum. Aber kann man so einfach einen Mordanschlag auf die eigene Person verkraften? Die Familie, die Psychologen und die vielen Besucher helfen ihm vielleicht dabei. Bisher kennen der Staatsanwalt und die Öffentlichkeit allein die Version des Täters. Vor der offiziellen Vernehmung will *Ralf H.* dem Reporter auch keine Details berichten.

Dass er von der Kugel im Gesicht getroffen wurde, weil der Täter ihm hinterher schoss, als er über die Kellertreppe flüchtete, ist offensichtlich falsch. ‚Es sollte eine Hinrichtung werden, aber ich habe mich im letzten Moment weggedreht.' Er zeigt das Pflaster über seiner rechten Brust, wo das Projektil im Hautgewebe stecken blieb.

Was man nicht sieht: Den vom Geschoss zertrümmerten Unterkiefer hat der Chirurg mit vier Titanschrauben fixiert.

Als der rasende Kasache *Mike B.* in den Morgenstunden zur Polizeiinspektion kam, hätte es auch jeden anderen treffen können. Von 22 Uhr bis 1 Uhr früh war in dieser Nacht *Ralf H.* draußen auf Streife, dann bis 4 Uhr eingeteilt zum Dienst in der Wache. Gegen 2.30 Uhr klingelte der Kasache, er will nach einem Ehekrach Unterstützung. Er kam ohne Jacke und Ausweis, in T-Shirt und Hose. Was *Ralf H.* nicht wusste: Kurz davor hatte dieser Mann in dem bei Studenten beliebten Nachtlokal ‚Frizz' randaliert und sich aus dem Staub gemacht. Zwei Streifenwagen waren wegen dieses Vorfalls im Einsatz. Den Beamten entging aber, dass der Gesuchte sich auf den Weg zum Polizeirevier gemacht hatte. Der Polizist *Ralf H.*, der zu diesem Zeitpunkt allein auf der Wache war, hatte nicht den Eindruck, dass er es mit einem Sturzbetrunkenen zu tun hat. Laut späterer Blutanalyse und Einschätzung der Staatsanwaltschaft muss der Kasache rund zwei Promille gehabt habe. ‚Solche Männer sind an Wodka gewöhnt und kommen bei diesem Pegel erst richtig in Fahrt', erzählt *Ralf H.* aus seiner Diensterfahrung. Er erinnert sich, dass er mit *Mike B.*[78] schon einmal zu tun hatte. ‚Aber er kannte mich sicher nicht mehr', verweist er alle Spekulationen über einen persönlichen Racheakt zurück.

Wie der Kasache es schaffte, ihn zu entwaffnen, warum er nach dem Schuss Richtung Tiefgarage lief und wie es zum Streit kam – über solche Details darf und will der Polizeibeamte nur mit den Ermittlern sprechen. Fest steht, dass durch das schusssichere Anmeldefenster der Wache keine Kommunikation möglich war, weil es dort keine Sprechanlage gibt.

Der Täter verschanzte sich mit seinem angeschossenen Opfer als Geisel zwischen den parkenden Autos im Polizeihof. Er gab lauthals Befehle und feuerte vom Parkplatz aus in Richtung Polizeistation. Die erste Streifenwagenbesatzung kam zurück. Erst als die Beamten am Klicken des Abzugs hörten, dass das Magazin leer war, griffen sie ein. Für *Ralf H.* war jeder abgegebene Schuss wie ein Countdown zurück ins Leben. ‚Ich habe versucht, mit dem Täter ins Gespräch zu kommen, teilweise ist mir das auch gelungen, da hatte er kurz Mitleid mit mir', erzählt er. Es sei ihm bewusst gewesen, dass, wenn dieser die Waffe noch einmal auf ihn richtet, es um ihn geschehen wäre.

Auch *Ralf H.* sieht die Anwohnerin *Marianne Merker*[79], als seine Lebensretterin. Die 69-jährige Rentnerin war wegen der ‚merkwürdigen Geräusche' auf dem Polizeihof aufgewacht. Als sie vom Balkon aus die merkwürdigen Vorgänge beobachtete, wählte sie den Notruf.

Die Alarmzentrale in Straubing funkte an die Passauer Wache und bekam keine Antwort. Kurz darauf rasten die Polizeiwagen zurück ins Revier. Schwer verletzt, aber bei vollem Bewusstsein dachte *Ralf H.* zuletzt an sich. Er gab seinen Kollegen Anweisungen, wie sie Ehefrau und Kinder verständigen sollten. ‚Bitte reißt sie nicht aus dem Schlaf, es hat noch Zeit bis halb sieben Uhr früh'. Sie haben sich daran gehalten. Anstrengend sind in diesen Tagen die vielen Besucher, aber sie muntern ihn auch auf.

Der höchste Vertreter der Bayerischen Polizei saß auch schon in seinem Vorzimmer. Über den Fall haben sie kein Wort gewechselt, aber über Fußball. ‚Er hat mir Freikarten für ein Bayern-Spiel zugesagt', sagt *Ralf H.* Und es klingt nach echter Vorfreude."

Ralf Halbach wird noch einige Besucher erhalten …

50 Der Innenminister lädt zum Bayern-Spiel

Wie immer bei Ereignissen, die großes Aufsehen erregen und bundesweit Schlagzeilen machen, fühlen sich auch Politiker angesprochen, persönlich mit dem Opfer oder den Opfern zu sprechen und sie vielleicht auch ein wenig zu trösten. Das damit verbundene öffentliche Aufsehen ist den Betroffenen selbst nicht immer recht. Aber manchmal lässt sich eine Begegnung nicht vermeiden, was nicht einmal den Besuchern selbst anzulasten ist. Minister etwa befinden sich schnell in der Zwickmühle: Kümmern sie sich nicht persönlich um die Opfer einer Tragödie, wird ihnen Desinteresse vorgeworfen. Und wenn sie sich um die Opfer bemühen, geraten sie in den Geruch, bei solchen Gelegenheit auf Wähler-Fang zu gehen.

Ralf Halbachs Arzt kommt allerdings schnell zu der Empfehlung, dass Besuche dieser Art möglichst außerhalb der eigenen vier Wände stattfinden sollen. „Diese Besuche bei mir zu Hause führten dazu, dass ich nie richtig abschalten konnte und immer wieder an die Geiselnahme erinnert wurde."

Immerhin, Bayerns höchster „Polizeibeamter", Innenminister *Joachim Hermann* versprach dem Bayern-Fan Eintrittskarten für

ein Spiel der Münchner Mannschaft – und löste sein Verspre-
chen auch ein: „Ich war im Frühjahr bei Bayern gegen Stuttgart, da hat Bayern leider verloren. Und ich war mit meinem
ältesten Sohn unterwegs, als ich einen Handy-Anruf erhalte.
Es meldete sich der Personenschutz vom Herrn Innenminister *Herrmann*. Sie wüssten, dass ich zu dem Spiel komme und
in der Halbzeitpause möchte ich doch bitte zur Ehrentribüne
kommen und kurz mit dem Herrn Innenminister sprechen. Er
möchte mich sehen."

Die gut gemeinte Geste des bayerischen Innenministers
kam allerdings nicht ganz so gut an bei dem Bayern-Fan: „Es
war natürlich saublöd, weil mich zehn Minuten vor Ende der
Halbzeit sein Begleitkommando abgeholt hat, so dass ich die
letzten 10 Minuten nicht sehen konnte. Es war ein ziemlich
weiter Weg und ich habe dann warten müssen, bis der Herr
Innenminister Zeit für mich hatte und mit mir in die VIP-Lounge
gegangen ist. Es war dann ein sehr freundliches Gespräch."

Halbach ordnet die Begegnung mit dem Innenminister richtig ein – eine Geste, häufig sehr wichtig für Opfer, weil sie sich
dann nicht so allein gelassen fühlen ...

51 Unterschiedliche Fürsorge für verletzte Polizisten

Die Polizei in Deutschland ist so organisiert, dass die Polizeibehörden in den Bundesländern den jeweiligen Landesre-
gierungen unterstehen. Die Länder bzw. die einzelnen Polizeidienststellen sind zuständig, auch für die Nach- und Fürsorge,
wenn Polizeibedienstete wie *Ralf Halbach* bei Einsätzen zu
Schaden kommen.

Aber wie steht es nun mit der Betreuung für verletzte Polizeibeamte in den Bundesländern? Welche Angebote werden
den Verletzten und Schwerverletzten gemacht? Wird ihnen
schnell und unbürokratisch geholfen oder werden sie, nach-

dem sie für die Sicherheit der Bürger ihren Kopf und Körper hingehalten haben, auch noch schlecht versorgt?

Ralf Halbach wurde beispielsweise nicht automatisch ein Opferanwalt zugeordnet, damit er seine Interessen vertreten lassen und sich auf seine Gesundung konzentrieren kann.

„Wir fordern, dass der Rechtsschutz für unsere Kolleginnen und Kollegen durch die Dienstherrn bedeutend verbessert wird. In dem Moment, wenn der Kollege in ein Krankenhaus eingeliefert wird, müsste spätestens ein Anwalt an seiner Seite stehen und ihn beraten. Das muss der Dienstherr sofort machen", fordert der Bundesvorsitzende der GdP, *Bernhard Witthaut*. Es könne nicht sein, dass Dienstherren ihre Verpflichtung einfach an die Gewerkschaft weiterreichen, die ihren Mitgliedern Rechtsschutz gewährt.

Nicht alle Bundesländer bieten aber ihren Polizisten beispielsweise Rechtsschutz, um ihre zivilrechtlichen Ansprüche durchzusetzen. Allerdings machen – so offizielle Stellungnahmen – alle Bundesländer wie auch die Bundesregierung ihren Beamtinnen und Beamten nach Einsätzen, bei denen sie angegriffen oder verletzt wurden, Beratungsangebote. Dabei geht es in einigen Fällen nur um psychologische Hilfe. Die meisten Bundesländer bieten darüber hinaus auch noch Beratung in Rechtsfragen an. Dabei hängt allerdings das Angebot sehr vom Einzelfall ab. Standards, die bei der Masse der Straftaten gegen Polizisten in Deutschland eigentlich empfehlenswert wären, gibt es nur in wenigen Bundesländern.

Dabei wäre in manchen Bereichen des Opferschutzes und der Opferbetreuung Zusammenarbeit ebenso sinnvoll wie die Erarbeitung einheitlicher Standards für alle Polizeibehörden im Bundesgebiet. Opfer sollten über Landesgrenzen hinweg in den Polizeibehörden gleich behandelt werden. Fragen von Hoheitsaufgaben, die In Landesgesetzen geregelt werden, sind schließlich nicht davon betroffen. Eine einheitliche Regelung würde aber helfen, die guten Erfahrungen des einen Bundeslandes bei der Betreuung von verletzten Polizisten um die eines anderen Bundeslandes zu ergänzen.

Gute Beispiele sollten grenzüberschreitend genutzt werden – so darf etwa die Checkliste für Vorgesetzte nach einer Gewaltattacke in keiner Polizeidienststelle fehlen. Mögliche wichtige Gesprächspunkte werden darin aufgeführt, zum Beispiel: Benachrichtigung von Angehörigen?/Informationsweitergabe innerhalb der Dienststelle und Regelung des Dienstbetriebes/ Information der Ansprechpartners „Gewalt gegen Polizeibeamtinnen bzw. Polizeibeamte"/Aushändigung der Information „Polizeibeamtinnen und Polizeibeamte als Opfer von Gewalt/ Betreuungsangebot für Opfer und ggf. Angehörige?/Persönlicher Kontakt zum Gewaltopfer/Im Falle längerer Dienstunfähigkeit Kontakt halten/Strafanzeige erstattet?/Rückkehrgespräch?

In Düsseldorf gibt es beispielsweise einen Nachbereitungsdienst. Jeder Polizist, der in einem belastenden Einsatz war, hat nicht nur die Möglichkeit, sondern wird auch aktiv darauf hingewiesen, das Gespräch mit einem Psychologen zu nutzen. Für den Pressesprecher der Düsseldorfer Polizei, *Andreas Czogalla*, hat sich in der Nachsorge viel getan: „Früher war das Gespräch mit einem Psychologen ja verpönt. Da war ein Polizist ein harter Kerl, der nicht über irgendwelche psychischen Belastungen reden durfte. Das hat sich geändert."[80]

Das Bundesland Bayern, wo *Ralf Halbach* seinen Dienst verrichtet, hat offensichtlich ein gut ausgebautes Hilfsangebot für verletzte Polizistinnen und Polizisten; es kann allerdings immer wieder mal vorkommen, dass nicht alle Vorgesetzte darüber informiert sind und den Mitarbeitern deswegen nicht umfassend Hilfe anbieten.

Der Freistaat kommt seiner Für- bzw. Nachsorgeverpflichtung nach Paragraf 45 BeamtStG gegenüber von Gewalt betroffenen Polizeibeamten bereits in hohem Maße nach, heißt es in internen Stellungnahmen. Das beginnt mit Betreuungsleistungen wie Gesprächen mit Psychologen, Beratungen über

Wiedereingliederungsmaßnahmen oder dem Gespräch mit dem Polizeiseelsorger. Auch steht ein polizeiinternes Netzwerk zur Hilfeleistung in akuten Lebenskrisen zur Verfügung. Die Betroffenen werden zudem über die Möglichkeiten eines effektiven Rechtsschutzes aufgeklärt. In Einzelfällen werden sogar Rechtsanwaltsgebühren vom Staat bezahlt. Wird ein Polizist im Dienst bei einem Gewaltdelikt verletzt, tritt auch automatisch die Unfallfürsorge ein; abgedeckt sind u. a. sowohl Personenschäden wie auch eine umfassenden Heilfürsorge. Ersatz wird darüber hinaus unter Umständen auch bei Vermögensschäden oder Reparaturkosten geleistet.

In manchen Bundesländern verfügen die Polizeidienststellen über Checklisten zur akuten Krisenintervention. Dabei geht es unter anderem um das Auffangen und Abschirmen der Betroffenen nach außen, um eine behutsame, vertrauensbildende Kontaktaufnahme und persönliche Akzeptanz des Betroffenen, um emotionale Stabilisierung durch Vermittlung persönlicher Sicherheit und verständnisvolles, aktives Zuhören wie auch eine hineinversetzende Anteilnahme.

Was hat *Ralf Halbach* von solchen Listen? Wie wird dem schwer verletzten Polizisten in den nächsten Monaten geholfen werden? Wie wird er in dem zu erwartenden Prozess dastehen? Die meisten Opfer kennen sich zu wenig aus mit ihren Rechten und den Angeboten zur Unterstützung. Sie hoffen immer darauf, dass ihnen Hilfe von Kollegen angeboten wird ...

IV. DER PROZESS

„Das Fundament des Rechts ist die Humanität."

Albert Schweitzer,
Theologe, Musiker, Arzt, Philosoph,
Friedensnobelpreisträger

52 Das Opferschutzgesetz hilft auch Polizisten

Im September 2010 findet im Landgericht in Passau der Prozess gegen *Mike Bernstein* statt. Er wird von dem Passauer Rechtsanwalt *Bruno Fuhs* verteidigt. *Ralf Halbach* nimmt an dem Prozess als Nebenkläger teil, vertreten wird er durch seinen Anwalt *Johann Urlbauer.*

Durch das Opferschutzgesetz hat sich im Hinblick auf die Stellung des Opfers in den polizeilichen Ermittlungsverfahren und während eines Prozesses einiges zum Besseren verändert. Das Opfer erhält u. a. Beistand durch einen Rechtsanwalt auf Staatskosten. *Johann Urlbauer* ist ein engagierter, gestandener Rechtsanwalt aus Passau, der sowohl über die notwendige Ruhe und Ausgeglichenheit auf der einen Seite wie auch über das notwendige Fachwissen vor allem auch im sozialen Bereich und auch über die erforderliche Durchsetzungsfähigkeit verfügt, um *Halbach* beizustehen.

„Durch das Opferschutzgesetz ist die Stellung des Opfers im Prozess wesentlich verbessert worden. Sonst wäre das Opfer am Schluss noch der Zahl-Esel", sagt *Urlbauer,* der sich jetzt auch darum kümmert, dass *Halbach* eine Entschädigungszahlung erhält: „Leider passiert es sehr häufig, dass ein verurteilter Täter kein Geld hat. Dann erlangt das Opfer vor Gericht zwar Ansprüche an den Täter, weiß aber später nicht, wie es an das Geld kommen soll. Eine Pflichtversicherung für Mörder gibt es ja nicht."

Halbach wartet lange mit der Entscheidung, einen Anwalt einzuschalten. Erst Monate nach der Tat, im Januar 2010 wendet er sich an *Urlbauer,* dem er gelegentlich in der Polizeiinspektion begegnet war und von dem „ich deshalb weiß, dass er der richtige Anwalt in dieser Sache für mich ist. Ich bin zunächst gar nicht auf den Gedanken gekommen, einen Rechtsanwalt zu nehmen, schon allein wegen der Kosten".

Ein Kollege hat *Halbach* geraten, einen Anwalt zu nehmen: „‚Sei nicht so dumm, nimm dir einen Anwalt, damit du nicht alleine in dieser Verhandlung bist'. Aber die Verhandlung war für mich zu diesem Zeitpunkt noch so weit weg, dass ich daran überhaupt nicht gedacht habe."

Halbach ist froh, die Geiselnahme lebend überstanden zu haben: „Ich war in einer euphorischen Stimmung, schwebte auf Wolke Sieben. Ich habe auch nicht daran gedacht, irgendwelche Hilfe in Anspruch nehmen zu müssen. Das einzige, was ich wollte, war Ruhe. Ruhe, nichts mit der Polizei, nichts mit den Kollegen zu tun haben. Ich wollte einfach alleine mit dem Ganzen fertigwerden und möglichst wenig Berührungspunkte zu der Tat haben. Für mich war das unerträglich in der ersten Zeit. Wenn ich spazieren gegangen bin zum Beispiel. Ich musste mich erst langsam wieder an die Menschen in meiner Umgebung gewöhnen und sie sich an mich. Ich bin in dem Stadtteil, in dem ich heute wohne, auch aufgewachsen und jeder kennt mich da und weiß, was mir passiert ist."

Und wenn er durch die Stadt gegangen und man ihn gefragt hat: „Wie geht's?"

„Dann habe ich Berührungsängste gehabt ..."

53 Vor Gericht erkennt jeder das wahre Ausmaß der Tat

Als der Prozess beginnt, sind auch Kollegen von *Halbach* anwesend. Für Anwalt *Urlbauer* ist es das richtige Signal, dass Beamte der Polizeidirektion das Verfahren begleiten und damit zeigen, dass sie das Opfer nicht alleine lassen: „Dadurch haben sie auch feststellen können, wie es dem Opfer während der Geiselnahme tatsächlich ergangen ist. Wie Herr *Halbach* versucht hat, die Situation zu klären und den Kollegen zu helfen und wie brutal der Überfall für ihn gewesen ist. Ich glaube nicht, dass das vorher aus der Akte so klar herauszulesen war. Solche Überlegungen spielen zwar in dem Verfahren selbst keine Rolle, aber für Herrn *Halbach* war es wichtig. Für sein Ansehen bei der Polizei und in der Öffentlichkeit."

Erst während des Prozess wird allen Beteiligten, *Halbachs* Kollegen und Vorgesetzten, den Journalisten und den Besuchern des Prozesses wie auch den Nachbarn, Verwandten und Freunden klar, was *Halbach* tatsächlich in den 55 Minuten seiner Geiselnahme und nicht zuletzt auch in den Monaten danach durchgemacht hat. Wie verzweifelt sein Kampf gegen den Täter war. Wie gefährdet sein Leben war. Wie schwer seine Verletzungen tatsächlich, wie aufwendig die Operationen im Klinikum und wie schwer die psychischen Schädigungen des Opfers waren.

„Jetzt haben wohl auch die Letzten erkannt, dass er nicht monatelang ,blau gemacht' hat, sondern tatsächlich schwer krank war", sagt *Urlbauer*, „das war ein positiver Nebeneffekt des Verfahrens."

Auch das ist also der Vorteil eines Prozesses gegen einen Straftäter: Das Opfer hat eine Chance, das Erlebte zu verarbeiten, und andere Beteiligte, wie in diesem Fall unter anderem seine Kollegen und Vorgesetzten, erhalten Einblicke in die Schwere von Taten. *Urlbauer*: „Ich bin ein absoluter Anhänger der mündlichen Verhandlung. Das Teilnehmen, das Hören, die Gestik, die Mimik, das Akustische, das ist in einer Hauptverhandlung im Strafverfahren unendlich wichtig. Die Schilderungen des Opfers und auch der anderen Zeugen ergaben für den Gerichtshof die Basis für ein gerechtes Urteil."

Urlbauer sieht seine Rolle im Prozess darin, Einfluss zu nehmen wenn es notwendig ist. „Als Nebenkläger, der Herr *Halbach* war, befand er sich nicht nur in der Beobachtersituation, sondern er konnte auch Einwendungen erheben, wenn etwas die falsche Richtung nimmt. Allein als Zeuge hätte mein Mandant dazu nicht die Möglichkeit gehabt", führt *Urlbauer* seine Position im Prozess aus: „Ich bin der Hilfssheriff neben dem Staatsanwalt. Das ist ein sehr angenehmes Arbeiten, weil man im Prinzip neben dem Staatsanwalt sitzt, der die Hauptarbeit macht. Nur wenn halt der eine oder andere Punkt noch Nachfragen bedarf oder irgendetwas aus Sicht des Opfers

hervorgehoben werden sollte, dann bin ich halt da. Ansonsten kommt zum Zeitpunkt, wenn der eigene Mandant als
Zeuge befragt wird, meine Fürsorgepflicht ins Spiel. Da muss
ich auf ihn aufpassen, ihn schützen vor Angriffen, die man in
der Regel vom Verteidiger des Angeklagten erwarten darf ..."

54 Polizist leidet unter Taubheit im Gesicht

In einem Gerichtsverfahren aufzutreten ist für ein Opfer
nicht leicht.

Es befindet sich in einer ungewohnten Situation.

Es muss die Wahrheit sagen, obwohl die eine oder andere
Erinnerung recht ungenau ist.

Es wird unter Umständen mit bohrenden Nachfragen vom
Verteidiger oder dem Gericht belastet.

Es muss sich an schrecklichste Erlebnisse erinnern und sich
noch einmal intensiv mit ihnen auseinandersetzen, obwohl das
Opfer das eigentlich nicht will, sich alles in ihm dagegen sträubt.

Ralf Halbach hat allerdings in diesem Prozess einen Vorteil.
Er kennt sich aus vor Gericht: „Als Polizeibeamter hat man in
der Regel Erfahrungen mit Zeugenaussagen. Das normale Opfer hat in der Regel keine Erfahrung mit der Justiz. Dieses Opfer
sitzt bei uns im Schwurgerichtssaal, in einem großen Raum in
der Mitte auf einem Stuhl mit einem Mikrofon. Dann geht es
los, die Unsicherheit, die Nervosität. Das trifft auf fast alle Zeugen und Opfer zu, und am schlimmsten ist es natürlich bei jungen Mädchen, die Opfer eines Sexualdeliktes geworden sind.
Die haben oft wochenlang nicht mehr richtig schlafen können
im Hinblick auf so eine Aussage. Da wird das Opfer noch einmal
zum Opfer."

Diese Tortour kann Opfern oft nur erspart werden, wenn
der Täter seine Taten in vollem Umfang gesteht. *Ralf Halbach*
bleibt die Rückbesinnung auf die schlimmsten Minuten seines
Lebens nicht erspart. Er muss von den 55 Minuten Geiselnahme

erzählen. Und auch, wenn man es vielleicht zunächst nicht so sehen mag: „Die Gerichtsverhandlung ist Teil eines Heilungsprozesses, der notwendig ist, um mit der Tat und den Folgen weitgehend abschließen zu können", findet Rechtsanwalt *Johann Urlbauer.*

„Bis dahin bin ich einfach nicht zur Ruhe gekommen", sagt *Ralf Halbach*, der auf Außenstehende einen gesunden Eindruck macht. Aber das täuscht. Er ist voll innerlicher Spannung. „Das mitzuteilen ist auch sehr schwierig. Zum Beispiel den Ärzten gegenüber zu beweisen, dass man einfach große Probleme hat mit dem Ganzen. Vielleicht ist das bei einem richtig depressiven oder verwirrten Menschen allein mit Medikamenten zu behandeln. Bei mir ist das nicht ganz so einfach, meine Probleme zu erkennen. Ich habe natürlich einen recht guten Halt in meiner Familie und stehe mitten im Leben. Ich bin ein Typ, der sich immer im Griff gehabt hat. Ich habe viel Berufserfahrung und hatte im Beruf nie größere Probleme. Ich habe auch einiges mitgemacht, habe viel gesehen und erlebt."

Dazu kommen die Folgen der Verletzungen. Den ganzen Tag leidet er unter dem Gefühl einer Taubheit im Gesicht, er hat Schwierigkeiten beim Sprechen, beim Essen, beim Trinken.

Wenn *Halbach* an diese Behinderungen denkt, tröstet ihn nur ein Gedanke: Es hätte ja ganz anders ausgehen können. Er ist zufrieden mit seiner Lebenssituation, denkt nicht einmal an Rache für das erlittene Unheil, wenn er den Prozess verfolgt. Ihm geht es um Gerechtigkeit ...

55 Das Motiv des Täters bleibt verschwommen

Die Frage, die jeder Beobachter dieser Geiselnahme beantwortet sehen möchte, ist die nach dem Motiv des Täters. Warum hat er das getan?

Eine Antwort darauf erwartet man natürlich von einem Strafprozess. Doch in diesem Fall fällt die Antwort schwer. Nach

Meinung von *Bruno Fuhs*, dem Verteidigers von *Mike Bernstein*, muss man die Antwort in mehrere Teilbereiche gliedern.

„An der Theke im Eingangsbereich der Polizeiwache fühlte sich Herr *B.* vom Herrn *H.* einfach zurückgesetzt. ‚Scheiß besoffener Russe, geh nach Hause', soll der Polizist zu meinem Mandanten gesagt haben. Das hat dann bei ihm dazu geführt, dass er Herrn *H.* zunächst an die Krawatte gegangen ist", sagt Rechtsanwalt *Bruno Fuhs*, „und als er dann später die Waffe in der Hand hatte, da fühlte er sich stark. Und dann hat es geknallt, und von da an war Herr *B.* mit der Situation überfordert. Und als er dann zwischen den Autos stand, hat er sich völlig irrational und hilflos wie ein kleines Kind verhalten. Er hat immer nur nach einem Handy verlangt, um die Sanitäter anrufen zu können, damit der *H.* abgeholt wird."

Für den Anwalt des Opfers, *Ralf Urlbauer*, dagegen stellt sich die Situation etwas anders dar: „Angeblich hat der Täter zunächst Hilfe gesucht und sei von meinem Mandanten nicht ernst genommen und sogar beleidigt worden, so ungefähr: ‚Schleich dich, du besoffener Russe'. Und deswegen hätte er dann diese Aktion gestartet."

Der Vorwurf der Provokation durch den Polizisten klingt nicht eben überzeugend. Dafür zeigt der Angeklagte mit seinen Streitigkeiten mit seiner Ehefrau und den Studenten im Lokal „Frizz" schon vor seinem Erscheinen in der Polizeiinspektion zu viel Gewaltbereitschaft und Aggressionspotential. Die Reporterin der Passauer Neue Presse, *Christine Pierach*, notiert zum Verhalten des Täters nach seiner Verhaftung: „Der Fremde blieb aggressiv, musste in die Zelle getragen werden, simulierte Atemnot. Der Kriminaler wollte Schmauchspuren sichern, verhindern, dass der Täter die Hände wischt. Dessen Reaktion: ‚Ich bringe deine Familie um.' Der Kripomann: ‚Für mich war das ein Amoklauf. Für mich ist der Angeklagte eine Zeitbombe.'"

Vor Gericht kommt es zu Erklärungen, die nicht nachzuvollziehen sind. „Und dann erklärte der Angeklagte auch noch dem Gericht, er hätte dem Polizisten bereits im Dienstzimmer die Waffe aus dem Halfter gerissen. Das stimmt nicht, weil bewiesen worden ist, dass *Halbach* die Waffe auf dem Treppenabsatz herausgefallen ist", sagt *Urlbauer*, „der Angeklagte erzählte dagegen, er hätte dem Beamten die Pistole entrissen und wäre danach hinter ihm hergerannt und im Dunkeln hätte die Pistole geschossen."

Genau das aber stimmt nicht. Den Schuss im Dunkeln gab es nicht. Das war offensichtlich ein Versuch, die Tat in einem dunklen Raum in einem besseren Licht erscheinen zu lassen. Gutachten beweisen jedoch, dass beim ersten Schuss auf *Halbach* die Distanz zwischen der Pistolenmündung und dem Kopf des Polizisten irgendwo im Bereich von zehn Zentimetern lag.

„Der Angeklagte hat also Mist erzählt, als er sich damit verteidigte, dass sich irgendwo in dem dunklen Flur aus der Waffe versehentlich ein Schuss gelöst habe", kommentiert *Urlbauer* die falsche Darstellung, „damit hat sich der Mann keinen Gefallen getan."

Und wie sieht es ein neutraler Prozessbeobachter? Die Motivation für den Überfall lässt sich für den Chefredakteur des Passauer Stadtmagazins „Bürgerblicks" auch nach dem Prozess nur schwer nachvollziehen: „Vielleicht hat er den Beamten von seiner ersten Begegnung beim Ehestreit wiedererkannt und Rachegelüste verspürt? Darauf ließ sich der Täter aber vor Gericht nicht ein, etwa dass er den Beamten wiedererkannt hätte. Vielleicht hat der Beamte nicht so reagiert, wie er es sich vielleicht wünschte. Er wollte ja seine Frau suchen und das wurde dann nicht ganz verstanden."

Bernstein versucht auch, seinen großen Alkoholkonsum zu seiner Verteidigung ins Spiel zu bringen. „Er tut so, als ob er sturzbetrunken gewesen wäre", sagt *Urlbauer*. Dagegen spricht, dass sich der Angeklagte sehr lange und kampfstark in der Tatnacht auf den Beinen gehalten hat, obwohl er zur Tatzeit einen Blutalkoholwert von 2,34 Promille und am Abend vor der Tat auch noch einen Cannabis-Joint geraucht hatte. Allerdings sagen die Gutachter, dass dadurch weder seine Einsicht noch seine Steuerungsfähigkeit beeinträchtigt worden sei.

Aber vielleicht liegt es an Minderwertigkeitsgefühlen des Angeklagten, begründet in Sprachschwierigkeiten?

Für Verteidiger *Fuhs* klingt das einleuchtend: „Ich glaube, dass hier auch der innerlich tief empfundene Minderwertigkeitskomplex eines Spätaussiedlers, der nicht so richtig deutsch spricht, eine Rolle spielt. Herr *B.* kann zwar Deutsch, aber ihm fehlt die Semantik der Begriffe. Er versteht zwar für sich das Wort Grün, aber was wir unter englischem Grün verstehen, das weiß er nicht. Er versteht unsere Sprache nicht so genau wie jemand, der hier geboren und aufgewachsen ist. Er kann sich zwar auf der Baustelle verständigen, aber er wird nicht in allem verstanden, weil er den Kontext der Sprache nicht versteht. Daraus resultiert möglicherweise ein Minderwertigkeitskomplex."

Oder gab es Missverständnisse? *Fuhs* bejaht auch das: „Das wird natürlich kompensiert in diesem Verhalten durch exzessiven Alkoholgenuss. Die Zeugen haben ja alle davon berichtet, wie Geburtstagsfeiern oder andere Feiern in dieser Wohnanlage, wo Herr *B.* wohnt, ablaufen. Da sind Alkoholmengen im Umlauf, vor denen es einem Menschen normalerweise graut. Und wenn man dann mit dieser Erwartungshaltung auf die Wache kommt, dass der Staat einem bei der Suche nach seiner Frau hilft und dann gesagt bekommt ‚Schau, dass du heimkommst, deine Alte wird schon wiederkommen' ..."

Trotz aller Einwände und Entschuldigungen, das psychologische Gutachten geht davon aus, dass der Angeklagte voll zurechnungsfähig und voll verantwortlich für seine Taten war. Selbst der hohe Alkoholpegel konnte nicht als Milderungsgrund beim Strafmaß hinzugezogen werden. Denn Bernstein verträgt große Mengen an Alkohol. Auch Rechtsanwalt *Fuhs* „stimmt mit der Gutachterin dahingehend überein, dass Herr *B.* extrem trinkgewohnt ist".

Nach Meinung von *Ralf Halbach* hätte der Angeklagte im Prozess „eine gute Position gehabt, wenn er alles zugegeben hätte. Wenn er gesagt hätte, er sei schlecht drauf gewesen. Er habe Ärger gehabt mit der Ehefrau. Er habe zu viel getrunken. Er sei dann irgendwie zur Polizei gefahren, war aggressiv und es ist halt dann passiert. Es täte ihm furchtbar leid und er hätte keine Tötungsabsicht gehabt. Das könnte er ja eigentlich alles super darlegen. Man kann es versuchen, aber das hat er gar nicht gemacht."

„Dagegen hat er sich sogar noch als Opfer dargestellt, das misshandelt worden ist", wendet Anwalt *Urlbauer* ein. Er gab dem Polizisten noch die Schuld, ihn beleidigt und letztlich provoziert zu haben ...

56   Die Richterin besichtigt den Tatort

Der Beistand eines Rechtsanwaltes ist für ein Opfer, gleich ob es nun Polizist ist oder einen anderen Beruf hat, wichtig. Doch es gibt etwas, dass Opfer ebenso anerkennen und nach dem es Opfer ebenso dürstet: Die Suche des Gerichts nach der absoluten Wahrheit der Geschehnisse.

„Das Beeindruckendste an dieser Gerichtsverhandlung war für mich dieser Augenschein", sagt *Ralf Halbach*, „dass das Gericht vor Ort nachvollzog, was sich da wirklich abgespielt hat."

Gerade vor dem Hintergrund, dass dem Polizisten von manchen vorgeworfen wird, er sei vor einem Betrunkenen geflüchtet und indirekt selbst schuld an den Ereignissen, macht für Halbach eine Orts- und Tatortbesichtigung durch das Gericht besonders wichtig. So können alle, Richter, Staatsanwalt, Verteidiger und Kollegen des Opfers, selbst nachvollziehen, wie sich der Überfall zugetragen und entwickelt hat.

„Ich habe gemerkt, dass es für das Gericht sehr wichtig war, sich das vor Ort anzusehen", sagt auch Rechtsanwalt *Urlbauer*. Er erinnert sich noch gut daran, dass sich die Richterin sogar auf den Boden legt und die Position des Polizisten einnimmt und anschließend in die Position des Täters wechselt, um den Kampf und den Moment des Schusses nachvollziehen zu können. Mit einer Laserpistole, deren Strahl man in der Dunkelheit sehen kann, wird die Position des schießenden Angeklagten mit den Einschusslöchern in Einklang gebracht. Und auch die letzte Phase der Geiselnahme, als sich *Halbach* und *Bernstein* zwischen den Autos auf dem Hof der Polizeiinspektion befanden und Polizisten den Täter im Visier ihrer Maschinenpistolen hatten, wird abends bei Dunkelheit nachgestellt.

Die Richterin versucht sich in die Situationen der Betroffenen hineinzuversetzen, will nachvollziehen, wie die Waffe gehandhabt wurde.

„Man muss das vor Ort sehen, sonst kommt man überhaupt nicht so recht klar damit", erklärt die Richterin *Dr. Angela Meier-Kraut* ihr Vorgehen, „wir haben ein Video vom Tatort gehabt. Das war nicht besonders gut und hat die Perspektive verfälscht. Die Sichtverhältnisse waren nicht gut wiedergegeben, und der Angeklagte hat zu Recht gesagt, dass es in Wirklichkeit ganz anders ausgeschaut hat."[81] Er wäre in einer anderen Position gewesen, als die Polizisten gesagt hätten.

Für *Meier-Kraut* ist es am Tatort nicht schwierig, die Entwicklung des Geschehens zu rekonstruieren und vor allem auch nachzuvollziehen, was passierte ist, als Polizist und Täter allein waren. Richterin *Meier-Kraut*: „Wir haben die Aussagen gehabt und im Rahmen der richterlichen Beweiswürdigung der einen Aussage geglaubt und der anderen nicht."

Nicht zuletzt galt es nachzuvollziehen, ob der Angeklagte nur in die Luft oder gezielt auf Polizisten geschossen hatte. Immerhin soll der Angeklagte nach den Vorstellungen des Staatsanwaltes u. a. wegen versuchten Mordes verurteilt werden.

„Ich habe gemerkt, dass es erst oben auf dem Flachdach, wo sich ein Polizist mit der Maschinenpistole positioniert hatte, bei manchen richtig Klick gemacht hat", erinnert sich *Jurist Urlbauer*, „erst da haben manche verstanden, dass die Vorwürfe des versuchten Mordes tatsächlich richtig waren ..."

57 Auch Halbachs Kollegen wurden Opfer

Tausende Polizisten treten jedes Jahr in Gerichtsverhandlungen als Zeugen auf. Mal handelt es sich um Verkehrsdelikte, häufig aber auch um Verfahren gegen Schwerverbrecher, in denen ihre Aussage gefragt ist. In vielen Prozessen stehen sie dabei nicht nur als Zeuge, sondern gleichzeitig auch als Opfer vor Gericht. So wie Polizeihauptmeister *Ralf Halbach* sind sie dann von Tätern geschlagen, getreten, durch Messerstiche verletzt oder gar angeschossen worden.

Vielen Polizisten passiert es allerdings auch, dass sie gar nicht als Opfer betrachtet werden. Auch in diesem Prozess geht es in erster Linie um das Hauptopfer, um *Ralf Halbach*, obwohl das Leben weiterer Kollegen letztlich durch mehr oder weniger gezielte Schüsse in Gefahr war. Aber die Öffentlichkeit macht in solchen Fällen nicht gerne komplizierte Unterscheidungen, so dass letztlich vorrangig nur *Halbach* als Opfer „Schlagzeilen macht", während die Empfindungen und Schädigungen der anderen Polizisten unter den Tisch fallen.

Vor Gericht sehen die Polizisten den Täter wieder. Rund ein Jahr nach der Tatnacht, die für einige von ihnen ein Wendepunkt war. Nie mehr werden sie ganz unbesorgt an einem Schreibtisch in ihrer Polizeiwache sitzen. Noch in einigen Jahren werden sie sich immer wieder an diese Nacht erinnern. Manche werden wieder und wieder mit ihren Kollegen, mit Freunden oder Verwandten darüber sprechen. Andere werden schweigen. Manche werden die Bilder der Nacht nie vergessen und vielleicht heimlich eine Psychotherapie machen, weil das noch immer nicht überall in das Starke-Männer-Bild unserer Gesellschaft passt.

Auch die anderen an der Geiselnahme indirekt beteiligten Polizisten sind mehr oder weniger Opfer geworden. Allerdings spricht niemand darüber. Rechtsanwalt *Urlauber* bedauert, dass diese Sichtweise „ein wenig untergegangen ist. Das hatte natürlich formal den Grund, dass sie dem Verfahren nicht als Nebenkläger beigetreten sind. Da haben sie prozessual natürlich nur die Zeugenrolle gespielt. Der Täter wurde ja aufgrund dieses Schusses auf den Zeugen *N.* auch wegen versuchten Totschlages verurteilt." Ein weiterer Schuss in Richtung eines Polizisten beispielsweise wird nicht als Totschlagversuch gewertet, was sich auch auf die Höhe der Strafe für den Täter auswirkt.

Urlbauer: „Ich weiß nicht, wie sich der Polizeibeamte gefühlt hat, auf den da geschossen worden ist. Da schlägt vielleicht ein paar Zentimeter entfernt neben einem ein Schuss ein, und so ein Täter wird dafür nicht bestraft. Das ist nicht gut."

Wie betroffen und mitgenommen auch Kollegen von *Halbach* sind, verdeutlicht das Verhalten eines Zeugen: Noch am Tag nach seiner Zeugenaussage vor Gericht ist einer der Polizisten so betroffen, dass er bei den Schilderungen seiner Erfahrungen zittert. Die Erinnerung an solch eine Tat verblasst nur sehr langsam ...

58 Trotz Alkohol im Blut war der Täter voll zurechnungsfähig

Es ist schon ein großer Prozess im Landgericht Passau. An sechs Verhandlungstagen werden über 30 Zeugen vernommen und zwar in der Chronologie der Ereignisse. „Das Gericht begann mit der Vernehmung der Ehefrau und der Bekannten von der Geburtstagsfeier. Dann kamen Zeugen aus den beiden Lokalen Frizz und Calvados", erinnert sich Rechtsanwalt *Urlbauer*, „dann erschien der Taxifahrer mit so einem Zopf, also ein gestandener Bayer, der dann die Fahrt vom Calvados zur Polizei geschildert hat. Der hat sich gewundert, was der Angeklagte um die Zeit bei der Polizei will und hat beobachtet, wie er den Weg raufging und die Wache betrat."

Ralf Halbach wird gleich am ersten Tag zur Gerichtsverhandlung geladen. Er muss als Zeuge aussagen, wie das auch für Opfer üblich ist. „Er hat seine Aussage gemacht. Ganz sachlich. Ohne Rachegelüste", sagt *Urlbauer*, „ich hatte den Eindruck, er erzählt genau das, was in ihm wie in einem Film abläuft. Er erzählte dem Gericht von dieser knappen Stunde, so wie es sich für ihn dargestellt hat."

Urlbauers Sorge, der Verteidiger des Täters könnte seinen Mandanten unfair in die Mangel nehmen, wie es Opfern immer wieder in deutschen Gerichtssälen passiert, ist unbegründet: „Es gab keine störenden oder unsachlichen Fragen."

Auch seine Sorge, die Frage nach den Ruhepausen von einigen Polizisten könnte unverhältnismäßig intensiv debattiert werden, ist unbegründet. In diesem Prozess geht es richtigerweise um die Schuldfrage. War der Täter zurechnungsfähig? Oder war er betrunken oder in einem Rauschzustand wegen des konsumierten Cannabis? Da hätte das Gericht möglicherweise Milderungsgründe bei der Höhe der Strafe sehen können.

„Es gab zur Frage der Schuldfähigkeit ein Gutachten, was im Ergebnis klipp und klar festgestellt hat, dass der Täter voll schuldfähig ist. Keine verminderte, keine Schuldunfähigkeit. Null", erzählt Rechtsanwalt *Urlbauer*, „das hat die Sachverständige, die ich sehr schätze, sehr präzise ausgeführt und auch das Zusatzgutachten eines anderen Gutachters kam zu dem Ergebnis der vollen Schuldfähigkeit des Angeklagten."

Für *Urlbauer* ist das selbstverständlich: „Ich meine, es ist was anderes, wenn jemand stark alkoholisiert im Affekt jemandem in der Disko eins auf die Nase gibt. Dann hat man es unter Umständen mit einer spontanen Tathandlung im Zusammenwirken mit Alkohol zu tun. Aber wenn jemand einen Polizisten eine Stunde lang in seiner Gewalt hält, dann ist das nicht im Rausch passiert."

Das muss berücksichtigt werden für ein Urteil ...

59 Zwölf Jahre Haft für den Geiselnehmer

Ein richtiges, vor allem ein gerechtes Urteil für eine Tat zu finden, setzt für die Richter nicht nur viel Erfahrung und Rechtskunde, sondern auch reichlich Einfühlungsvermögen und manchmal auch viel Vorstellungsvermögen voraus. In Passau macht es sich das Gericht im September 2010 nicht einfach, die Schuld des Angeklagten *Mike Bernstein* herauszufiltern und zu bewerten.

Doch wie nicht selten vor Gericht legen die Männer und Frauen am Richtertisch bei der Bewertung von Straftaten andere Maßstäbe an als etwa Anklage oder Angeklagte – was dann dazu führt, dass die unzufrieden von dannen ziehen und nicht selten wird dann gegen das Urteil Revision eingelegt und später noch einmal neu verhandelt.

Je nach Einschätzung eines Gerichts können die Konsequenzen vor allem für den Angeklagten erhebliche Folgen haben. Denn zwischen einem Strafmaß für versuchten Totschlag und versuchten Mord liegen etliche Jahre Haftstrafe für einen Täter, und so ist das Urteil auch für *Mike Bernstein* von großem Gewicht und folgenreich.

Der Berliner Schriftsteller und Strafverteidiger *Ferdinand von Schirach* hat zu der Bewertung einer Tat durch ein Gericht einen intelligenten Absatz in seinem Kurzgeschichtenbuch „Schuld"[82] geschrieben: „Unser Strafgesetz ist über 130 Jahre alt. Es ist ein kluges Gesetz. Manchmal laufen die Dinge nicht so, wie der Täter es will. Sein Revolver ist geladen, er hat fünf Schuss. Er geht auf sie zu, er schießt, er will sie töten. Viermal verfehlt er sein Ziel, nur ein Streifschuss trifft sie am Arm. Dann steht er direkt vor ihr. Er stößt den Lauf des Revolvers gegen ihren Bauch, er spannt den Hahn, er sieht das Blut ihren Arm herunterlaufen, er sieht ihre Angst. Vielleicht denkt er jetzt noch einmal nach. Ein schlechtes Gesetz würde den Mann wegen Tötungsversuchs verurteilen, ein kluges Gesetz will die Frau retten. Unser Strafgesetzbuch sagt, er kann von seinem Versuch zu töten straffrei zurücktreten. Das heißt: Wenn er jetzt aufhört, wenn er sie nicht tötet, wird er nur wegen einer gefährlichen Körperverletzung bestraft – nicht aber wegen Mordversuchs. Es liegt also an ihm, das Gesetz wird ihn freundlich behandeln, wenn er jetzt noch das Richtige tut, wenn er sein Opfer am Leben lässt. Die Professoren nennen das ‚goldene Brücke'. Ich mochte diesen Ausdruck nie, die Dinge sind zu schwierig, die dabei in einem Menschen vorgehen, und eine goldene Brücke passt besser in einen chinesischen Garten. Aber die Idee des Gesetzes ist richtig …"

Paulsberg, die Hauptfigur in der Geschichte „Der Andere" von *Baldur von Schirach* verzichtet darauf, sein Opfer zu töten. „Damit trat er von dem Mordversuch zurück, die Richter konnten ihn nur wegen gefährlicher Körperverletzung verurteilen", schreibt *von Schirach*.

Auch das Gericht im Landgericht in Passau verurteilt *Mike Bernstein* milder, als es sich der Staatsanwalt oder auch der Nebenkläger *Johann Urlbauer* gewünscht haben. „Zwölf Jahre Haft für Polizisten-Angreifer", schreibt das „Wochenblatt" in Passau: „Für den Staatsanwalt waren alle Mordmerkmale gegeben und auch die niedrigen Beweggründe erfüllt. Mildernde Umstände erkennt der Anklagevertreter nicht, da sich der Täter an der Aufarbeitung der Tat kaum beteiligt habe. Vielmehr habe er sich in Widersprüche verstrickt – etwa bei der Frage, ob er sich mit Waffen auskenne. Die Richter wollen sich dieser Einschätzung jedoch nicht in vollem Umfang anschließen. Der Verteidiger hat auf eine zeitlich begrenzte Haftstrafe wegen versuchten Totschlags plädiert, da ein Mordversuch seiner Ansicht nach nicht vorliegt. Der Angeklagte zeigt in seinem Schlusswort Reue. Er entschuldigt sich stockend und leise. Er habe verstanden, dass er einen großen Fehler begangen habe."[83]

„Die Staatsanwaltschaft hat auf zweifachen versuchten Mord und Geiselnahme plädiert und lebenslänglich gefordert", berichtet die tz[84], „der Staatsanwalt hatte auch deswegen eine so hohe Strafe für angemessen erachtet, weil der Angeklagte sein Opfer ‚nach dem Schuss noch eine Stunde in seiner Gewalt hatte, massiv bedrohte und weiter quälte. Das Opfer rechnete mehrfach mit seinem eigenen Tod.' Zudem sei es nicht das Verdienst des Angeklagten, dass niemand zu Tode gekommen sei."

Nach dem Prozess gegen *Mike Bernstein* sind alle Beteiligten mit dem Urteil zufrieden: Das Landgericht Passau verurteilt den Angeklagten wegen zweifachen versuchten Totschlags, gefährlicher Körperverletzung, Freiheitsberaubung und Nötigung zu zwölf Jahren Haft.

Johann Urlbauer hätte zwar mit dem Staatsanwalt für eine härtere Bestrafung wegen Mordversuch und lebenslange Haft plädiert und es seien auch „niedriger Beweggründe" strafverschärfend anzuführen, doch auch er sagt zu dem Urteil: „Es passt."

Nichts genutzt hat es dem Täter, dass er sich zum Schluss bei seinem Opfer entschuldigt und ihm auch einen Brief geschrieben hat. Solche Gesten werden bei schweren Verbrechen selten von einem Gericht gewürdigt. *Bernsteins* Anwalt *Bruno Fuhs* möchte trotzdem darauf hinweisen, dass das keine Worthülsen waren: „Die Entschuldigung kam von ganzem Herzen. Herr *B.* hat mich auch immer wieder während der Untersuchungshaft gefragt, ob ich wüsste, wie es dem Herrn *H.* geht. Ein schlechtes Gewissen hatte er schon. Die Verletzung in dem Ausmaß wollte er nicht."

Fuhs kennt allerdings Polizeibeamte, die „das Urteil als einen Skandal empfinden, weil mein Mandant nicht lebenslänglich bekommen hat".

Aber selbst *Mike Bernstein* ist mit dem Urteil einverstanden. „Ich denke, das Urteil ist gerecht", sagt der Angeklagte nach dem Richterspruch," es tut mir sehr viel leid. Ich habe verstanden, dass ich einen großen Fehler gemacht habe."

„Mit dem Ergebnis ist mein Mandant sehr zufrieden. Denn wenn die Staatsanwaltschaft mit ihrem Antrag durchgekommen wäre, hätte das für ihn 20 bis 25 Jahre Haft bedeutet. So bekommt er seine 12 Jahre. Wenn wir jetzt mal die normale Drittelberechnung machen, 12 mal zwei Drittel wäre 9 Jahre, 1 Jahr sitzt er schon in Untersuchungshaft, das wird angerechnet, dann ist er in acht Jahren wieder draußen", sagt *Fuhs*, „und die acht Jahre braucht er auch, das sagt der Psychologe, um sprachlich besser zu werden, aber auch um zu lernen, mit Frustrationen und Aggressionen umzugehen und vor allem zu lernen, die Finger vom Alkohol zu lassen."

Zufriedenheit auch am Richtertisch. Richterin *Dr. Meyer-Kraut* „müsste lügen, wenn ich etwas anderes sagen würde. Da ist jeder Richter froh, wenn der Angeklagte sagt: Ich nehme das Urteil an. Schon alleine wegen des Arbeitsaufwandes, den man mit so einem langen Urteil hat. Aber es ehrt und es befriedigt einen schon, wenn zum Schluss alle mit dem Urteilsspruch leben können ..."

Strafverteidiger *Bruno Fuhs* hält das Urteil ebenfalls für angemessen: „Es ist in der Sache richtig begründet. Die Vorsitzende hat sich eine wahnsinnige Mühe gegeben und die Zusammensetzung der Kammer war hochkarätig. Ich mache den Job lange genug, ich weiß was realistisch ist und was nicht ..."

„Im Strafverfahren gibt es nach einem Urteil nicht selten auf allen Seiten zufriedene Gesichter", sagt Anwalt *Johann Urlbauer*, „und das macht mir ein bisschen Spaß im Strafrecht, wenn man zum Schluss auf dem Balkon eine rauchen geht und sagen kann: Es passt."

Die Richter sind zufrieden. Der Staatsanwalt. Der Strafverteidiger. Der Angeklagte. Die Besucher im Zuschauerbereich des Gerichts, die Medien. Letztlich ist auch *Ralf Halbach*, das Opfer, mit dem Urteil zufrieden, auch wenn er durch den Schuldspruch keine besondere innere Befriedigung erlebt: „Ich habe damit gerechnet. Ich bin davon ausgegangen, dass der Angeklagte verurteilt wird. Das Strafmaß war auch abzusehen. Die einzelne Urteilsbegründung, ob es nun Mordversuch oder versuchter Totschlag war, ist lediglich eine juristische Spitzfindigkeit ..."

60 Alarmierende Zahlen in der Bundespressekonferenz

Es ist Zufall, dass sich die Bundespressekonferenz in Berlin am 13. Oktober 2010, zwei Tage nach dem Urteil gegen *Mike Bernstein*, mit dem Thema Gewalt gegen Polizisten beschäftigt. Ereignisse wie die Geiselnahme in Passau werden, wenn überhaupt, in den Medien meist nur auf den Panorama- oder Aus aller Welt-Seiten gemeldet. Öffentliche Diskussion lösen auch schwere Gewalttaten gegen Polizisten so gut wie nie aus.

Auch in der Bundespressekonferenz geht es nicht um die Verurteilung des Geiselnehmers, sondern um nackte Zahlen. Der Entwurf des Gesetzes zur Änderung des Strafgesetzbuchs Widerstand gegen Vollstreckungsbeamte ist von der Bundesregierung beschlossen worden. Die angedrohte Höchststrafe für diese Fälle wird von zwei Jahren auf drei Jahre Freiheitsstrafe erhöht. Künftig ist vorgesehen, nicht nur einen Angriff mit Waffen auf solche Personen, sondern auch mit Eisenstangen und anderem, beispielsweise Pflastersteinen, verschärft zu ahnden. Die Journalisten wollen wissen, warum. Gab es zunehmende Zahlen von Gewalt gegen Polizeibeamte, lautet die Kernfrage. Und in der Tat, die Zahlen, die in in Berlin vorgestellt werden, sind alarmierend.

Der Sprecher des Bundesjustizministeriums *Ulrich Staudigl* berichtet den Journalisten laut Protokoll[85] von der aktuellen Entwicklung: „Wir haben in den vergangenen Jahren eine Zunahme von Gewalttaten registriert, die sich gegen die genannten Personengruppen richten. Ich nenne exemplarisch folgende Beispiele: Von 1993 bis dato 2010 hat es im Bereich Widerstand gegen die Staatsgewalt insgesamt eine Steigerung von 44 Prozent gegeben. Das sind in Zahlen ausgedrückt im Jahre 1993 18 292 Fälle und bis zum Ende des Jahres 2009 insgesamt 26 344 Fälle. Daraus ergibt sich eine prozentuale Steigerung von 44 Prozent. Darüber hinaus sind die Fälle aus dem Bereich der sogenannten politisch motivierten Kriminalität besorgniserregend. Im Bereich ‚Straftaten gegen die Polizei' haben wir insgesamt einen Anstieg von

107,4 Prozent zu verzeichnen. Das ist ein besorgniserregender Fakt, der auch dazu geführt hat, dies in die Koalitionsvereinbarung aufzunehmen und jetzt zu beschließen. Im Bereich der Bundespolizei, für den ich zuständigkeitshalber auch sprechen kann, haben wir einen Anstieg um rund 65 Prozent bei Straftaten gegen Bundespolizeibeamte festgestellt. Das sind Zahlen, die durchaus rechtfertigen, dass man hier im Bereich der Strafgesetzgebung ein deutliches Zeichen setzt, wie Herr Seibert eben ausgeführt hat."

Der Sprecher der Bundesregierung, *Steffen Seibert*, ergänzt laut Protokoll[86]: „Es gab auch eine Vielzahl von Meldungen, dass nicht nur Polizisten, sondern auch Feuerwehrleute und Rettungskräfte mit Gewalt daran gehindert wurden, ihre Arbeit zu tun, und dass sie Opfer von Angriffen wurden. Deswegen sind sie jetzt ebenso unter den Schutz dieses Gesetzes gestellt worden."

Und der Sprecher des Bundesinnenministeriums, *Stefan Paris* fügt hinzu, dass „in den letzten Jahren offensichtlich versucht wird, einem ‚Unwertgefühl' durch Gewalttaten gegen Polizeibeamte Ausdruck zu verleihen ... Es ist festzustellen, dass gewisse Hemmschwellen gegenüber den Organen, die den Staat in solchen Situationen vertreten, offensichtlich gesunken sind und dadurch ein Protestpotenzial auch auf nicht hinnehmbare Art und Weise, nämlich, Gewalt ausübend, auftritt."[87]

Aber ein Gesetz allein reicht nicht, um sich der neuen Streitmacht gegen die Polizei wirksam entgegenstellen zu können ...

V. HEUTE

„Das Wichtigste in unserem Leben ist das Morgen.
Um Mitternacht kommt der junge Tag,
rein und unbefleckt, und begibt sich in unsere Hände,
hoffend, dass wir vom Gestern gelernt haben.“

John Wayne, amerikanischer Schauspieler

61 Mit dem Psychologen an den Arbeitsplatz

Für *Ralf Halbach* ist der Heilungsprozess mit der Verurteilung des Täters nicht beendet. Für ihn „sieht das Leben jetzt anders aus, ich bin in psychiatrischer Behandlung, wo man natürlich so einige Dinge lernt, um mit dem Ganzen umzugehen und anders zu betrachten. Man ist viel feinfühliger, man ist nicht mehr so aufbrausend, wie man es vielleicht früher in manchen Situation war. Man lernt mit den Erinnerungen umzugehen."

Neben den körperlichen Beschwerden, vor allem der Taubheit im Gesicht, machen ihm die psychischen Probleme zu schaffen. Er kann nicht mehr an seinen alten Arbeitsplatz zurück. Im ersten Jahr nach der Tat suchte er nur zwei Mal die Polizeiinspektion auf. Das erste Mal begleitet ihn der Psychologe, weil *Halbach* es allein nicht schaffte. Beim zweiten Mal braucht er mehrere Versuche, um den langen Weg zum Polizeigebäude hochzugehen. Sich vorzustellen, noch einmal in der Wache Dienst zu tun, ist für ihn unmöglich. Eine Waffe in die Hand zu nehmen ist für eine Horrorvorstellung.

Man muss bedenken, dass *Halbach* nicht bei einem gefährlichen Einsatz bei der Jagd nach einem Täter verletzt wurde. Er saß ahnungslos in einem Büro, in einer vermeintlich sicheren Umgebung, als die Katastrophe über ihn hereinbrach. Seitdem gibt es für ihn keinen wirklich sicheren Schutzraum mehr, wenn man von seinem Zuhause einmal absieht. Dort kann er abzuschalten, die schrecklichen Bildern der Geiselnahme, die immer und immer wieder vor seinem geistigen Auge hervorkommen, mehr und mehr verdrängen.

Er verspürt ein Gefühl der Dankbarkeit, dass er noch lebt: „Freude darüber natürlich. Und Meine Religiosität spielt eine größere Rolle. Ich bin nicht so der streng gläubige Mensch, der immer in die Kirche geht, aber ich glaube an Gott, sagen wir mal so."

Was wird aus so einem Polizisten? *Halbach* hat einen Antrag auf Frührente gestellt.

„Ich sehe in die Zukunft, aber auf eine andere Art als man das vielleicht von mir erwarten würde. Ich habe ein Jahr Zeit gehabt über mich und meine Zukunft nachzudenken. Für mich selber gibt es nur eine Lösung und das ist der Ruhestand", sagt *Halbach*, „nur dann wären meine Gedanken frei, und ich könnte wieder von vorne anfangen und hätte diese Belastung, die ich immer mit mir rumtrage, besser immer Griff. Die Geiselnahme ist ständig bei mir parat seit dieser Nacht. Von der Früh bis abends und auch in der Nacht. Ich trage dieses Erlebte immer mit mir herum. Es hat noch keinen Tag gegeben, an dem ich abschalten konnte."

Das Erlebte komme immer wieder. „Diese Belastung ist einfach zu groß", sagt *Halbach*, „wenn diese Belastung mit einer Rückkehr in den aktiven Dienst nicht mehr wäre, könnte ich mit dem Erlebnis fertig werden, es dann wirklich abschütteln und wieder von vorne anfangen. Ich kann nicht mehr in den Dienst zurückkehren. Und ich hoffe halt, dass auch die Polizeiführung dafür Verständnis hat."

Vom Polizeiarzt wurde *Halbach* schon untersucht. Es ist wichtig für seine Rentenansprüche, dass seine psychische Erkrankung als Dienstunfall gewertet wird. Auch solche existenziellen Zukunftsfragen bereiten Probleme. Man wird nicht so einfach Frühpensionär? Da gibt es viele bürokratische Hürden. Wie wird es weitergehen?

Natürlich hat er überlegt, welche Chancen er in Zukunft im aktiven Polizeidienst haben könnte. Vielleicht könnte er im Innendienst eingesetzt werden, ein Schreibtischjob. Aber das macht es nicht leichter für *Halbach*. Er saß doch auch am Schreibtisch, als der Verbrecher über ihn herfiel: „Es dürfte kein Publikumsverkehr stattfinden, es könnte kein Außendienst sein. Was bleiben dann noch für Möglichkeiten? Es ist ganz schwierig. Ein jüngerer Polizeikollege hat den Vorschlag gemacht, ich solle Waffen und Geräte warten."

Ausgerechnet Waffen. *Halbach* kann Waffen nicht mehr ansehen, geschweige denn in die Hand nehmen: „Ich kann mir nach wie vor nicht vorstellen, dass ich jemals noch eine Pistole anfassen kann, geschweige denn mit dieser hantieren soll. Es gibt dann noch die Möglichkeit, dass man mich abschiebt zu irgendeiner unnützen Tätigkeit. Aber ich bin Polizeibeamter. Das kann nicht sein. Ich bin für diese Arbeit geschaffen und auch dafür ausgebildet worden, als Polizeibeamter tätig zu sein. Und ich kann mich da nicht in ein Hinterzimmer zurückziehen und irgendwie Blätter zählen. Das geht nicht. Da würde ich mit Sicherheit depressiv werden ..."

62 Wieder ein ganz normaler Tag in Passau

Hat die Geiselnahme die Menschen in Passau verändert? Einige ja. Die Polizisten und ihre Familien zum Beispiel. Manche Angehörige haben jetzt ein wenig mehr Angst, wenn die Ehemänner oder Freunde zum Dienst in der Polizeiwache aufbrechen. Anwohner in Nähe des Polizeipräsidiums blicken ängstlich, wenn sie von der Polizei ungewohnte Geräusche oder gar einen metallenen Knall hören.

Aber die Menschen gewöhnen sich auch schnell an neue Situationen. Der Mensch ist lernfähig. Die Polizisten, die in der Stadt auf Streife unterwegs sind, achten noch mehr auf Eigensicherung und sind noch einen Tick wachsamer. Man traut so schnell niemandem. Vor allem nachts nicht, wenn die Täter hinter der nächsten Ecke stehen könnten.

In den Studentenkneipen ist die Geiselnahme kein Thema mehr. Manchmal, wenn einer der jungen Gäste im Frizz zur Toilette geht und in den Spiegel schaut und hinter ihm ein Unbekannter auftaucht, erschrickt man schon einmal. Dann fühlt man sich auch schon mal unsicher. Oder hat Angst. Aber darüber hinaus geht alles einen normalen Gang und das Leben bietet seine kleine Probleme, wie das Frizz auf seiner Facebook-Seite meldet: Es tut uns wirklich leid – der Elektriker war zwei Tage im Frizz, die Anlage lief einwandfrei und ab 23.30 Uhr begannen wieder die Stromprobleme! Heute wird es dank neuer Anlage und vielen Messungen funktionieren ..."

Für die Medien gibt es auch nicht viel Dramatisches zu berichten. Man sieht nach vorn, und wenn überhaupt, dann nur einen Tag zurück. So arbeiten Journalisten. Heute für morgen berichten. In die Zukunft schauen oder darüber schreiben, was heut geschehen ist und morgen noch alles geschehen könnte.

Im Gasthaus „Zum goldenen Kreuz" wird Bier gezapft. Die Feuerwehrleute machen sich in EDV fit. Der Landkreis Passau fördert Energie-Effizienz und Elektro-Mobilität. An der B 12 wird eine neue Lärmschutzwand gebaut. Und der Bezirksfischereiverein 1877 Wegscheid e. V. informiert, dass die Pachtverlängerung für das Fischereirecht im Staffelbach um weitere zehn Jahre genehmigt wurde – Petri Heil.

Aber die Polizei macht wieder Schlagzeilen. Die „Passauer Neue Presse" klagt darüber, dass die Polizei nichts gegen nächtliche Vandalen tue. Scheiben und Briefkästen würden zertrümmert, Autos beschmiert und beschädigt. „Nie sind die Polizisten da, wo man sie gerade braucht", schreibt die Zeitung[88], „solche und ähnliche Kritik muss sich derzeit die Führung der Inspektion Passau anhören, nachdem Wochenende für Wochenende Vandalen in der Innenstadt für Ärger und Zerstörung sorgen."

Peter Ebner, der stellvertretende Dienststellenleiter, winkt ab: „Wir können nicht an jeder Ecke über mehrere Stunden einen Beamten positionieren, der noch dazu unsichtbar ist." Die meisten Zerstörungen passieren zwischen Innstraße, Ludwigsplatz, Donauufer und Residenzplatz. Immer schlagen die feigen Täter nachts zu. Zwischen Mitternacht und fünf Uhr morgens in den Nächten auf Samstag und Sonntag.

Die Passauer Polizei hat sogar Verstärkung angefordert. „Wir haben an den nächsten Wochenenden massive Unterstützung durch Bereitschaftspolizei aus München und Dachau."

Immer passiert es nachts.

Aber wenigstens ist es nicht immer so traurig und so ernst. Das Stadtmagazin „Bürgerblick" wirbt für sich als „lebendiges Lokalmagazin" und berichtet über eine fröhliche Traktorfahrt[89]: „`Resi, i foa di mit meim Traktor hoam!` Dieses männliche Angebot an die holde Weiblichkeit ist eine schlechte Idee, wenn man 17 Jahre alt ist, keinen Führerschein besitzt und zudem Alkohol getrunken hat. Samstag, nach 22 Uhr: Der 17-jähriger Gastgeber will nach der Party zwei Mädchen nach Hause bringen. Der Kavalier schnappt sich den Traktor seines Stiefvaters und tuckert los. Die fidele Fahrt des Trios wird in Hacklberg gestoppt. Streifenwagen, Kelle, Verkehrskontrolle. Die Polizeibeamten fragen den Burschen nach dem Führerschein und lassen ihn wegen Verdachts auf Alkohol blasen. Der Test ergibt 0,8 Promille. Das Ende der Partytour: Anzeige wegen Fahrens ohne Fahrerlaubnis und Bußgeld."

Wieder ein ganz normaler Tag in Passau ...

63 Das Opfer denkt über die Folgen für den Täter nach

Es sind einige Monate vergangen seit dem Prozess und der Verurteilung des Täters. Was fühlt das Opfer heute? Was für eine Meinung hat *Ralf Halbach* heute über den Täter, der ihn in ein berufliches „Aus" geschossen hat? „Es ist eine ganz neutrale Meinung, sagen wir mal so. Ich persönlich habe ja nichts davon, wenn der Mann sieben Jahre im Gefängnis sitzt. Im Gegenteil, ich mache mir auch Gedanken über die Folgen für den Täter. So habe ich keine Rachegefühle und auch keinen Hass gegen ihn. Mir war nur wichtig, dass ein gerechtes Urteil gesprochen wurde und dass der Täter eine gerechte Strafe verbüßen muss."

So ist *Halbach* also auch Monate nach dem Prozess weiter einverstanden mit dem Urteil, bezweifelt aber trotzdem ein wenig, dass der Täter das Urteil wirklich als gerecht empfunden hat, wie er vor Gericht gesagt hat: „Es ist schwierig zu beurteilen, warum er das gesagt hat. Ich glaube eher, dass er erleichtert war über die Höhe der Strafe. Die Gefahr bestand ja, dass er zu lebenslänglicher Haft verurteilt wird. Ich habe ein Interview mit seinem Anwalt gehört und der sagte, dass das Damoklesschwert des Mordvorwurfs an ihm vorüber gegangen ist. Ich denke, der Täter war froh, so glimpflich davongekommen zu sein ..."

64 Gedanken über die Macht eines Täters

Wie war das mit der Macht des Täters bei der Geiselnahme? Hat Rechtsanwalt *Johann Urlbauer* Recht, der Machtspiele in dem Verhalten des Täters erkannt haben will?

Wo Polizisten das Verbrechen bekämpfen, geht es immer auch um Macht. Haben die Kriminellen die Macht oder ist die Polizei so stark, dass sie die Macht des Kriminellen brechen kann?

Bei der Polizei finden keine Machtspiele statt. Beim Kampf zwischen Polizei und Kriminellen ist jede Verniedlichung gefährlich. Wo Kriminalität herrscht ist immer auch Gewalt, und wo Gewalt ausgeübt wird, werden Gesetze und Rechte ignoriert.

Für 55 Minuten Geiselnahme in der Passauer Polizeiwache hat der Täter die Macht übernommen und übt sie mit aller Kraft aus. Was geht dabei in einem Täter vor? Ist es für ihn ein Spiel mit der Macht? Ist es Verzweiflung? Treibt ihn vielleicht auch Wut auf Behörden, Staat oder Polizei an, deren Ursache in lange zurückliegenden Erfahrungen in seiner Heimat liegen?

Warum macht ein Mensch das? Warum greift er offensichtlich grundlos einen Polizisten an und das ausgerechnet dort, in einer Polizeiwache, wo er damit rechnen muss, dass das Opfer bald Hilfe erhält?

Johann Urlbauer, der Anwalt des Polizisten hat sich die Frage, warum die Geiselnahme passiert ist, oft gestellt. „Ich habe mir – ganz entgegen meiner sonstigen Gepflogenheiten – ein paar Gedanken notiert. Und bei mir steht da ,Macht'", erzählt *Urlbauer*, „Gedanken zum Plädoyer habe ich es genannt. Bei mir war immer dieses eine Wort ‚Macht'. Macht über andere ausüben. Dieses Wort Macht fiel auch im Verlauf der Hauptverhandlung immer wieder, als die Zeugen den Angeklagten beschrieben haben. Er war aggressiv, diesen Eindruck hatten alle Zeugen. Und es waren ganz unterschiedliche Zeugen, die nichts miteinander zu tun gehabt haben, als sie den Angeklagten beschrieben. Der Täter grinste, auch diese Beschreibung kam von mehreren Zeugen. Der Täter hat Macht ausgeübt, als er seine Ehefrau schlug. Das war der Anfang. Er hat Macht verloren, als seine Ehefrau in den PKW des Pizzafahrers flüchtete. Er hat wieder Macht ausgeübt, als er die Studenten in der Toilette der Diskothek über eine halbe Stunde lang gefangen hielt. Er hat wieder Macht ausgeübt, als er sein Opfer in der Polizeiwache zunächst geboxt hat. Er hat wieder Macht ausgeübt, als er ihm eiskalt und skrupellos in den Kopf schoss. Er hat wieder Macht ausgeübt, als er die Pistole immer wieder auf das Herz, auf die Brust des Polizisten hielt und gesagt hat: ‚Ich erschieß dich'. Er hat wieder Macht ausgeübt, als er auf die zwei anderen Polizisten geschossen hat. Er hat wieder Macht ausgeübt, als er nach einem Handy verlangte und dann, als die letzte Kugel draußen war, hat er seine Macht verloren. Das hat ihm aber noch nicht gereicht. Er hat wieder versucht, Macht auszuüben, als er bei der ersten Vernehmung, als es darum ging, Schmauchspuren zu sichern, den Ermittlungsbeamten gedroht hat, die Familie umzubringen."

So wie es *Urlbauer* darstellt, klingen die Überlegungen um die Machtgelüste eines Täters überzeugend. Auch wenn aus der Biografie von *Mike Bernstein* keine Rückschlüsse auf so ein Verhalten zu ziehen sind, kann man sich dem anschließen. „Machtgelüste zusammen mit Aggressionen", sagt *Urlbauer,* sind der Schlüssel zu den Motiven des Täters. Was auch sonst – im Lebenslauf des Mannes gab es schließlich nichts Auffälliges.

Der Rechtsanwalt des Täters, *Bruno Fuhs*, glaubt allerdings nicht an die Macht-Theorie: „Diese Allmachtgefühle, wenn

Klein-Herbert eine Waffe in der Hand hat. Ich glaube nicht, dass Herr *B.* das in dieser Situation so überzuckert hat. Natürlich ist man mächtiger mit Waffe, als ohne Waffe, aber dass er das jetzt so ausgekostet hat. Nein, das glaube ich nicht."

Wer die Macht hat, bestimmt den Weg. Schon der ehemalige DDR-Sänger *Wolf Biermann* formulierte mit Blick auf die Machtgelüste und Machtspiele der Diktatoren in Chile: „Macht, Macht kommt aus den Fäusten/Und nicht aus dem guten Gesicht/Aus Mündungen kommt die Macht ja/Und kommt aus den Mündern nicht!"

Wer die Macht hat, ist in seinen Entscheidungen grenzenlos. Ein Täter mit einer Pistole in der Hand macht seine Opfer zu willfährigen Puppen, die er vor sich hertreiben kann. Und alle, die auf Seiten des Opfers stehen, sind immer in der Gefahr, dieses kriminelle Treiben fast unreflektiert mitzumachen. „Hast du die Macht, hast du das Recht auf Erden", schrieb der deutsche Autor und Naturforscher *Albert von Camisso* in seinem Gedicht „Die Giftmischerin"

Je weniger die Macht in einer Situation ausgeglichen ist, desto eher neigt der Mächtigere dazu, seine Kraft auszunutzen. Das geschieht im Wirtschaftsleben ebenso wie in einer Ehe oder auf vielen anderen gesellschaftlichen Ebenen.

So passiert es zunächst auch auf der Passauer Polizeiwache. Am Anfang hat der Polizist die Macht kraft seines Amtes. Diese Macht auszuüben, ist er gewohnt. Polizisten haben gelernt, mit der Macht umzugehen. Ein Polizist wie *Halbach*, der seit drei Jahrzehnten in seinem Beruf arbeitet, ist im Umgang mit seiner ihm zur Verfügung stehenden Macht erfahren. Er hat schon viele Situationen erlebt, in denen es zu einem Machtkampf gekommen ist. Betrunkene haben ihn bedroht, Einbrecher haben sich ihm in den Weg gestellt. *Halbach* will und muss auch nicht mehr beweisen, dass er seine Macht wahrnehmen und im Zweifel auch verteidigen kann. *Halbach* ist ein ausgeglichener Mann, dem Macht und Gewalt nicht fremd sind.

Doch in dieser Nacht gewinnt der Täter mit seinem Überraschungsangriff auf den Beamten, mit jedem Schlag die Überhand. *Halbach* zieht sich zurück. Er will vermeiden, dass die Situation eskaliert. Er greift auch nicht zur Waffe, sondern will lieber seine Kollegen alarmieren, um den Täter ohne Schusswaffengebrauch zu überwältigen. Schon in dieser Situation hat der Täter einen Teil der Macht an sich gerissen. Das Machtgefüge ändert sich noch einmal drastisch, als der Täter das Opfer anschießt und verwundet. Nun hat der Täter erst recht das Gefühl, dem Opfer überlegen zu sein. Macht zu haben. Er kann mit dem Polizisten scheinbar machen, was er will.

Denn Macht bedeutet auch Führung. Man ist der Lenker des Geschehens. Manche Täter fühlen sich unantastbar wie ein Gott. Manche erkennen, dass sie zum ersten Mal wirklich als Mensch, als Persönlichkeit wahrgenommen werden. Manche, von denen sich besonders viele unter den Kriminellen befinden, können aber mit dieser Macht nicht umgehen. Wie sollte man auch. Sie haben nicht gelernt, Macht auszuüben. Nicht gelernt, zu führen. Nicht gelernt, sich verständlich zu machen. Und Macht ist nicht greifbar. Macht ist wie Luft, die einen umgibt. Plötzlich spürt ein Mensch nur, dass er mächtig ist. Er verändert sich innerlich. Vor allem, wenn andere Menschen von einer Sekunde zur anderen nach seiner Pfeife tanzen, wie der Volksmund so treffend formuliert.

Der amerikanische Präsident *Abraham Lincoln* sagte einmal: „Willst du den Charakter eines Menschen erkennen, so gib ihm Macht."

Skrupellose Menschen nutzen ihre Macht aus, wo sich ihnen die Gelegenheiten bieten. Die Macht der Drogenkartelle in Südamerika ist heute so groß, dass an ihnen Regierungen scheitern und Staaten zu einem Sumpf des Verbrechens werden. Doch ein Mensch muss, um skrupellos Macht auszuüben, nicht von Natur aus ohne Skrupel sein. Macht verändert. Macht kann skrupellos machen. Macht kann gewalttätig machen. Und wenn nur allein aus dem Grund, die Macht zu erhalten.

Dazu kommt, dass Macht durch Instrumente noch gefördert wird. Das kann das pompöse Büro in der 50. Etage eines Hochhauses sein. Das kann das millionenschwere Bankkonto sein. Das kann der Begleitschutz sein. Das kann das Amt sein – Vorstände von Weltunternehmen, Minister sind mächtig. Es kann aber auch eine Pistole sein, die einem Menschen plötzlich Macht verleiht. Und *Mike Bernstein*, der Täter, besitzt während der Geiselnahme plötzlich eine Pistole. Die Waffe des Polizisten. Eben noch, so mag der Täter unbewusst registriert haben, hatte sein Gegenüber auch dank seiner Waffe im Pistolenhalfter die Macht – er musste sie dazu nicht einmal in die Hand nehmen. Doch jetzt besitzt der Täter das Symbol der Macht, die Waffe.

Mit der Schusswaffe in der Hand kann der Täter bestimmen, was passiert. Das haben wir ja alle gelernt. Aus Fernsehkrimis kennen wir das. Vielleicht befindet sich der Täter jetzt mitten in einem Film, den er schon immer einmal erleben wollte? Vielleicht ist er gar nicht der Handelnde, sondern er empfindet sich als Filmheld? Nicht selten werden ja in Filmen die Bösen als die Sympathischen dargestellt. Denken wir nur an *Jean-Paul Belmondo* oder *Alain Delon* in ihren Gaunerrollen.

Warum sollte der Täter in dieser wahnsinnigen Situation nicht einem Wahn verfallen? Im Internet und im Fernsehen gaukeln uns doch immer mehr Filme eine falsche Realität vor. In Stresssituationen greift der Mensch gern zu beruhigenden Bildern.

Erst später, wenn Kollegen des Opfers zu Hilfe eilen und den Tatort umzingeln, wird sich das Verhältnis wieder mehr in normalen Grenzen bewegen. Der Täter wird zwar noch Macht über sein Opfer haben, aber außerhalb seines unmittelbaren Aktionsradius endet sein Einflussgebiet. Denn die Kollegen des Opfers wissen, dass sie wieder die Macht übernehmen müssen. Das ist das Wichtigste in dieser Situation. Und so ergreifen sie Maßnahmen. Wer Macht ausübt, muss mit Widerstand und Gegenmacht rechnen. Die Polizisten auf dem Gelände der Polizeiwache in Passau rüsten auf. Sie bringen sich in die richtige Schussposition, sie engen das Einflussgebiet des Täters ein, sie riegeln Fluchtwege ab. Und: Sie demonstrieren ihre neu gewonnene Macht.

Wenn ein Täter keine Macht mehr hat, wird er aber unter Umständen auch besonders gefährlich. Es drohen Verzweiflungstaten. Der Diktator *Gaddafi* in Libyen hat in seiner Verzweiflung über den drohenden Machtverlust Bomben auf sein Volk geworfen. Ein Mensch, der derart in die Enge getrieben wird wie *Bernstein*, denkt sowohl an den eigenen Tod wie auch an die totale Zerstörung als Ausweg.

Tötet sich ein Verbrecher selbst, so kann man den Tod dieses Menschen bedauern, aber es tröstet, wenn kein Unschuldiger zu Tode gekommen ist.

Man weiß so wenig über *Bernstein*, den Täter. Man kennt seine Motive, seine Beweggründe nicht. Auch vor Gericht spielt das Motiv kein große Rolle. Wenn die Polizei einen ihr noch unbekannten Täter sucht, hofft sie, über das Motiv einen Verdächtigen und letztlich den Täter zu finden. Aber *Bernsteins* Tat fand in aller Öffentlichkeit statt. Als das Verbrechen durch die Polizisten beendet wurde, stand auch der Täter fest.

Es gibt viele Menschen, die Macht nutzen und benutzen, um etwas in ihrem Leben zu erreichen. Und es gibt zwei Mächte. Jene, die man benutzt, um Gutes zu tun. Und jene, die Böses anrichtet. Über die Macht des Guten formulierte der englische Staatsmann *Winston Churchill* einmal nach seiner Wahl zum Premierminister am 10. Mai 1940: „Ich fühlte eine tiefe Erleichterung. Endlich hatte ich die Macht über das Ganze und konnte Befehle geben. Ich hatte das Gefühl, mit dem Schicksal zu wandeln. Mein ganzes vergangenes Leben schien mir jetzt nichts als eine Vorbereitung gewesen zu sein, eine Vorbereitung auf diese Stunde."

Die Macht des Bösen kleidete *Napoleon* 1813 in einem Gespräch mit dem österreichischen Außenminister Graf *Klemens Wenzel Lothar von Metternich* in Worte: „Ein Mensch wie ich pfeift auf das Leben einer Million Menschen."

Zu solchen erschreckenden Worten passt der Gedanke des französischen Schriftstellers *Francois Mauriac*: „Auch ein einzelner Mann kann eine Großmacht sein."

Wenn der falsche Mensch zu Macht gelangt, ist die Wirkung verheerend ...

65 Ständige Bedrohung ist nur schwer zu ertragen

Was denkt ein Polizist, der eine Geiselnahme gerade noch einmal überlebt hat, über die Zukunft seines Berufstandes und den damit verbundenen Gefahren.

„Man muss natürlich feststellen, dass die Bereitschaft, einem Polizisten etwas anzutun, heute viel größer ist als früher. Da fehlt der Respekt und auch die Hemmschwelle zuzuschlagen", sagt *Halbach*, „die Bedrohungen gegen die Polizei wachsen, obwohl wir das hier in Passau nicht ganz so stark mitbekommen. Großstädte wie Berlin oder Düsseldorf sind da viel stärker betroffen."

Halbach ist klar, dass seine Kollegen diese permanenten Gefahr, die Bedrohung durch zügellose Gewalt auf Dauer nicht ertragen können: „Vor allem vor dem Hintergrund, dass unsere polizeilichen Möglichkeiten begrenzt sind. Man kann einen Täter vielleicht kurz in Gewahrsam nehmen, dann ist er aber wieder frei."

Rechtsanwalt *Urlbauer* weiß, wovon sein Mandant spricht. Er hat in den vergangenen Jahren „immer wieder Verfahren bearbeitet, in denen Täter vor Gericht standen, weil sie etwa Polizisten als ‚Nazischwein‘ oder ‚Bullenschwein‘ beschimpft haben. Die Polizei ist leider in vielen Fällen der Prügelknabe. Ich zucke schon innerlich zusammen, wenn jemand, der sich mit einem Polizisten gestritten hat und dabei eine kleine Körperverletzung erlitten hat, darauf hinweist: ‚Ah, der blöde Polizist hat das getan‘. Da muss man natürlich immer genau hinsehen, weil auch ein Polizist wie jeder Mensch mal Fehler machen kann oder auch mal schlecht drauf ist und deshalb falsch reagiert. Aber in aller Regel und in den allermeisten Fällen, machen die Beamten einfach ihre Arbeit und die machen sie gut. Leider wird auf sie immer wieder draufgehauen, weil das so einfach ist" ...

66 Pikante Details über schlafende Polizisten

Manchmal benötigen Ereignisse oder Zustände eine lange Entwicklungszeit, bis sie so richtig erkannt werden. Auch die Geiselnahme in der Passauer Polizeiinspektion birgt einen Vorgang, der erst spät einigen Menschen bewusst wird und dann Schlagzeilen in den Medien macht. Der Prozess um die Geiselnahme *Halbachs* steht kurz vor der Eröffnung, da melden die Medien scheinbare Missstände. „Ein Jahr nach dem Überfall auf eine Passauer Polizeiinspektion sind pikante Details bekannt geworden: Ein Betrunkener schießt einen Beamten nieder. Seine Kollegen bekommen nichts mit, weil sie schlafen", schreibt die Süddeutsche Zeitung.[90]

Das ist nicht wirklich eine Enthüllung, aber es verschreckt die Polizeiführung nicht nur in Passau, sondern auch die für Niederbayern zuständige Polizeidirektion und das bayerische Innenministerium. Man hatte wohl gehofft, dass die Öffentlichkeit nicht so genau hinsehen würde. Dass man nicht öffentlich darüber diskutieren muss, warum nur ein Polizist im Wachraum seinen Dienst tat und vier andere in entfernt liegenden Räumen ruhten und vier weitere Beamte und ein Praktikant auf Streife waren.

Sicher, bei nachträglicher Betrachtung hat so ein Zustand den Geschmack von Fahrlässigkeit und Schlampigkeit. Doch so war es nicht. Wer sich näher mit der Situation befasst, kommt schnell zu der Erkenntnis, dass in diesem Fall mehrere unglückliche Zufälle zusammenkamen, die den Verlauf der Katastrophe vorantrieben. Polizisten, die in Schicht arbeiten wie die Passauer Beamten, müssen im Dienst auch Ruhepausen haben, um auszuspannen und sich fit zu halten. Gerade in einem Ort wie Passau, wo auch die Nachtschichten bis in den frühen Morgen sehr anstrengend sein können wegen einer besonders aktiven Jugend-

und Studentenszene, brauchen die Polizeibeamten stressfreie Zeiten.

Die Süddeutsche Zeitung aber mahnt an, dass im Prozess vor dem Passauer Landgericht nicht nur ein Urteil über *Mike Bernstein* gefällt werden müsse, sondern es sei „auch zu klären, wie es überhaupt zu dem Überfall kommen konnte und wieso die Kollegen des 49-jährigen Opfers nichts davon bemerkt haben. Denn es waren weitere Polizisten in der Wache, allerdings im sogenannten Ruheraum. So bekamen sie wohl nichts von dem Geschehen mit, das sich in der Nacht zum 25. September 2009 abgespielt hat."[91]

Der Landgerichtspräsident, *Michael Huber,* bestätigt dem Reporter der „Süddeutschen Zeitung", „dass zur Tatzeit mehrere Beamte im Gebäude gewesen seien. Offenbar schliefen die Polizisten, denn die niederbayerische Notrufzentrale wurde von einer Anruferin alarmiert. Die Frau war von merkwürdigen Geräuschen und Gestalten auf dem Gelände der benachbarten Polizeiinspektion aufgeschreckt worden. Etwa ‚gleichzeitig' mit dieser Meldung, die an die Streifenwagen-Besatzungen in Passau weitergegeben wurde, sei eine Beamtin im Ruheraum hochgeschreckt, sagt *Huber.* Sie habe Geräusche gehört, einen fallenden Stuhl und einen Schuss. Die Rolle der ruhenden Polizisten werde nicht vertuscht, betonte *Huber.* Alle Beamten sind als Zeugen geladen, um das Geschehen im gesamten Haus aufzuklären."

Die Berichte in der angesehenen „Süddeutschen Zeitung", die ihre kritischen Schlagzeilen immer auch einem bundesweiten Publikum präsentiert, und auch die dann folgenden Berichte andere Medien wird die Grüne Landtagsfraktion zwei Wochen später zum Anlass nehmen, um im Bayerischen Landtag eine Anfrage zu stellen: „Die Staatsregierung wird aufgefordert, im Ausschuss für Kommunale Fragen und Innere Sicherheit über die Umstände, die dazu geführt haben, dass in der Nacht zum 25. September 2009 – Medienberichten zu Folge – mindestens vier Polizeikollegen im Gebäude schliefen, als der folgenschwere Überfall auf den alleine auf der Wache anwesenden Hauptkommissar *Ralf H.* erfolgte, schriftlich und mündlich zu berichten. Dabei soll auch auf folgende Punkte eingegangen werden: Inhalt von Dienstanweisungen oder sonstiger Vorgaben über Pausen während der Nachtschicht, Ruhephasen oder Zeiten, in denen geschlafen werden darf; übliche Besetzung und Aufgabenverteilung der Schichtdienstleistenden in der Polizeiinspektion Passau; Konsequenzen, die aus dem Vorfall gezogen werden."[92]

Manch ein Behördenmitarbeiter in Bayern hätte sich gewünscht, dass die Grünen ihre Fragen zu den Ruhezeiten bei der Passauer Polizei nicht an die große Glocke gehängt hätten. Antworten auf dem kleinen Dienstweg wären gerne gegeben worden, zumal das Polizeipräsidium Niederbayern nach Recherchen der Süddeutschen Zeitung bereits „eingestanden hat, dass man die Auszeit der Kollegen im Nachhinein kritisch sehe. Allerdings sei ein ‚Ruhen' während der Nachtdienste ausdrücklich nicht verboten, sagt Polizeisprecher *Klaus Pickel*. Die zwölf Stunden langen Schichten seien beschwerlich, für die Bevölkerung sei es ‚ein Vorteil', wenn Polizisten ausgeruht im Einsatz seien. Eine Vorschrift, wie viele Beamte im Dienstraum anwesend sein müssen, gibt es nicht. ‚Der Kollege hat sich für den raschen Bürgerservice entschieden, ohne andere Polizisten herbeizuholen', sagt *Pickel*. Dass die Situation später so eskaliert, sei unvorhersehbar gewesen. Ganz ausschließen könne man dies allerdings nie."

Der Job, wird Polizeisprecher *Pickel* zitiert, sei gefährlich ...

67 Die dumme Passauer Polizei schläft

Die Polizei schläft. So simpel könnte man das öffentliche Bild von der Passauer Polizei zeichnen, dass sich den Bürgern im Verlauf der öffentlichen Diskussion über das folgenreiche Ruhebedürfnis von vier Polizisten während der Geiselnahme präsentiert.

„In den Medien hieß es ‚die dumme Passauer Polizei schläft'", erinnert sich Rechtsanwalt *Urlbauer*, „das hatte natürlich mit dem Prozess nichts zu tun. Natürlich kann man bei der Polizei die Sicherheitsmaßnahmen und Dienstpläne verbessern. Aber man kann nicht unbegrenzt Personal einsetzen. Das hat man einfach nicht."

Jedenfalls nimmt das Schicksal seinen Lauf, wie es in Parlamenten und Behörden normal ist. Die innenpolitische Sprecherin der Grünen *Susanna Tausendfreund* reicht in Absprache mit dem Passauer Landtagsabgeordneten *Eike Hallitzky* einen entsprechenden Antrag ein, in dem sie Aufklärung über die Schlafgewohnheiten von Polizisten in Bayern forderten.

„Wie kann es sein, dass das über ein Jahr nach dem Überfall immer noch nicht geklärt ist? Wie kam es zu dieser Situation, obwohl ausreichend Beamte vor Ort waren?", wundert sich *Eike Hallitzky*. „Fünf Beamte im Dienst und vier davon schlafen? Wer ist für diese Einteilung verantwortlich?"[93]

Nun soll geklärt werden, ob und wenn ja, in welchem Umfang es üblich ist, dass Schichtdienstbeamte und -beamtinnen während der Dienstzeit schlafen. Auch soll die Staatsregierung auf Dienstanweisungen über Ruhegewohnheiten während der Nachtschicht eingehen und darauf, wie die übliche Besetzung und Aufgabenverteilung der Schichtdienstleistenden in der Polizeiinspektion Passau war.

Solche Anfragen in einem Landtagsausschuss, das muss man wissen, werden von deutschen Behörden sehr ernst genommen. Erst recht als bekannt wird, dass auch noch eine dienstaufsichtliche Untersuchung durch das bayerische Innenministerium erfolgt. Die internen Vorgänge in der Passauer Polizeiinspektion wurden zur Staatsangelegenheit und um einen Eindruck zu geben, wie „amtlich staatsmännisch" dann gehandelt wird, sei hier ein Teil der Passauer Landtags-Akte[94] einmal im Wortlaut veröffentlicht:

„Der Landtag hat in seiner heutigen öffentlichen Sitzung beraten und beschlossen: Antrag der Abgeordneten *Margarete Bause, Thomas Mütze, Ulrike Gote, Susanna Tausendfreund, Dr. Sepp*

Dürr, Eike Haliitzky, Christine Kamm, Christine Stahl, Simone Tolle und Fraktion (BÜNDNIS 90/DIE GRÜNEN)

Drs. 16/5819, 16/6266/Aufarbeitung des Passauer Polizei-Dramas und ausreichende Besetzung der Polizeiinspektionen während den Nachtschichten.

Die Staatsregierung wird aufgefordert, im Ausschuss für Kommunale Fragen und Innere Sicherheit über die Umstände, die dazu geführt haben, dass in der Nacht zum 25. September 2009 – Medienberichten zu Folge – mindestens vier Polizeikollegen im Gebäude schliefen, als der folgenschwere Überfall auf den alleine auf der Wache anwesenden Hauptkommissar *H.* erfolgte, schriftlich und mündlich zu berichten.

Dabei soll auch auf folgende Punkte eingegangen werden: Inhalt von Dienstanweisungen oder sonstiger Vorgaben über Pausen während der Nachtschicht, Ruhephasen oder Zeiten, in denen geschlafen werden darf; übliche Besetzung und Aufgabenverteilung der Schichtdienstleistenden in der Polizeiinspektion Passau; Konsequenzen, die aus dem Vorfall gezogen werden.

Die Staatsregierung wird außerdem aufgefordert, im Ausschuss für Kommunale Fragen und Innere Sicherheit über die Praxis der Nachtschichtbesetzung in den bayerischen Polizeiinspektionen schriftlich und mündlich zu berichten ..."

68 Unangenehme Anhörung im Bayerischen Landtag

Eineinhalb Jahre nach der Geiselnahme in Passau findet im Bayerischen Landtag also eine Anhörung zum Ablauf des Geschehens statt. Die Mitglieder des „Ausschusses für Kommunale Fragen und Innere Sicherheit" erwarten in ihrer 44. Sitzung am 13. April 2011 zwei brisante Informationen der Bayerischen Staatsregierung und zwar einen „Bericht von Staatsminister *Joachim Herrmann* über die Polizeiliche Kriminalitätsstatistik 2010 für den Freistaat Bayern" und den „Bericht des Staatsministeriums des Innern über die Aufarbeitung des Passauer Polizei-

Dramas und die ausreichende Besetzung der Polizeiinspektionen während den Nachtschichten".

„Das Geiseldrama in der Polizeiinspektion Passau vom Herbst 2009 ist bis heute intern nicht ganz aufgearbeitet. Dies wurde auf Anfrage der Grünen im Sicherheitsausschuss des Bayerischen Landtags bekannt. Es findet angeblich erst jetzt, eineinhalb Jahre später, eine ,dienstaufsichtliche Überprüfung' statt, ob der Dienstgruppenleiter bei der Einteilung seiner Nachtschicht richtig gehandelt hat. Diese erwähnte in seinem Bericht Ministerialrat Hubertus Andrä. Er trat in Vertretung von Landespolizeipräsident Kindler vor den Ausschuss, weil dieser mit der Seehofer-Delegation in Moskau weilt", schreibt das Passauer Magazin Bürgerblick nach der Sitzung.[95]

Ungeklärt bleibt nach Meinung des Magazins die Kernfrage, die auch der Polizeireporter *Oliver Bendixen* vom „Bayerischen Rundfunk" am Rande der Sitzung formuliert: „Warum haben in dieser Nacht 80 Prozent der Beamten im Innendienst geschlafen?"

„Wie der Vize-Landespolizeipräsident (Ministerialrat *Hubertus Andrä*/d. A.) einem Bürgerblick-Reporter erklärte, gebe es selbstverständlich keine Regelung oder Anweisung darüber, dass Beamte der Nachtschicht eine Schlafpause einlegen dürfen. Möglicherweise seien hier falsche Strukturen entstanden, die Verantwortlichen müssten sich nun erklären", schreibt der „Bürgerblick", „es war offenbar in Passau – und wahrscheinlich nicht nur hier – üblich, dass sich die Kollegen der Nachtschicht abwechseln zwischen Streife und Einsätze fahren, Wache schieben und eine Mütze Schlaf nehmen. Das Passauer Polizeidrama wurde laut *Andrä* von einer Arbeitsgruppe des Präsidiums Niederbayern intensiv nachbereitet. Die Konsequenzen: Die Beamten werden beim Einsatztraining verstärkt auf die Eigensicherung hingewiesen, denn ,in der Routine liegt Gefahr'. Sicherheitsschleusen für Besucher wurden nachgebessert, die wie in Passau über keine Gegensprechanlage, sondern nur über einen Sprechschlitz verfügten. Neue Holster werden erprobt, welche Zivilkräfte besser vor unbefugtem Zugriff auf ihre Waffen schützen sollen. Im uniformierten Dienst sei eine solche Umrüstung wegen der speziellen Einsatzgürtel, die auch Handschellen, Pfefferspray und die Schlaufe für den Stock tragen, eher schwierig."[96]

Der „Bürgerblick", in Passau für seinen kritischen Blick auf Bördenvorgänge bekannt, hält sich auch in diesem Fall nicht zurück. Der „Bürgerblick" schreibt: „Bei diesem Verbrechen in der Passauer Wache haben sich die ersten Schwachstellen der Polizeireform gezeigt. Einer aufmerksamen Nachbarin ist es zu verdanken, dass die Geiselnahme eines Polizeibeamten auf dem Polizeigelände überhaupt bemerkt und über Notruf gemeldet wurde – an die 80 Kilometer entfernte Einsatzzentrale nach Straubing. Der Beamte dort, offensichtlich unkundig der Durchwahlnummern der Passauer Kollegen in den ‚Ruheräumen', musste erst per Funk die zwei Streifenwagenbesatzungen aus dem Außendienst zurückholen. In den alten Strukturen wäre der Notruf unmittelbar am Tatort eingegangen – ein paar Stockwerke über der Wache war die Einsatzzentrale der ehemaligen Polizeidirektion Passau."

Der Autor kritisiert eine Polizeireform, die dazu führte, dass es in der 50 000 Einwohner-Stadt Passau keine Telefonzentrale für Notrufe mehr gibt. Die Einsätze der Polizei werden von der etwa 80 Kilometer entfernten Einsatzzentrale in Straubing befohlen. Am Tatabend führt das zu Kommunikationsschwierigkeiten ...

69 Arbeitsgruppe überprüft intern Sicherheitsstandards

Wie ernst ein Ministerium sein Parlament und die Bedeutung einer Anfrage von Abgeordneten nimmt, kann man auch an der Ausführlichkeit und Genauigkeit einer Antwort auf eine Anfrage im Landtag ablesen. Im Fall des Passauer Geiseldramas nahm die Bayerische Staatsregierung die Abgeordneten offensichtlich sehr ernst.

Zunächst einmal stellte der bayerische Innenminister *Joachim Herrmann* in seiner vierseitigen Antwort[97] an die Landtagsabgeordneten fest, dass je Einzelschicht grundsätzlich zehn Stunden Arbeitszeit nicht überschritten werden sollen, aber in der Nacht bis zu zwölf Stunden zugelassen sind. Grundsätzlich sei die Arbeitszeit durch Pausen zu unterbrechen. Darüber hinaus gebe es keine ministerielle Richtlinie oder Regelung, die das Ruhen oder Schlafen im Wechselschichtdienst vorsieht.

„Die ständige Einsatzbereitschaft muss im Wechselschichtdienst einer Polizeiinspektion jederzeit gewährleistet sein. Die polizeilich zu erfüllenden Aufgaben lassen es in dieser Dienstart nicht zu, Arbeitsunterbrechungen in „Pausenqualität", also im Voraus festgelegte Zeiten zur freien Verfügung (z. B. mit Verlassen der Dienststelle) zu gewähren", gab der Minister zu bedenken, „aus der Art des Dienstes ergeben sich lageabhängig allerdings auch Zeiten geringerer Belastung. In diesen haben die Beamtinnen und Beamten schon aus Fürsorgegründen die Möglichkeit, ihre Tätigkeit für kurze Zeit zu unterbrechen, um beispielsweise etwas zu essen ... Auch beim Polizeipräsidium Niederbayern existieren für dessen Dienststellen keine Dienstanweisungen oder sonstigen Vorgaben über Pausen während der Nachtschicht, Ruhepausen oder Zeiten, in denen geschlafen werden darf."

Zur Situation in der Passauer Polizeiinspektion in der Nacht der Geiselnahme in Passau bestätigte Innenminister *Herrmann*, dass zum „Zeitpunkt des Vorfalls ab ca. 2.15 Uhr sich neben dem später Verletzten vier weitere Polizeibeamte der PI Passau im Dienstgebäude befanden. Zwei motorisierte Streifen mit insgesamt fünf Beamten verrichteten Außendienst. Der Wachdienst leistende Polizeibeamte war zum Tatzeitpunkt alleine im Wachraum im Erdgeschoss. Die vier weiteren Beamten der Dienstgruppe, darunter auch der Dienstgruppenleiter, befanden sich zu dieser Zeit In verschiedenen Räumen des Dienstgebäudes im 1. Obergeschoss sowie im Untergeschoss. Wie die Einsatznachbereitung durch das Polizeipräsidium Niederbayern ergeben hat, hatten sich lageabhängig drei Beamte der Dienstgruppe mit Genehmigung des Dienstgruppenleiters zu einer Erholungsphase in andere Räume zurückgezogen. Auch der Dienstgruppenleiter hatte in Absprache mit dem Wachhabenden den Wachbereich verlassen und zu gleichem Zweck einen Raum im 1. Obergeschoss aufgesucht."

Dann wies der Innenminister darauf hin, dass nach dem Abschluss des Strafverfahrens nunmehr eine sogenannte „dienstaufsichtliche Überprüfung und Würdigung des Vorfalls" eingeleitet worden sei, die zum Zeitpunkt seiner Stellungnahme allerdings noch nicht beendet war.

Hermann ging auch auf die vielfältigen Aufgaben der Polizei in Passau ein: „Die Polizeiinspektion Passau ist für das Stadtgebiet Passau und Teile des Landkreises Passau örtlich zuständig. Hier übernehmen die im Wechselschichtdienst eingesetzten Beamtinnen und Beamten grundsätzlich alle im allgemeinpolizeilichen Aufgabenspektrum anfallenden Maßnahmen des täglichen Dienstes. Neben der Verkehrsüberwachung und der Verkehrsunfallaufnahme sowie der Bewältigung von Ad-hoc-Einsätzen sind in diesem Zusammenhang insbesondere Maßnahmen des ‚Ersten Angriffs' sowie Ermittlungen bei Straftaten und die Bearbeitung von Ordnungswidrigkeiten (Ruhestörungen, Sperrzeitverstöße usw.) zu nennen. Parallel zu repressiven Aufgaben wird auch ein generalpräventiver Grundsatzauftrag durch verstärkte Präsenz vor Ort (motorisierte Streifen oder Fußstreifen) umgesetzt, um das subjektive Sicherheitsgefühl der Bevölkerung zu stärken sowie die objektive Sicherheit positiv zu beeinflussen. Im Rahmen dieser Streifentätigkeiten werden temporär auch Sonder- und Verkehrskontrollen durchgeführt, die entsprechende Sachbearbeitungen nach sich ziehen können. Weitere Hauptaufgabe der im Wechselschichtdienst eingesetzten Beamtinnen und Beamten ist die Besetzung des Wachdienstes auf der Dienststelle. Dadurch wird Bürgerinnen und Bürgern ein persönliches Vorsprechen mit ihrem Anliegen vor Ort ermöglicht (Anzeigenerstattung, Auskunfts- und Informationsanlaufstelle usw.). Bei der PI Passau wird für den Wachdienst ständig mindestens ein Beamter eingesetzt."

Man sieht nicht nur, dass es sehr viele Aufgaben sind, mit denen die Polizei in Passau bei Tag wie bei Nacht befasst ist. Im letzten Satz steht auch eindeutig, dass es wohl in Passau üblich ist, dass auch nur ein Beamter Wache schiebt – wie das in der Tatnacht der Polizeihauptmeister *Ralf Halbach* gemacht hat.

Nun muss man nicht nur im Freistaat Bayern die Frage stellen, ob es richtig und unter Sicherheitsaspekten akzeptabel ist, dass eine Polizeiwache nur mit einem Polizisten besetzt ist. Und in diesem Zusammenhang stellt sich auch die Frage, ob die Polizei denn überhaupt genug Personal hat, um durch mehr Beamte im Wachdienst diese Sicherheitsnorm zu garantieren?

Fest steht jedenfalls, was in Bayern üblich ist – und das hört sich nicht nach einer üppigen Personalstärke an. Innenminister *Herrmann* in seiner Stellungnahme: „Bei mehr als Dreiviertel aller Polizeiinspektionen können die Wachen zur Nachtzeit zumindest zeitweise nur mit einer Beamtin oder einem Beamten besetzt sein. Nur bei weniger als einem Viertel der Polizeiinspektionen, vornehmlich in größeren Städten, sind nachts die Wachen grundsätzlich mit mehr als einem Beamten besetzt. Etwa ein Drittel der Dienststellen hat nachts grundsätzlich eine Mindeststärke von drei Beamten."

Der Polizeidienst bei den bayerischen Polizeiinspektionen ist in der Betrachtung des Innenministers in erster Linie Dienst am Bürger: „Deshalb wird auf ein hohes Maß an Außendiensttätigkeiten, eine angemessene Kontrolltätigkeit und eine Bestreifung des jeweiligen Dienstbereiches besonderer Wert gelegt ... Letztlich ist nicht eine starke Personalbesetzung der Wachen unserer Polizeidienststellen das Ziel, sondern eine möglichst hohe Streifenpräsenz zur Gewährleistung einer guten objektiven Sicherheitslage sowie zur Stärkung des Sicherheitsgefühls unserer Bürgerinnen und Bürger."

Die Gewalttat von Passau bleibt polizeiintern nicht ohne Folgen. Eine extra eingesetzte Arbeitsgruppe überprüft die Sicherheitsstandards bei den niederbayerischen Polizeidienststellen auf Basis von Einsatzunterlagen und Erfahrungsberichten. Sie macht eine Reihe von Verbesserungsvorschlägen, die jetzt – nicht nur in Passau – umgesetzt werden sollen: So werden in den Dienststellen zusätzliche Sicherungsmaßnahmen eingeführt. In der Polizeiinspektion Passau wird zwischen Wach- und Vorraum eine Gegensprechanlage installiert wird, die eine Verbesserung der Verständigung bewirkt. Abläufe beim Zugang zu den Dienststellen werden geändert. Die Beamtinnen und Beamten erhalten zu Themen wie „Eigensicherung" und „Sicherheit im Wachbetrieb" zusätzliche Weiterbildung; im speziellen Training wird polizeiliches Einsatzverhalten geübt. Auch sollen Ausrüstungsgegenstände, wie beispielsweise Pistolenholster, mit einer noch besseren Sicherung gegen die unbefugte Wegnahme der Waffe verbessert werden.

Sicher sinnvoll und notwendig ist eine Erörterung der Arbeitszeiten beim Wechselschichtdienst. Innenminister *Hermann* merkt an: „Mit dieser Maßnahme wollen wir die nachgewiesenen gesundheitlichen Belastungen des Wechselschichtdienstes, die auch durch Einzelschichten mit einer Dauer von 12 Stunden oder verkürzte Ruhezeiten entstanden sind, reduzieren und vor allem einen Anreiz für eine stärkere Verbreitung von zeitautonomen, flexiblen Schichtdienstmodellen schaffen. Die Vereinbarkeit von Beruf und Familie, die arbeitszeitrechtlichen Vorgaben, der Gesundheitsschutz und der belastungsorientierte Personaleinsatz können in zeitautonomen, flexiblen Schichtdienstmodellen grundsätzlich am besten abgebildet werden. Auch individuell unterschiedliche Bedürfnisse der Mitarbeiterinnen und Mitarbeiter sind in diesen Arbeitszeitmodellen gut darstellbar."

Nicht zuletzt lobt der bayerische Innenminister seine Polizisten, „die Dank der hohen Motivation die Herausforderungen mit dem vorhandenen Personal bewältigen". Doch auf einen wichtigen Punkt weist *Joachim Hermann* in seiner Stellungnahme auch hin: „Ein Restrisiko wird jedoch nie gänzlich auszuschließen sein ..."

70 Polizisten sind die Prügelknaben der Nation

Spätestens jetzt sollte man sich einmal die Frage stellen, ob Polizisten wie *Ralf Halbach* die Prügelknaben der Nation sind?

„Ja" sagen etlicher Experten, Betroffene und Beobachter.

„Polizisten sind immer die Prügelknaben", meint *Halbachs* Rechtsanwalt *Johann Urlbauer*, der immer wieder auch Polizisten vor Gericht mit Nebenklagen vertritt, die selbst zu Opfern von Gewalttaten geworden sind, „gleich ob das bei den Demonstrationen in Stuttgart oder Berlin oder in anderen Städten ist".

Belastende Arbeitszeiten, ein harter, manchmal lebensgefährlicher Job, eine desinteressierte Öffentlichkeit sind schon eine Bürde für den Beruf des Polizisten. Doch es kommt noch schlimmer. *Johann Urlbauer* kennt auch Kollegen, Rechtsanwälte, die „gerne einmal vor Gericht die Arbeit der Polizei kritisieren oder auf die Polizei rumprügeln und so tun, als ob die Polizisten nur Blödmänner und die letzten Deppen sind. Das ist erschütternd." Der Anwalt beklagt auch, dass sich die Politik „einfach nicht genügend vor die Polizei stellt".

Das Magazin „Focus" klagt im November 2010: „Zu wenig Achtung, zu viele Aggressionen: Laut einer Studie fühlen sich Deutschlands Polizisten zunehmend ins gesellschaftliche Abseits gedrängt und mit Gewalt konfrontiert. Immer öfter würden die Beamten als „Prügelknaben der Nation" dienen." [98]

Das sieht so auch der Bundesvorsitzende der Gewerkschaft der Polizei, *Bernhard Witthaut*: „So hat es sich seit der letzten Studie zur Gewalt gegen die Polizei innerhalb von rund 10 Jahren entwickelt – Polizisten werden immer mehr zu Prügelknaben der Nation." [99]

Für *Christian Pfeiffer*, Leiter des Kriminologischen Forschungsinstituts Niedersachsen (KFN), früher niedersächsische

Justizminister und durch etliche Forschungsarbeiten ausgewiesener Experte für die Gewalt gegen Polizisten, ist aus Sicht der Beamten die „Feindschaft gegenüber der Polizei beziehungsweise dem Staat" ein häufiges Motiv für gewalttätige Angriffe auf Polizeibeamte: „Die Polizei wird geprügelt, weil man den Staat meint."[100]

„Polizisten sind die Prügelknaben der Nation", sagt auch *Bernhard Witthaut*, denn sie bewegen sich immer wieder an einer Nahtstelle zwischen unterschiedlichen Interessen und geraten mal mit dieser, mal mit jener Seite in Konfrontation.

„Der zivilgesellschaftlich gestimmte, staatlichen Machtattributen abgeneigte Bürger nimmt sich selbstverständlich das Recht heraus, das Feindbild Polizei innig zu pflegen und gleichzeitig ihre Sicherheitsdienstleistung für selbstverständlich zu halten. Die zu wachem Selbstbewusstsein gekommene Zivilgesellschaft ist ohne Zweifel ein emanzipatorischer Gewinn. Aber die Zivilgesellschaft ist auch kapriziös und verwöhnt und sich nicht immer der Grundlagen ihres Daseins bewusst. Zu ihnen gehört auch Wehrhaftigkeit." Man muss dem Bundespräsidenten dankbar sein dafür, dass er in der angespannten Lage verschärfter Terrorgefahr die Leistungen der Polizei mit deutlichen Worten gewürdigt hat. „Gerade angesichts der Gefahr haben Sie Anspruch auf Solidarität, auf Sympathie, auf Dankbarkeit der deutschen Gesellschaft," sagte *Christian Wulff* vor Polizeigewerkschaftlern. Dagegen wird sich kaum Widerspruch erheben", schreibt Welt-online[101] im November 2010 unter der Schlagzeile „Polizisten – überforderte Prügelknaben der Nation", „aber das ändert nichts daran, dass die Polizei einem Übermaß an Aufgaben gegenübersteht und der einzelne Polizist sich als überforderter Prügelknabe der Nation vorkommen muss".

Die Folgen sind bekannt: „Sehr große Sorgen bereitet uns die Einsatzbelastung unserer Kolleginnen und Kollegen. Durch eine Studie bei der Bundespolizei, die man auf fast alle Bundesländer übertragen kann, haben wir festgestellt, dass die Burn-out-Syndrome ganz massiv vertreten sind. Jeder 4. Bundespolizist leidet am Burn-out-Syndrom. Erste Ergebnisse einer Umfrage in den Bundesländern zeigen uns, wie hoch die Krankheits-Stände sind. Die Zahlen liegen zwischen 17 und 18 Prozent. Das bedeutet, dass die verbliebenen Kolleginnen und Kollegen für das erkrankte Personal mitarbeiten müssen. Wir haben also im Prinzip ein erhebliches Personaldefizit. 2010 gab es etwa 9 500 weniger Beamte als im Vorjahr. Bis zum Jahr 2020 gehen noch einmal etwa 9 000 Polizistinnen und Polizisten", beklagt GdP-Chef *Witthaut* die Entwicklung, „dagegen steht, dass die Einsatzpalette für die Polizei in den letzten Jahren gravierend größer geworden. Die Anzahl der Straftaten liegt ja jetzt so bei knapp 6,4 Millionen. Zwangsläufig wird man darüber nachdenken müssen, ob die Aufgabenkapazität der Polizei in Zukunft von dem Personal überhaupt noch abzuleisten ist oder ob wir eine andere Sicherheitsstruktur brauchen".

Irgendwie ist es in der Realität inzwischen wie im Fernsehen. Da sagt *Paul*, der Revierleiter, im ARD-Tatort „Schuld und Sühne" einen letzten Satz zum berühmtesten Polizisten der TV-Nation, *Schimanski*: „Wir baden die Scheisse aus ..."

Die Polizei – aus dem Freund und Helfer wurden die Prügelknaben der Nation ...

71 Neue Umfrage zur Gewalt gegen Polizisten

Wenn Polizisten die Prügelknaben der Nation sind – wer sind dann die Prügeltäter?

Christian Pfeiffer, Direktor des Kriminologischen Forschungsinstituts Niedersachsen (KFN), gibt darauf nur wenige Wochen nach dem Prozessende in Passau, im November 2010 die Antwort. Er stellt gemeinsam mit dem niedersächsischen Innenminister *Uwe Schünemann* die Ergebnisse einer Studie zur Gewalt gegen Polizeibeamte[102] vor.

Das KFN hat rund 22 500 Polizisten aus 10 Bundesländern befragt. Neben der Gewerkschaft der Polizei haben sich die Bundesländer Berlin, Brandenburg, Bremen, Niedersachsen, Mecklenburg-Vorpommern, Rheinland-Pfalz, Sachsen-Anhalt, Saarland, Schleswig-Holstein und Thüringen dafür stark gemacht, der Gewalt gegen Polizisten auf den Grund zu gehen. Die Umfrageergebnisse von 2 600 Beamten, die im Einsatz verletzt wurden und mindestens einen Tag dienstunfähig waren, ergeben ein nachdenkenswertes „Täterprofil": Überdurchschnittlich oft werden Polizisten von Menschen mit Migrationshintergrund angegriffen. Rund 40 Prozent der Täter haben der Studie zufolge ausländische Wurzeln, in Großstädten sind es 52 Prozent. Müssen Polizeibeamte einen dieser Tatverdächtigen in seinen eigenen vier Wänden im Beisein von Verwandten und Freunden festnehmen, werden sie noch häufiger attackiert. Dann sind sieben von zehn Tätern nichtdeutscher Herkunft.

Es könne nicht sein, dass sich Gruppen ihre eigenen Regeln schafften und sich außerhalb des Rechtsstaates stellen, bemerkt dazu der Bundesvorsitzende der Gewerkschaft der Polizei , *Bernhard Witthaut*: „Die Polizei kann die offensichtlichen Fehler der Integrationspolitik nicht ausbügeln, und sie will auch nicht mehr länger den Kopf dafür hinhalten." Allein das Tragen der Uniform mache die Beamten schon zum Ziel. „Sie treten als verhasstes Symbol des Staates auf und werden in ihrer Funktion nicht respektiert", führt *Witthaut* aus.

Für Niedersachsens Innenminister *Uwe Schünemann* erfordert diese Situation, Angriffe auf Polizisten härter als bisher zu bestrafen. „Die bisherige Höchststrafe von zwei Jahren ist bei Übergriffen auf Polizisten nicht mehr ausreichend und muss auf drei Jahre erhöht werden ... Es geht um die besondere Achtung der Polizei und das Gewaltmonopol des Staates."

Als Niedersachsens Innenminister und der Leiter des Kriminologischen Forschungsinstituts Niedersachsen im November 2010 den zweiten Teil der Studie „Gewalt gegen Polizeibeamte" in Hannover vorstellen, sind bereits aus dem ersten Teil der Studie zahlreiche Konsequenzen zum Schutz der Polizeibeamten gezogen worden. Der erste Teil der Studie hatte ergeben, dass Polizeibeamtinnen und -beamte gerade in ihrem alltäglichen Dienst erheblichen Risiken ausgesetzt sind. Dies gilt besonders bei Einsätzen wegen häuslicher Gewalt, wegen randalierender Betrunkener oder wegen Streitereien in der Öffentlichkeit. Dabei wurde festgestellt, dass Polizeibeamte vermehrt Opfer von Gewaltübergriffen werden. So hat die Anzahl der schweren Verletzungen (mindestens sieben Tage Dienstunfähigkeit) bei Polizeibeamten in dem Zeitraum von 2005 bis 2009 um mehr als 60 Prozent zugenommen.

Auch auf Initiative Niedersachsens war die Gesetzesinitiative der Bundesregierung zur Änderung des aktuell gültigen Paragrafen 113 StGB ("Widerstand gegen Vollstreckungsbeamte") im Strafgesetzbuch im Gesetzgebungsverfahren eingebracht worden. „Die bisherige Höchststrafe von zwei Jahren bei Widerstand gegen Vollstreckungsbeamte ist Angesichts der Gewaltentwicklung nicht mehr ausreichend und muss auf drei Jahre erhöht werden", so *Schünemann*. Der Minister betonte, dass auch diejenigen Beamtinnen und Beamten, die ohne Zusammenhang mit Vollstreckungsmaßnahmen angegriffen werde, den Schutz des Strafrechts verdienen. Darüber hinaus sollten in Zukunft auch Einsatzkräfte von Feuerwehren und Rettungsdiensten durch das Gesetz geschützt werden, so der Minister: „Der Gesetzentwurf der Bundesregierung sieht vor, die Widerstandsstrafbarkeit auch auf diesen Personenkreis auszuweiten."

Die Gewerkschaft der Polizei fordert allerdings weitergehende Gesetze.[103] Jeden Tag würden in Deutschland Polizeibeamte tätlich angegriffen und zum Teil schwer verletzt. Immer häufiger würden solche Übergriffe völlig unvermittelt verübt. Das Strafgesetzbuch, so die Gewerkschaft der Polizei, sei dringend ergänzungsbedürftig. Darum fordert die GdP die Einführung eines Paragrafen 115 StGB (Tätlicher Angriff auf einen Vollstreckungsbeamten), der einen solchen Angriff aus dem Nichts auch dann bestraft, wenn der Beamte oder die Beamtin nicht verletzt wird. Damit bekäme man insbesondere hinterhältige Attacken besser in den Griff. Die bisherige Regelung setzte voraus, dass sich der Beamte bei dem Angriff in jedem Fall in einer „Vollstreckungssituation" befinde, zum Beispiel bei einer Festnahme oder einer Räumung. Unvermittelte Attacken auf nichts ahnende Streifenbeamte im täglichen Dienst würden von der Strafbarkeit bisher nicht erfasst. Der tätliche Angriff auf Polizeivollzugsbeamte soll künftig deutlich härter bestraft werden, als die bisherige Widerstandshandlung.

„Das ist auch als symbolisches Zeichen zu werten. Damit zeigen Politik und Gesellschaft, dass sie hinter uns stehen. Allerdings gibt es etliche Politiker, die uns in dieser Frage nicht unterstützen. Sie wollen nur den Strafrahmen bestehender Gesetzgebung erhöhen"; sagt GdP-Chef *Witthaut*, „das ist ein Schritt in die richtige Richtung, aber es reicht aus meiner Sicht nicht aus, um ein klares Signal zu setzen und den Schutz der Kolleginnen und Kollegen zu gewährleisten. Wir hätten es gut gefunden, wenn jeder Täter, der einen Polizisten angreift, auch damit rechnen muss, dass er anschließend dafür bestraft wird. Bei der gegenwärtigen Gesetzeslage ist das auch nach einer Anreicherung des § 113 nicht gegeben."

In einer Pressemitteilung[104] belegt der niedersächsische Innenminister seine Aktivitäten: Speziell in Niedersachsen seien weitere Verbesserungen für Polizeibeamte umgesetzt worden. So gebe es inzwischen in jeder Polizeiinspektion einen Ansprechpartner für Gewaltopfer, der verletzte Beamte berät und unterstützt. Für alle Polizeibeamten sei darüber hinaus ein Leitfaden herausgegeben worden, in dem die betroffenen Beamtinnen und Beamten Informationen bekommen, was sie konkret tun und beachten müssen. Deren Vorgesetzte verfügen über eine Checkliste, um alle notwendigen Maßnahmen zu ergreifen. Darüber hinaus gewährt der Dienstherr den betroffenen Beamten Rechtsschutz, um auch mögliche zivilrechtliche Ansprüche durchzusetzen.

Für Innenminister *Schünemann* deutet „besonders der hohe Anteil junger Täter und das häufig genannte Motiv „Feindschaft gegenüber der Polizei" auf eine Werteerosion hin, die erheblichen gesellschaftspolitischen Handlungsbedarf erkennen lasse. Auch die Befunde zur häufig mangelnden Integration von Migranten hätten erhebliche Bedeutung".[105]

Christian Pfeiffer wiederum nennt zehn zentrale Erkenntnisse[106]:

1. Die Täter von Gewalt gegen Polizeibeamte handeln meist allein, sie sind in der großen Mehrheit männlich und sie sind durchschnittlich jüngeren Alters.
2. Zwei von fünf Gewalttätern haben eine nichtdeutsche Herkunft. Insbesondere Personen aus Ländern der ehemaligen Sowjetunion sowie türkische Täter bzw. Täter aus anderen islamischen Ländern treten überproportional häufig in Erscheinung.
3. Das zweithäufigste Motiv für Angriffe auf Polizeibeamte ist aus Sicht der Beamten Feindschaft gegenüber der Polizei bzw. dem Staat. Bei nichtdeutschen Tätern findet sich dieses Motiv häufiger als bei deutschen Tätern. Zudem hat sich gerade der Anteil der auf dieses Motiv zurückgehender Angriffe über die Jahre hinweg erhöht.
4. Sowohl in der Polizeilichen Kriminalstatistik als auch in der Befragung der Polizeibeamten zeigt sich, dass der Anteil unter Alkoholeinfluss verübter Angriffe seit 2005 gestiegen ist.
5. Zwei Drittel der Angriffe werden von Personen begangen, die bereits polizeibekannt sind.
6. Die Dauer der Dienstunfähigkeit nach einem Übergriff sowie das Vorliegen einer Verdachtsdiagnose auf eine Posttraumatische Belastungsstörung sind in Teilen abhängig von Merkmalen der Täter.

7. Trotz erfolgten Übergriffs gelingt es in der deutlichen Mehrheit der Fälle, die polizeiliche Maßnahme durchzuführen und den Täter unmittelbar festzunehmen.

8. In fast neun von zehn Fällen wird gegen die Täter ein Strafverfahren durchgeführt. Dabei existieren keine Unterschiede zwischen verschiedenen Tätergruppen.

9. Fast jedes dritte Strafverfahren gegen die Täter wird eingestellt. Die Beamten äußern sich darüber mehrheitlich unzufrieden. Auch wenn es zu einer Bestrafung des Täters gekommen ist, erklären sich die Beamten mit der Höhe der Strafe mehrheitlich nicht einverstanden.

10. Personen, die im Rahmen von Demonstrationen Übergriffe ausführen, stellen eine besondere Tätergruppe dar.

Medien wie die „Süddeutsche Zeitung" beklagen vor diesem Hintergrund eine ganz besondere Misere. „Ein Job zum Davonlaufen. Früher waren die Fronten klar: links die Demonstranten, rechts Staatsgewalt und Bürgertum. Aber seit auch CDU-Wähler gegen Bahnhöfe und Atomkraft protestieren, haben die Polizisten nur noch Gegner", beschreiben *Christoph Cadenbach* und *Max Fellmann* im Mai 2011 die Lage der Polizei in Deutschland, „manchmal wirft sogar jemand Urinbeutel nach ihnen. Sie werden bespuckt. Geschubst. Getreten. Geschlagen. Beschimpft sowieso, als ‚Schwein' oder mit ‚Hopp, hopp, hopp – Schweinchen im Galopp'."[107]

Die Autoren zitieren in ihrem Bericht auch das Bedauern eines Mannes, der die Gegenseite, die Gegner der Polizei, besonders gut kennt. „*Michael Dandl* gehört zum Bundesvorstand der Roten Hilfe, einer linken Organisation, die Opfer von Polizeigewalt betreut und ihnen Anwälte besorgt ... *Dandl*, ein Mann, der die Polizei nicht mal ruft, wenn bei ihm eingebrochen wird, findet am Ende Worte, die so etwas wie Mitgefühl ausdrücken: ‚Polizisten sind oft überfordert, sie sind frustriert, sie werden nicht sonderlich gut bezahlt. Sie müssen an Tagen, an denen alle anderen ihre Freizeit genießen, Schicht schieben, sie sind oft kaserniert, sie unterliegen einem komischen Korpsgeist, es gibt krasse Hierarchisierung, es werden Befehle erteilt. Das ist ein ganz erheblicher Psychodruck.'"

Wovon *Dandl* nicht spricht sind die Demonstranten, die Steine und Molotowcocktails auf Polizisten werfen, ihre Fahrzeuge in Brand stecken ...

72 Sinkende Hemmschwelle, Gewalt auszuüben

Was Polizistinnen und Polizisten heute an der „Front" auszuhalten haben, ist gewaltig. Die Umfrage des Kriminologischen Forschungsinstituts Niedersachsen stellt fest, dass 90 Prozent der befragten Polizisten schon Beleidigungen und Bedrohungen erfahren haben. Fast jeder zweite Beamte wurde schon von Tätern festgehalten oder geschubst, mehr als jeder vierte Polizist war Schlägen und Tritten ausgesetzt. Fast ebenso viele wurden mit Gegenständen beworfen. 15 Prozent der Beamten wurde von Tätern mit dem Einsatz einer Waffe oder gefährlichen Gegenständen gedroht. Fast 2 Prozent der Polizisten wurde tatsächlich eine Schusswaffe vorgehalten, und immerhin bei 0,4 Prozent der Befragten kam eine Schusswaffe durch den Täter zum Einsatz.

Das sind Zahlen, die aufhorchen lassen und Deutschlands Sicherheitspolitiker zu Reaktionen provozieren. Folgerichtig forderte der damalige Bundesinnenminister *Thomas de Maizière* auf der Herbsttagung 2010 des Bundeskriminalamtes in Wiesbaden einen besseren Schutz der Beamten etwa bei Demonstrationen und Fußballspielen.

Der Bundesinnenminister fordert Demonstranten dazu auf, aktiv dafür einzutreten, dass Protestveranstaltungen nicht in Gewalt münden. *Thomas de Maizière* sagte im Info-Hörfunk des „Hessischen Rundfunks": „Die Polizei hat die Pflicht zur Deeskalation, aber es gibt auch eine mitwirkende Pflicht von Demonstranten."[108]

Man beobachte allerdings eine „sinkende Hemmschwelle, Gewalt gegen Polizisten auszuüben". Polizisten würden bespuckt, geschlagen oder mit Flaschen und Steinen beworfen. Zunehmend würden die Beamten bei Einsätzen auch verletzt, sagte der Minister. Dies sei ein klarer Missbrauch des Demonstrationsrechts. Er appellierte an die Länder, nicht an der Schutzausrüstung zu sparen. Auch nach dem Willen von *De Maizière* sollten gewalttätige Angriffe auf Polizisten künftig härter bestraft werden. Wer Beamte mit Steinen oder Brandsätzen bewirft oder mit Stöcken attackiert, soll mit bis zu fünf Jahren Haft bestraft werden können. Bislang drohen zwei Jahre Haft oder eine Geldstrafe. Für besonders schwere Fälle von Körperverletzung sollen bis zu zehn statt fünf Jahre Gefängnis drohen.

In einem Interview mit dem „Spiegel"[109] ging der Präsident des Bundeskriminalamtes, *Jörg Ziercke*, auf Angriffe von Links- und Rechtsextremisten auf Polizeibeamte ein. Diese Überfälle hätten dramatisch zugenommen. Im vergangenen Jahr hätten Linksextremisten 1 350 Mal die Polizei angegriffen. Das sei eine Steigerung um 120 Prozent im Vergleich zum Vorjahr. Bei fast einem Drittel der Fälle habe es sich um Körperverletzung gehandelt. Die Angriffe von Rechtsextremisten − 530 waren es laut BKA-Chef − nahmen um fast 75 Prozent zu. „Die Hemmschwelle der Gewalt gegen Polizeibeamte sinkt, immer mehr Polizeibeamte werden verletzt. Dies bereitet uns erhebliche Sorgen", zitierte „Der Spiegel" den BKA-Chef.

Allerdings nennt das BKA in einer Pressemitteilung[110] − mangels umfassender Statistiken über andere Gewalttaten gegen die Polizei − in der Statistik zur Gewaltkriminalität nur politisch motivierte Taten: „Politisch motivierte Straftaten, die sich gegen Polizeibeamte oder polizeiliche Einrichtungen richteten, erreichten 2009 mit insgesamt fast 2 200 Vorfällen einen Höchststand seit 2001 (2001: 1 360 Fälle, + 60 Prozent). 2009 wurden über 100 politisch motivierte Gewaltstraftaten „rechts" (+ 23 Prozent) und über 900 politisch motivierte Gewaltstraftaten „links" (+ 126 Prozent) gegen die Polizei registriert. Sechs von sieben linksextremistisch motivierten versuchten Tötungsdelikten im vergangenen Jahr richteten sich gegen Polizeibeamte."

Diese Statistik ist ein Anfang, aber angesichts der beunruhigenden Erkenntnisse aus der Untersuchung des Kriminologischen Forschungsinstituts Niedersachsen doch recht ungenügend. Bürger haben ein Recht darauf zu erfahren, wie oft diejenigen beleidigt, verprügelt und verletzt werden, die sie beschützen sollen. Solch einen wichtigen Bereich wie eine Geheimsache zu behandeln und auf Handakten in einzelnen Polizeipräsidien angewiesen zu sein ist schon ein seltsames Verhalten angesichts der Verpflichtung von Ministern, sich vor ihre Bediensteten zu stellen und ihnen eine optimale Arbeitssituation zu garantieren. Auch wundert es, dass sich so wenige Sicherheitspolitiker um die Frage der Sicherheit der Sicherungskräfte kümmern und so selten Fragen dazu stellen ...

73 Streifendienst ist fieser und härter geworden

Wann immer man in diesen Tagen mit Polizisten spricht – die Statements über die Gewalt gegen Polizisten ähneln sich. In der Fernsehsendung „Markus Lanz"[111] im April 2011 bestätigen auch die Polizisten Torsten „Toto" Heim und Thomas „Harry" Weinkauf aus Bochum die sich immer intensiver drehende Spirale der Gewalt gegen sich und die Kollegen. Toto und Harry sind die Protagonisten der Sat.1-Reportage-Reihe „24 Stunden Toto und Harry – Die Zwei vom Polizeirevier" sowie Verfasser von Büchern mit unterhaltsamen Polizeigeschichten.

Markus Lanz fragt gewohnt unterhaltsam eine letzte Frage: „Ist das Leben für die Polizisten auf der Straße härter geworden oder ist das nur ein Gefühl, dass uns die Medien vermitteln?"

Die Antwort ist eindeutig. „Ich bin jetzt seit 30 Jahren im Dienst und seit 1985 auf der Straße im Streifendienst. Es ist distanzloser, fieser, respektloser, härter, brutaler und aggressiver geworden", erzählt *Torsten Heim* und berichtet vor laufender Kamera von einem schockierenden Erlebnis, das erst wenige Wochen zurückliegt. Er ist mit einer Kollegin auf Streifenfahrt, als sie einen Pkw Schlange fahren sehen. Die Polizisten stoppen das Fahrzeug. Die Kollegin geht zur Fahrerseite des Pkw und bittet den Fahrer um Fahrzeugpapiere und den Führerschein. Der Fahrer steigt aus und schlägt der Beamtin ohne Vorwarnung, ohne Grund vier Mal ins Gesicht.

„Der hatte nicht getrunken, keine Drogen genommen. Der hat sich nur darüber geärgert, dass wir ihn angehalten haben", sagt *Heim*. Die Beweissicherung dieser Tat war glücklicherweise einfach. Bei Verkehrskontrollen haben es sich Polizisten ähnlich wie ihre amerikanischen Kollegen inzwischen zur Gewohnheit gemacht, zur eigenen Sicherheit nicht vor, sondern hinter einem Fahrzeug, das gestoppt worden ist, zu halten. Gleichzeitig läuft oft auch noch im Fahrzeug der Polizei eine Videokamera, die die Szene der Personenüberprüfung filmt. Der Richter wird es einfach haben, angesichts dieser Beweise, den Täter zu verurteilen.

Heim erzählt allerdings von einer außergewöhnlichen Dreistigkeit des Täters: „Er hat sich festnehmen lassen und meinte nur, wir könnten ihn ja nicht verprügeln, weil die Videokamera ja in unserem Fahrzeug laufen und alles aufnehmen würde."

Die Polizistin erlitt einen Jochbeinbruch und war mehrere Wochen lang dienstunfähig. Das ist allerdings meist nicht alles, was an Schädigungen bei den Polizisten zurückbleibt. Zu den körperlichen Verletzungen kommen die psychischen Belastungen. *Heim*, der selbst schon einmal von drei Männern im Dienst verprügelt und schwer verletzt worden ist, erzählt bei *Markus Lanz* von dem psychischen Druck, der mit den Verletzungen einhergeht: „Innerlichen Stress. Ich bin nachts schweißgebadet aufgewacht. Ich fand das ganz ganz schlimm."

Der Polizist findet, dass hier die Gesellschaft gefordert ist, gegen Gewalt gegen Polizisten vorzugehen ...

74 Polizisten gestehen ihre Angst im Dienst ein

Über Angst ist in diesem Buch schon geschrieben worden. Doch diese Angst im Job ist im Leben vieler Polizisten eine so schwere Bürde, dass noch einmal darauf eingegangen werden muss. „Natürlich haben Polizisten Angst. Das wird man auch nicht verhindern können, denn dafür sind sie Menschen und keine Maschinen", sagt der GdP-Bundesvorsitzende *Bernhard Witthaut*, „es wird durch Training versucht, die Angst besser in den Griff zu bekommen. Auch ist es für den Einzelnen wichtig, zu erkennen, warum ihm die Knie schlottern."

Angst haben alle Menschen. Sie sorgen sich um ihre Existenz. Um die Ehefrau, den Ehemann, die Kinder, Vater, Mutter. Wir haben Angst davor, Fehler zu machen, vor Dunkelheit, vor Einsamkeit. Vor Tieren. Vor Menschen. Polizisten haben aber noch zusätzlich eine Angst, die ihnen niemand nehmen kann, weil sie zu ihrem Beruf dazu gehört: Sie haben Angst vor jenen Menschen, die brutal genug sind, sie zu verletzen oder sie gar zu töten.

Ein ehemaliger Zürcher Stadtpolizist, *Daniel Todesco*, befragte im Rahmen einer Studie[112] an der Universität Bern 299 ehemalige Kollegen zum Thema „Gewalt gegen Polizisten". Die Studie zeigte unter anderem, dass jeder dritte der befragten Polizisten Angst vor einem Angriff und einer Verletzung im Dienst hat – dabei zählt die Schweiz nicht einmal zu den besonders gefährlichen Regionen der Welt.

Sicher, es gibt auch Polizeibeamte, die die meiste Zeit in ihren Büros verbringen und Akten bearbeiten. Doch viele Polizisten müssen zumindest zeitweise raus aus ihren Polizeiinspektionen und -präsidien und vor Ort an die Tatorte. Manche Polizisten sprechen bereits von „Parallelwelten" und „Angsträumen", in denen sie zeitweise arbeiten müssen. „Migrationspolitikern stockt der Atem angesichts solcher Ausdrücke. Doch die Beamten finden für Ihre Erfahrungen keine anderen Worte mehr. Sie wagen sich nur mit Verstärkung in solche Gegenden, weil sie bei ihren Kontrollen Pöbeleien und körperliche Angriffe riskieren", schreibt der Journalist *Kristian Frigelj* in Welt-online[113].

Für BILD.de beschrieb ein Polizist anonym seinen Berufsalltag. „Wir haben Angst um unser Leben", gestand *Thorsten F.* (52): „Alle reden über Gewalt gegen Polizisten, ich erlebe sie jeden Tag. Und ich weiß: Sie wird immer schlimmer! Seit 32 Jahren arbeite ich jetzt bei der Polizei, heute als Polizist im Funkwagen-Streifendienst. In dieser Zeit habe ich alles erlebt: Attacken mit Messern, Totschlägern, Gaspistolen und mit scharfen Waffen! All das ist mittlerweile unser tägliches Brot. Aber schlimm ist: Die Angreifer werden immer jünger und brutaler, zeigen absolut keinen Respekt mehr vor der Staatsgewalt. Viele meiner Kollegen habe jeden Tag Angst um ihr Leben. Sie fürchten sich vor Einsätzen, bei denen klar ist, dass es hoch hergehen wird. Doch die Politik lässt uns im Stich, schreibt uns bei Einsätzen wie am 1. Mai vor, uns zurückzuhalten. Rühmt sich dann mit ihrer Deeskalationsstrategie und wir sind hinterher die Dummen. Wir sind die Prügelknaben der Nation! Wir müssen immer den Kopf hinhalten, wenn es irgendwo brenzlig wird: Wenn Jugendliche im Park Rentner belästigen, wenn besoffene Ruhestörer nachts um drei ihre Musik auf volle Lautstärke drehen oder wenn linke und rechte Chaoten den 1. Mai für ihre Gewaltorgien nutzen. Immer muss die Polizei ran ... Über 50 mal bin ich während meiner Einsätze bereits verletzt worden, dadurch alles in allem ein ganzes Jahr lang ausgefallen. Und ein Ende ist nicht in Sicht, die Gewalt gegen Polizisten nimmt zu. Das wird sich nicht ändern, solange sich in der Gesellschaft nichts ändert. Solange es nicht klar ist, dass der Angriff auf einen Polizisten auch ein Angriff auf den Staat ist und mit der vollen Härte des Gesetzes bestraft wird. Wenn das nicht klar ist, dann werden wir nach den Prügelknaben der Nation auch noch zu den Deppen der Nation!"[114]

Nicht nur Betroffene und Experten auch manche Bürger beschäftigt die Frage, warum Polizisten Angst haben und wie sie damit umgehen. In den Internet-Chats diskutieren sie sogar darüber, ohne Furcht vor richtiger Rechtschreibung und Grammatik. So zum Beispiel[115] auf Cosmiq.de, der „Frage- und Antwort-Community mit Tipps von Mitgliedern und Ratgebern":

„Prof *Kai*: Haben Polizisten Angst ... oder lernen Sie mit der Situation umzugehen und sich zu wehren???? (Ich meine, wer schafft es schon z. B. einen Kickboxer mit Messer oder anderen Waffen „fertig" zu machen. Oder irgendein Drogen-Gang. Da bekommt man doch ein bisschen Angst)

Smoky: Sicher haben sie Angst, doch durch die Schulung werden sie nicht von der Angst gelähmt, so wie es vielen Bürgern gehen würde. Ohne Angst gibt es auch keine Vorsicht und Umsicht. Das gehört mit zum Beruf.

Engel-der-Nacht: Ich denke schon, es sind ja auch nur Menschen in einer Uniform

Momoali: Klar haben die auch Angst, sind ja schließlich auch Menschen. Nur die lernen es ihre Ängste nicht zu zeigen.

Brennnesseltee: Klar haben die auch angst. das sind normale menschen wie du und ich. aber ihnen wird es beigebracht, sich in solchen situationen einigermaßen richtig zu verhalten. in der fahrschule lernt man deswegen, dass man bei polizeikontrollen beide hände am lenkrad haben muss, damit der polizist sie sehen kann. die polizei hat es echt nicht immer leicht ...

Chantall28: Sie werden direkt für solche Situationen ausgebildet und dürfen zur Not auch Gebrauch von der Waffe machen, wenn die eigene Gesundheit oder deren Leben auf dem spiel steht ...!!!

Marat: Selbstverständlich haben auch Polizisten Angst, sonst wären sie leichtsinnig und unvernünftig. Angst ist eine notwendige Reaktion des Körpers. Es kommt darauf an, in Gefahrensituationen das Richtige zu tun. Man sollte annehmen, dass Polizisten darauf trainiert sind.

Fritty2010: ja bei manchen Finsätzen ist auch Angst dabei. das ist aber nichts schlimmes, sondern eher vorteilhaft, da es einem vorsichtiger werden lässt und die Sinne schärft bei möglichen Gefahrensituationen."

Im Internet-Chat Urbania.de beschreibt eine junge Frau, ihre „Angst um meinen Mann, er will zur Polizei": „Hallo, ich bin neu hier und habe gleich eine frage. Mein Mann will unbedingt zur Polizei, ich halte das aufgrund der Tatsache, dass wir zwei kleine Kinder haben (5 und 2) nicht für eine gute Idee, aber mit meinem Mann kann man nicht reden, er ist einfach so stur. Was könnte ich noch machen um Ihn von diesem Vorhaben abzubringen, ich habe keine Lust so früh witwe zu werden. Polizist ist doch ein gefährlicher Beruf oder? LG Martina"[116]

Eine Antwort erhielt die junge Frau nicht. Viele Polizisten müssen jeden Tag Angst davor haben, angegriffen, verletzt oder gar erschossen zu werden. Nur diese Angst macht sie wachsam. Nur diese Angst rettet ihr Leben ...

75 Hass-Aufruf gegen Polizisten in Berlin

Polizisten haben viel erlebt. Sie werden angepöbelt und angegriffen, sie werden ironisch angemacht oder angefeindet. In einer beschaulichen Stadt wie Passau ist das Verhalten der Bevölkerung allerdings in der Regel noch gemäßigt. Mitarbeiter der Polizei, die in den deutschen Großstädten ihren Dienst verrichten, sind da anderes gewohnt. In Berlin etwa gibt es eine radikale Szene, die auch vor Gewaltaufrufen gegen die Polizei nicht halt macht. Besonders gewalttätig geht es bei Demonstrationen zu. Im Januar 2011 etwa wurden über 60 Polizisten bei der Räumung eines besetzten Hauses in der Liebigstraße in Berlin-Friedrichshain verletzt. Die Gegner der Polizei agierten so gewalttätig, als hätten sie eine Broschüre studiert, die in der linksautonomen Szene der Bundeshauptstadt seit Längerem kursiert. Anonyme Autoren geben Anleitung, wie man Polizisten besonders wirksam angreift.

„Hass-Aufruf gegen Polizisten", titelte der Berliner Kurier, „so werden unter anderem Schwachstellen an den Schutzpanzern von Polizisten explizit aufgeführt. Zudem weisen die Verfasser daraufhin, dass die Brustpanzer der Polizisten zwar das Risiko von ‚schweren Verletzungen bei Steinwürfen' minimieren, dennoch mit ‚Prellungen und Blutergüssen' zu rechnen sei, sollte man einen Polizisten mit einem Stein treffen. In einer weiteren Hass-Passage wird darauf hingewiesen, dass ein Mannschaftswagen der Polizei ‚aufgrund seines höheren Schwerpunkts und der damit verbundenen Möglichkeit des Aufschaukelns nicht schwerer als ein normaler PKW umzuwerfen' sei."

Das aufwendig gestaltete Dokument trägt den Titel „Polizeibericht Berlin 2010 – Ausrüstung, Strukturen, Einsatztaktik, Hintergründe, Analysen, Kritik"[117] und deckt auf 120 Seiten angebliche Schwachstellen in der Ausrüstung der Polizei auf und bietet detaillierte Hinweise zu den Vorgehensweisen der Polizei bei Demonstrationen. „Das ist ein typischer Zugriff", schreiben die anonymen Autoren in ihrer Kampfkatalog,[118] „ohne Vorwarnung überwindet ein Greiftrupp die Distanz zwischen ihm und der Person, die zuvor als Ziel ausgemacht wurde. Die beiden Bullen, die sie zuerst erreichen, haben die Aufgabe, sie zu greifen und damit festzunehmen. Dem Rest des Greiftrupps, der folgt, kommt die Aufgabe zu, die Festnahme nach dem Aufschließen nach außen hin abzuschirmen ..."

Die Folgen solcher Leitlinien für das Verhalten bei Demonstrationen unter politischen Kriminellen sind Horrorszenarien wie bei den Krawallen gegen die geplante Räumung des besetzten Hauses in Berlin-Friedrichshain. 60 verletzte Polizeibeamte, eingeschlagene Fensterscheiben und kaputte Autos: Das ist die Bilanz nach den Krawallen bei einer Demo der linken Szene.

„Der deutsche Staat hat sein Gewaltmonopol weitgehend aufgegeben", schreibt der Publizist *Henryk M. Broder* in sei-

ner Kolumne „Vorsicht Broder" im Mai 2011 auf „Welt-online",
„... in Berlin treiben abwechselnd Autonome und Rechtsradika-
le die Polizei vor sich her".[119]

„Steine, Tritte und Fäuste gegen 650 Beamte", schrieb die
Berliner Tageszeitung BZ, „die neuen Gewaltexzesse lösten unter Abgeordneten Entsetzen aus."

Die Gewaltausbrüche der linksextremistischen Szene an-
lässlich der Räumung des besetzten Hauses in Berlin hatten
nach Beobachtung der Gewerkschaft der Polizei eine weitere Eskalationsstufe erreicht. Der GdP-Vorsitzender *Bernhard
Witthaut* mahnte: „Mit welcher Brutalität und Menschenver-
achtung Polizisten und neuerdings auch Pressevertreter und
Passanten angegriffen werden, ist unbegreiflich."

Eine solche Entwicklung sei allerdings nicht verwunderlich,
so der GdP-Vorsitzende, wenn eine Minderheit, die brachial
fremdes Eigentum für sich reklamiert, politische Unterstützung erhält: „Wer solchen linksextremistischen Gruppen politischen Rückhalt gewährt, trägt eine Mitverantwortung für
diese Gewaltausbrüche ... Es wird Zeit, dass die friedlichen
Bewohner einer Großstadt den marodierenden Gewalttätern
eine deutliche Absage erteilen und die Polizei kooperativ unterstützen. Brandanschläge auf Autos, Anschläge auf Immobi-
lien, Zerstörung von öffentlichen Einrichtungen und Aufrufe
zum Vandalismus richten sich gegen alle, die ihrer Arbeit nach-
gehen, ihre Familien ernähren und einen bescheidenen Wohlstand sichern wollen."

Berlins Innensenator *Ehrhart Körting* sorgte sich ebenfalls
wegen der Gewalt gegen Polizisten, denn die Beamten wurden mit Pflastersteinen, Glasflaschen, Feuerwerkskörpern
und mit Farbeiern beworfen: „Zu allererst denke ich an unsere
Polizeibeamten, die angegriffen wurden, weil sie die Ordnung
aufrechterhalten ... Die gewalttätigen Angriffe zeigen, dass es
vielen Demonstranten – nicht allen – nicht wirklich um alter-
native Wohnprojekte geht, sondern um Krawall und Gewalt ...

Auch diejenigen, die nur demonstrieren wollen, werden mitverantwortlich, wenn sie sich nicht unmissverständlich von Gewalttätern abgrenzen."[120]

Genau so brutal wie die linken gehen aber auch immer wieder rechte Chaoten bei ihren Angriffen gegen die Polizei vor. In Wuppertal kam es im Januar 2011 am Rande eines Umzugs von Rechtsextremen zu Gewaltausbrüchen. 14 Polizeibeamte wurden verletzt, 140 Demonstranten in Gewahrsam genommen, 21 wegen Körperverletzung und anderer Delikte vorläufig festgenommen, so die Polizei.

82 verletzte Polizisten waren nach Straßenkämpfen im Februar 2011 in Dresden zu beklagen. Tausende Gegendemonstranten hatten einen Neonazi-Aufmarsch in Dresden verhindern wollen. Nach Polizeiangaben nahmen an den Gegendemonstrationen 12 500 Menschen aus dem gesamten Bundesgebiet teil, außerdem rund 3 500 gewaltbereite Linksautonome. Daneben zählte die Polizei im Stadtgebiet rund 3 000 Rechtsextremisten, darunter 1 000 gewaltbereite Neonazis. Die Polizei war mit 4 500 Beamten im Einsatz. Insgesamt wurden 78 Menschen in polizeilichen Gewahrsam genommen. Die Polizei zählte allein auf ihrer Seite 82 Verletzte, darunter sieben Schwerverletzte ...

76 Angriffe gegen unsere Gesellschaft

Keine guten Aussichten für die Sicherheitslage bei der Polizei. Im Jahr 2010 werden in Deutschland 27 180 politisch motivierte Straftaten gemeldet. Das ist ein Rückgang von fast 20 Prozent gegenüber dem Vorjahr, heißt es in einer Pressemitteilung des Bundesinnenministeriums[121] – aber immer noch viel zu viel. Häufig sind auch Polizisten unter den Opfern.

„Jeder Übergriff auf Polizisten ist auch ein Angriff gegen unsere Gesellschaft, und wir müssen ein deutliches Stoppzeichen dagegen setzen", mahnt der Berliner Innensenator *Ehrhart Kör-*

ting bereits im Oktober 2009 im Interview mit der Tageszeitung B.Z.[122]: „Derartige Angriffe machen mir und den Innenministern der anderen Bundesländer Sorge."

Es gebe nicht nur eine deutliche Zunahme linksextremistischer Gewalttätigkeiten. „Ebenso lässt sich eine höhere Gewaltbereitschaft von Jugendlichen mit Migrationshintergrund feststellen", sagt der Innensenator. Das dürfe man „nicht schönreden und wegdiskutieren". Er warnt aber auch vor „zu einfachen Erklärungsmustern". *Körting*: „Wir brauchen in allererster Linie Prävention. Wir brauchen die gesellschaftliche Ächtung der Gewalt auch bei linksextremistischer Gewalt. Es gibt keine politische Rechtfertigung für Gewalt!"

„Trotz des Rückgangs darf die Gefahr durch die politisch links motivierte Kriminalität nicht unterschätzt werden. Sowohl bei den Straftaten als auch den Gewalttaten gab es in diesem Bereich jeweils die zweithöchsten Werte seit 2001. Erstmals sind sogar mehr Personen durch linke als durch rechte Gewalt verletzt worden. Dabei haben sich die unmittelbaren Angriffe auf Leib und Leben zum einen gegen Polizeikräfte und zum anderen gegen den politisch rechtsextremen Gegner gerichtet. Daher war es richtig, auch Maßnahmen zur Bekämpfung linker Gewalt und gegen gewaltbereiten Linksextremismus zu ergreifen. Diese werden wir kontinuierlich umsetzen", erklärt der Bundesminister des Innern *Dr. Hans-Peter Friedrich.*[123]

Sorge bereitet dem Innenminister der erneute erhebliche Anstieg der gegen die Polizei – Beamte, Einsatzmittel und polizeiliche Einrichtungen – gerichteten Straftaten um insgesamt 31,7 Prozent: „Die gegenüber Polizeikräften verübten Körperverletzungen sind um 14,2 Prozent gestiegen. Solche unmittelbaren Angriffe erfolgten vermehrt im Zusammenhang mit Demonstrationen. Nach wie vor sind die bei weitem meisten Straftaten gegen die Polizei und tätlichen Angriffe gegenüber Polizeikräften auch wieder im Bereich der politisch motivierten Kriminalität zu verzeichnen."

Die Gewerkschaft der Polizei reagiert auf die neusten Entwicklungen und forderte, den gewaltbereiten Linksextremismus in Deutschland verstärkt zu bekämpfen. GdP-Bundesvorsitzender *Bernhard Witthaut*: „Angriffe auf Polizeibeamte, Polizeifahrzeuge und Polizeiwachen haben nicht nur um ein Drittel zugenommen, sie werden auch immer brutaler wie jüngst der Anschlag mit Molotow-Cocktails auf eine Dienststelle in Berlin. Wir warnen seit Jahren vor dem Anstieg linker Gewalt." [124]

Diese Warnungen seien bisher nicht ernst genommen. Das müssten *Witthauts* Kolleginnen und Kollegen nun ausbaden ...

77 Ein Messerstich und die Polizeiliche Kriminalitätsstatistik

Im Frühsommer 2011 treffen zwei Ereignisse aufeinander, die die Dimension der Gewalt gegen Polizisten treffend zeichnen

Am 19. Mai 2011 wird die Polizei in Frankfurt gegen 8.50 Uhr durch einen Notruf alarmiert. Der Sicherheitsbeauftragte eines Job-Centers berichtet, dass eine 39-jährige Frau im Büro eines Sachbearbeiters randaliert und das Haus nicht verlassen will. Immer wieder kommt es in den Büros der Agentur für Arbeit in Deutschland zu Streitigkeiten zwischen Personal und Arbeitslosen.

Eine Streifenwagenbesatzung wird mit der Klärung der Angelegenheit beauftragt. Meistens geht auch alles glimpflich vorbei, doch an diesem Morgen kommt es zu einer Katastrophe. Als die Arbeitslose ihren Ausweis vorzeigen soll, greift sie in ihre Handtasche und holt statt der Unterlage ein Messer hervor. Ohne ein weiteres Wort sticht sie dem Polizisten die etwa 11 Zentimeter lange Messerklinge in den Bauch und verletzt ihn am Arm, als dieser eine Abwehrbewegung macht.

„Zur Abwehr dieses Angriffs machte die Polizeibeamtin nach bisherigen Erkenntnissen einmalig von der Schusswaffe Gebrauch", stellen die Staatsanwaltschaft Frankfurt und das Hessische Landeskriminalamt in einer gemeinsamen Pressemitteilung[125] fest, „die Frau verstarb rund eineinhalb Stunden später im Krankenhaus. Der Polizeibeamte ... befindet sich im Krankenhaus, Lebensgefahr besteht nicht. Über die Staatsanwaltschaft Frankfurt am Main wurde eine Obduktion der Verstorbenen, die noch heute stattfinden soll, veranlasst. Die eingeleiteten Ermittlungen, insbesondere zur Frage der Erforderlichkeit des Schusswaffengebrauchs, hat das LKA Wiesbaden übernommen."

Erst einen Tag vorher hatte Bundesinnenminister *Dr. Hans-Peter Friedrich* die aktuelle Polizeiliche Kriminalstatistik 2010[126] vorgestellt und eine positive Entwicklung gezeichnet: Die Zahl der Fälle von Widerstandshandlungen gegen die Staatsgewalt war 2010 gegenüber dem Vorjahr rückläufig und zwar um 11,3 Prozent auf 23 372 Fälle.[127]

Eine Verbesserung auf einem extrem hohen Niveau dieser Kriminalitätsform ...

78 Geiselnahmen auch hinter Gefängnismauern

Geiselnahmen von Polizisten erschrecken unsere Gesellschaft ganz besonders. Wenn jene zu Opfern werden, die uns beschützen sollen, fühlen wir uns verlassen und hilflos dem Verbrechen ausgeliefert.

Doch die Geiselnahme von Passau ist kein Einzelfall. Und sogar in den Justizvollzugsanstalten, dort, wo Verbrecher doch eigentlich machtlos und sicher verschlossen sein sollten, gelingt es Häftlingen immer wieder Bewacher in ihre Gewalt zu bringen.

Der Geiselgangster *Mike Bernstein* verbüsst jetzt seine Strafe in der Justizvollzugsanstalt Straubing. Hier wird man sicherlich besonders gut auf ihn aufpassen. Denn seine Bewacher haben im eigenen Haus bereits Ähnliches erlebt. Im April 2009 hielt ein Häftling einer 49-jährigen Beamtin plötzlich ein Messer an den Hals und nahm sie für sieben Stunden gefangen. Der Täter, der eine lebenslängliche Haftstrafe absitzen musste, verbarrikadierte sich in der sozialtherapeutischen Abteilung der Haftanstalt und gab erst spät in der Nacht auf, als er angesichts von Spezialeinheiten der Polizei von der Aussichtslosigkeit seines Handelns überzeugt wurde.

Ein anderer spektakulärer Fall ereignet sich wenige Monate später, im November 2009 in Aachen. Hier entweichen zwei Schwerkriminelle, nachdem sie einen Bediensteten als Geisel genommen haben. Auf der Flucht bemächtigen sie sich zunächst eines Taxis, anschließend nehmen sie auch noch eine Frau als Geisel und fahren in ihrem Wagen ins Ruhrgebiet, bis ihnen das Benzin ausgeht.

Die Bevölkerung wird in Rundfunkaufrufen davor gewarnt, sich den Männern zu nähern. Die wegen Mordes, Mordversuchs und Raubes zu einer lebenslangen Haftstrafe verurteilten Sträflinge hätten sich in der Vergangenheit brutal und rücksichtslos gezeigt.

Erst nach einigen Tagen werden die Ausbrecher von der Polizei verhaftet und anschließend von einem Gericht zusätzlich zu jeweils etwa zehn Jahren Haft verurteilt. Ein ehemaliger Justizbeamte, der die Flucht der beiden durch seine Hilfe erst möglich gemacht hat, wird zu vier Jahren und drei Monaten Haft verurteilt. Er hatte den beiden Häftlingen die Türen der Aachener JVA geöffnet und ihnen Waffen und Patronen gegeben.

Gewalt in Justizvollzugsanstalten kommt immer wieder vor. In Nordrhein-Westfalen etwa liegen dem zuständigen Justizministerium seit Anfang 2007 konkrete Zahlen zu Übergriffen von Gefangenen auf Bedienstete mit nachfolgender Dienstunfähigkeit vor. „Es handelt sich ausschließlich um gezielte Angriffe; nicht erfasst werden Fälle, in denen Bedienstete sich Verletzungen bei der Anwendung unmittelbaren Zwangs zuziehen, z. B. wenn ein Gefangener sich gegen ein sogenanntes Verbringen in einen besonders gesicherten Haftraum zur Wehr setzt", stellt der Pressesprecher des Düsseldorfer Justizministeriums, *Ulrich Hermanski*, fest.[128] 2007 wurden 18 Übergriffe auf Vollzugsbedienstete festgestellt. 2008 waren es 19, 2009 nur 11 und 2010 sogar nur 6 Fälle.

„Bei den Verletzungen handelte es sich vorwiegend um Prellungen, Schürfwunden und Gehirnerschütterungen. Insgesamt waren seit Anfang 2007 vier Frakturen zu beklagen (zweimal Mittelhand, je einmal Daumen und Nasenbein). Augenverletzungen trug ein Bediensteter der JVA Bielefeld-Brackwede davon, der im Februar 2008 bei der Frühstücksausgabe von einem mit heißem Wasser attackiert worden war", berichtet *Hermanski* weiter, „glücklicherweise waren in den letzten Jahren keine schlimmeren Verletzungsfolgen zu beklagen. Dies mag damit zusammenhängen, dass der Ausbildung in Sicherungstechniken zur Gefahrenabwehr besondere Aufmerksamkeit gewidmet wird."

Die Bediensteten des Justizvollzuges in Nordrhein-Westfalen werden regelmäßig in Selbstverteidigungstechniken geschult, um im Falle tätlicher Angriffe durch Gefangene professionell reagieren zu können. Die Ausbildung der Bediensteten in den sogenannten Sicherungstechniken zur Gefahrenabwehr ist Bestandteil der Ausbildung für die Laufbahn des allgemeinen Vollzugsdienstes und des Werkdienstes und wird als eigenständiges Fach unterrichtet, informiert das NRW-Justizministerium[129]. Es existieren interne Richtlinien über die regelmäßige Schulung des allgemeinen Vollzugsdienstes und des Werkdienstes, welche die Ausbildungsinhalte vorgeben.

Diese Richtlinien sind geheim, damit sich nicht ein potenzieller Ausbrecher auf die Sicherheitsmethoden des Personals der Gefängnisse einstellen kann. Sie sind ausschließlich für den Dienstgebrauch bestimmt und eine Weitergabe an Dritte ist wegen der damit verbunden möglichen Sicherheitsrisiken ausgeschlossen, schreibt das NRW-Justizministerium: Es ist allgemein vorgeschrieben, dass die Bediensteten an mindestens zwölf Übungsstunden (einer Stunde im Monat) teilzunehmen haben. Die Teilnahme ist bis zur Vollendung des 50. Lebensjahres Pflicht und danach freiwillig. Die Schulung der Bediensteten wird nur von qualifizierten und hierfür ausgebildeten Übungsleitern durchgeführt. Die Qualifikation zum Übungsleiter muss durch

Teilnahme an den Schulungsveranstaltungen der Justizakademie des Landes erworben worden und alle vier Jahre erneuert worden sein. Das Einüben der Techniken soll in Teams erfolgen, die möglichst auch in ihren Bereichen in den Justizvollzugsanstalten jeweils zusammenarbeiten.

„Die in der Justizvollzugsschule Nordrhein-Westfalen in Wuppertal ausgebildeten Übungsleiter fungieren in den Justizvollzugsanstalten als Multiplikatoren und unterweisen die Bediensteten in ihren Anstalten", heißt es in der Stellungnahme des Ministeriums, „für die Ausbildung der Multiplikatoren gibt es eine jahrelange enge Zusammenarbeit zwischen Justizvollzug und Polizei. Die im Bereich des Justizvollzuges eingesetzten Sicherungstechniken zur Gefahrenabwehr sind in Anlehnung an die Eingriffstechniken der Polizei NRW entwickelt worden und stimmen in ihren Grundzügen überein. Übungsleiter der Spezialeinsatzkräfte der Polizei nehmen regelmäßig an den Aus- und Fortbildungslehrgängen an der Justizvollzugsschule teil und tragen so dazu bei, die Ausbildungsinhalte ständig auf einem modernen Stand zu halten. Rollenspiele und der Einsatz von Videotechnik sind fester Bestandteil der Schulungen."

Kampfsport für Justizbedienstete wird immer wichtiger ...

79 Selbstverteidigungstraining für Justizvollzugsbeamte

„Der Job wird immer schwieriger, da Respektlosigkeit und Gewaltbereitschaft gegen Polizei- und Justizbeamte immer größer werden", sagt Selbstverteidigungstrainer *Marcus Lange* aus Peine[130], „Polizei und Justiz haben dieselbe Klientel. Durch gute Zusammenarbeit kann man gefährliche Situationen vermeiden."

Vor allem unter Alkohol- und Drogeneinfluss sinke die Hemmschwelle. Auch das abstumpfende Schmerzempfinden sei ein Problem für die Beamten, denn wer keine Schmerzen spüre, leiste immer weiter Widerstand.

Da helfen nur ausgefeilte Techniken der Selbstverteidigung, denn einfach zuschlagen und treten hilft meistens nicht weiter. Ohnehin erwartet die Bevölkerung von den Strafvollzugsbeamten einen kompetenten Umgang mit der Gewalt. Um das zu schaffen, hat sich bereits ein Markt für Deeskalations- und Selbstverteidigungsexperten entwickelt. Da werden etwa Seminare zur psychologischen Deeskalation oder zu Kommunikation und Umgang mit aggressiven Personen angeboten. Die Trainingsangebote richten sich sowohl an Mitarbeiter der Justiz, aber auch an Sachbearbeiter kommunaler Behörden oder Fachkräfte im Gesundheitswesen, die ebenfalls immer häufiger unter der Gewalt ihrer Klientel leiden.

„Erkennen, Einschätzen, Entschärfen − das ist das Prinzip des psychologischen Bedrohungsmanagements. Dabei geht es darum, Eskalationsgefahren bei einzelnen Personen oder Gruppen möglichst früh zu erkennen, diese einzuschätzen und schließlich das Risikopotenzial zu entschärfen. Hinter dem psychologischen Bedrohungsmanagement steht die Erkenntnis, dass schweren Gewalttaten nahezu immer erkennbare Warnsignale vorausgehen. Hierbei handelt es sich um spezifische Verhaltensmuster, die eine stufenweise Entwicklung hin zu einem Gewaltakt charakterisieren", schreibt das „Institut Psychologie und Bedrohungsmanagement"[131] über seine Arbeit, „beim psychologischen Bedrohungsmanagement geht es also zunächst darum potenziell risikobehaftetes Verhalten zu erkennen. Im zweiten Schritt wird die auffällige Person mit speziellen Analyse-Instrumenten eingeschätzt, wieweit ein Risiko vorhanden ist und falls ja, wie hoch dieses ist. Im dritten Schritt arbeiten Fachleute verschiedener Disziplinen daran, das Risiko zu entschärfen. Häufig erfolgt dabei eine Grenzziehung in Kombination mit Unterstützungsangeboten für die bedrohliche Person. Psychologisches Bedrohungsmanagement ist ein fortlaufender Prozess, der berücksichtigt, dass das Risiko immer dynamisch ist und sich stets verändert. Deshalb sind

Analyse und Fallmanagement grundsätzlich fallbegleitend aus-gerichtet."

In den Seminaren werden psychologische Techniken ver-mittelt, mit deren Hilfe Eskalationen frühzeitig erkannt und durchbrochen werden können. Gemeinsam mit den Teilneh-mern erarbeiten die Mitarbeiter des Instituts ein Verhaltens-repertoire für unterschiedliche Situationen und vertiefen das Erlernte dann in Rollenspielen und am Beispiel von Videoana-lysen.

Besondere Bedeutung kommt dabei der Kommunikation als Maßnahme zur Deeskalation zu. Also das, was auch Poli-zeihauptmeister *Ralf Halbach* unternahm, indem er sich mit seinem Geiselnehmer unterhielt und versuchte, eine gemein-same Gesprächsbasis zu schaffen.

Die Teilnehmer von Deeskalationskursen lernen effektive und praxiserprobte Gesprächstechniken mit aufgebrachten Personen sowie fundiertes Hintergrundwissen zu unterschied-lichen Eskalationsentwicklungen. Auch geht es darum, etwa Beleidigungen und Aggressionen, aber auch Drohungen und bedrohliche Situationen besser abzufedern – im Gespräch mit einem Täter, aber auch hinterher, wenn man nach einer Ge-waltattacke mit sich ganz alleine ist ...

80 Im Internet diskutieren die Bürger die Probleme

Untersuchungen zeigen, dass es häufig junge Bundesbürger oder ausländische Mitbürger sind, die Gewalt gegen Polizisten verüben. In Balingen wurden Anfang 2011 eben durch genau diese Personengruppen gleich mehrere Polizisten bei einem Einsatz schwer verletzt. Für die Polizei hatte es nach einem Routineeinsatz ausgesehen – Streit in einer Gaststätte.

Der Ton der gemeinsamen Pressemitteilung[132] der Staats-anwaltschaft Hechingen und der Polizei in Balingen war zwar sachlich-nüchtern, aber er machte in aller Kürze die Dramatik des Ereignisses deutlich: „Am Samstagabend, 26.2.2011, gegen 23 Uhr, war es vor einer Gaststätte in der Balinger Bahnhofstraße zu einer Gewalteskalation gegenüber Polizeieinsatzkräften gekommen. Dabei wurden insgesamt sechs Beamte zum Teil schwer verletzt. Gegen die Polizei hatten sich mehrere gewaltbereite Personen gestellt. Zwei von bisher insgesamt fünf ermittelten Tatverdächtigen traten bzw. schlugen besonders rücksichtslos mit Füßen und Fäusten auf die zunächst nur mit wenigen Beamten vor Ort befindlichen Polizisten ein. Die Kriminalpolizei hat am Montag der vergangenen Woche die Sachbearbeitung des Geschehens übernommen und zwischenzeitlich durch intensive Ermittlungen und Vernehmung der Geschädigten und weiterer Zeugen den Sachverhalt verifizieren können. Danach ergab sich der dringende Verdacht, dass die beiden Haupttäter, zwei Brüder im Alter von 23 und 24 Jahren, nicht ‚nur' gefährliche Korperverletzung sondern einen versuchten Totschlag begangen haben dürften, indem sie mit den Füßen gegen den Kopf eines Polizisten traten, der bereits auf dem Boden lag. Auf Antrag der Staatsanwaltschaft Hechingen erließ der Haftrichter beim Amtsgericht Hechingen Haftbefehl, worauf die Beschuldigten am Montag festgenommen und dem Haftrichter vorgeführt wurden. Der Haftbefehl wurde in Vollzug gesetzt und die Beschuldigten in Justizvollzugsanstalten eingeliefert. Die kriminalpolizeilichen Ermittlungen dauern weiter an."

Hinter dieser nüchternen Darstellung steht eines der erschütterndsten Ereignisse im Zusammenhang mit Jugendgewalt in Balingen. „Revier und Direktion scheint der Schock in den Knochen zu stecken, wie wir gestrigen Schilderungen entnehmen konnten. Die Beamten hatten am Samstagabend eine nie zuvor da gewesene Gewalt und Brutalität ihnen gegenüber erfahren, bestätigt Balingens Polizeipressesprecher *Peter Mehler*", schrieb der Zollern-Alb-Kurier, „auch gestern noch wurde einer der verletzten Beamten wegen seiner Kopfverletzungen stationär im Balinger Krankenhaus behandelt – mit Fußtritten war er von randalierenden Jugendlichen am Kopf verletzt worden. Alles habe sich binnen weniger Minuten zugetragen, wiederholt *Mehler* die Schilderungen seiner Kollegen. Schnell sei der Spuk auch wieder vorbei gewesen. Erschreckend sei die Situation am Samstagabend auf der Balinger Bahnhofstraße gewesen: Während eine Gruppe deutlich angetrunkener Jugendlicher sich mit den Polizeibeamten prügelte, seien diese von umstehenden Landsleuten (wohl allesamt osteuropäischer Herkunft) angefeuert worden. Diese vermeintlichen „Zuschauer" hätten schließlich auch im Handgemenge mitgemischt, hätten versucht, die Beamten an der Festnahme einzelner Personen zu behindern."[133]

Die Auseinandersetzung hatte begonnen, als zwei alarmierte Polizeibeamte vor und in einer Gaststätte zunächst einen Streit zwischen Gästen schlichten wollten. Ein 24-Jähriger beleidigte dabei einen Polizisten. Als die Polizei die Personalien des jungen Mannes feststellen wollte, schlug dessen Bruder einen Polizisten nieder und traktierte ihn mit Fußtritten und durch Schläge mit einem Bierkrug. Ein Polizisten-Ehepaar, dass zufällig vorbei kam, unterstützte die Kollegen. Doch auch diese Unterstützung half nicht. Denn nun schlossen sich noch mehr Personen zusammen und griffen die Polizeibeamten an. Erst mit Unterstützung weiterer Streifenwagen-Besatzungen konnte die Polizei schließlich Herr der Lage werden. Dabei setzten die Beamten auch Pfefferspray und einen Polizeihund ein.

Engagiert waren die 73 Kommentare, die die Leser des Zollern-Alb-Kurier nach der Berichterstattung der Tageszeitung auf die Internetseite schrieben. Ereignisse wie diese, an denen Ausländer oder Migranten beteiligt sind, führen in den Internetforen der Medien immer wieder auch zu rechtsradikal geführten Integrationsdebatten. Doch darüber hinaus gibt es auch besonnene Stimmen, die darauf hinweisen, dass die Angriffe auf die Polizei eine für die gesellschaftliche Ordnung bedenkliche Entwicklung sind.

So bedauerte ein Schreiber namens „OK" im Internet-Auftritt des Zollern-Alb-Kuriers, dass „hier sechs Menschen, die ihrer wichtigen und gefährlichen Arbeit zum Schutze des Bürgers nachgegangen sind, teilweise schwer verletzt worden sind". Ein „*Siegfried Graf*" fragte: „Wo führt solche Gewalt noch hin? Es macht mich traurig und zutiefst erschüttert, mit welcher Brutalität diese Täter hier gegen unsere Polizisten im Einsatz vorgegangen sind. Aber ein tolles Beispiel, wie auch hier die viel gepriesene Integrationspolitik immer wieder versagt, wenn nicht einmal mehr gegenüber streitschlichtenden Polizeibeamten der notwendige Respekt vorherrscht und die Schläger von umstehenden und gröhlenden Landsleuten beim menschenverachtenden Einsatz äußerster Gewalt sogar noch angefeuert und unterstützt werden. Der Respekt gegenüber anderen Mitgliedern der Gesellschaft fehlt bei vielen ohnehin. Vielleicht sollte die Polizei dieser brutalen Entwicklung in solchen Fällen auch mit gleicher Härte – notfalls mit Waffengewalt – entgegentreten. Wenn schon das Auftauchen der Polizei keinerlei Respekt mehr mit sich bringt, hilft auch gutes Zureden schon lange nichts mehr. Schade aber Tatsache. Bleibt eigentlich nur zu hoffen, dass sämtliche Täter für ihre Handlungen wenigstens zur Rechenschaft gezogen werden – leider wurden sie aber nicht einmal dem Haftrichter vorgeführt. Traurig – aber wohl wahr. Bis zur nächsten Schlägerei – womöglich dann mit schlimmeren Folgen ..."

81 Nicht alle verletzten Polizisten erhalten Beistand

Im Gespräch mit Opfern von Straftaten erfährt man, wie wichtig es für die Geschädigten ist, dass die Täter verurteilt und bestraft werden. Erst ein Gerichtsurteil setzt für viele Opfer einen ordentlichen Schlusspunkt und hilft Ihnen mit den Folgen der Tat vor allem seelisch besser zurecht zu kommen. Doch darüber hinaus fühlen sich manche Betroffene allein gelassen, wissen nicht um ihre Rechte und welche Möglichkeiten sie haben, etwa Entschädigungen oder Schmerzensgeld einzuklagen.

Vielfach erhalten betroffene Polizisten durch ihre Dienststellen Rechtsberatung und Beistand. Doch das ist nicht überall der Fall. Polizeihauptmeister *Ralf Halbach* etwa setzt seine Ansprüche mit Unterstützung eines privat engagierten Rechtsanwaltes durch, andere finden Unterstützung in ihren Gewerkschaften oder Standesvertretungen: der Gewerkschaft der Polizei, der Deutschen Polizeigewerkschaft oder dem Bund deutscher Kriminalbeamter.

So bietet die Gewerkschaft der Polizei einen Rechtsschutz, die jede Polizistin und jeder Polizist bei Streitfällen aus dem Dienst- bzw. Arbeitsverhältnis benötigt. Das umfasst auch zivilrechtliche Verfahren, wenn beispielsweise „während eines Einsatzes Kolleginnen und Kollegen bei einer Widerstandshandlung verletzt werden. Geklagt wird dann gegen den Verursacher auf Schadensersatz und Schmerzensgeld". Häufig kommt es auch nach Erfahrungen der Gewerkschaft vor, dass Festgenommen oder Beteiligte an einem polizeilichen Einsatz Strafanzeige gegen Einsatzkräfte stellen – auch das ist ein Fall für den GdP-Rechtsschutz[134].

Der Mönchengladbacher Polizist *Michael Frehn*, den ein 21-Jähriger bei einem nächtlichen Einsatz krankenhausreif getreten hatte, erhielt Rechtsschutz durch die Gewerkschaft der Polizei und ließ sich im Prozess gegen den Täter als Nebenkläger von dem Wuppertaler Rechtsanwalt *Florian Hupperts* vertreten. Er kennt die rechtlichen Hürden, die ein Polizist bei einer Gewalttat gegen ihn überwinden muss, und hat Polizisten in etlichen Gerichtsverfahren vertreten.

„Polizeibeamte im Dienst haben selbstverständlich genauso ein Recht auf körperliche Unversehrtheit wie jeder andere Bürger auch. Werden Sie angegriffen und dabei verletzt, so können Sie ein Schmerzensgeld fordern. Dieses stellt in vielen Fällen, jedenfalls bei der noch geltenden Gesetzeslage, eine fühlbarere

Sanktion für den Angreifer dar als ein Strafverfahren, das wegen Geringfügigkeit eingestellt wird. Insbesondere in Fällen, in denen die Beamten Kontakt mit dem Speichel oder dem Blut des Angreifers hatten und dieser mit einer ansteckenden Krankheit infiziert war, sprechen die Gerichte auch bei ansonsten eher geringen Verletzungen durchaus ansehnliche Schmerzensgeldbeträge zu", schreibt *Hupperts* auf der Internetseite seiner Kanzlei GKS, „soweit der Beamte aufgrund des Vorfalls Dienstunfallfürsorge nach dem Beamtenversorgungsgesetz erhält, gehen seine Schadensersatzansprüche gegen den Schädiger auf den Dienstherrn über. Da der Beamte aber im Rahmen der Dienstunfallfürsorge kein Schmerzensgeld erhält, kann er dieses gegenüber dem Schädiger selbst geltend machen. Als weitere Schadenspositionen kommen zum Beispiel Besoldungsausfälle, etwa im Bereich einer entgangenen Zulage für den Dienst zu ungünstigen Zeiten, in Betracht."

Hupperts[135] weiß um die Probleme der Polizisten: „Die Gewalt gegen Polizeibeamte nimmt zu. Seit einiger Zeit findet auch in der öffentlichen Diskussion zunehmend Beachtung, dass Polizeibeamte immer häufiger in Ausübung ihres Dienstes körperlich angegriffen werden. Um diesem verhängnisvollen Trend entgegenzuwirken, setzt sich die GdP für die Änderung des Strafrechts in diesem Bereich ein. Derzeit werden die Täter durch die bestehende Regelung des Widerstands gegen Vollstreckungsbeamte im Strafgesetzbuch sogar noch privilegiert. So kommt es insbesondere bei Ersttätern fast regelmäßig vor, dass Ermittlungsverfahren gegen die Täter von den Strafverfolgungsbehörden gem. § 153 StPO und damit ohne fühlbare Sanktion eingestellt werden."

Für *Hupperts* ist dieser Umstand „extrem unbefriedigend für Beamte, die auf der Straße jeden Tag ihre Knochen hinhalten müssen ..." Und so gibt auch die Gewaltstudie des Kriminologischen Forschungsinstituts Niedersachsen Anlass zum Nachdenken.

„In besonders negativer Weise schildern die befragten Beamten den von ihnen empfundenen Ausgang der durchgeführten Strafverfahren. Fast jedes dritte Strafverfahren wird eingestellt, mit Art und Umfang der strafrechtlichen Reaktion sind die Beamten unzufrieden", schreibt *Sascha Braun*, Leiter der Abteilung Kriminalpolitik, Recht und Internationales beim Bundesvorstand der Gewerkschaft der Polizei, über die Erfahrungen der Polizisten, „selbst bei Übergriffen, bei denen es zu mindestens sieben Tagen Dienstunfähigkeit gekommen ist, finden sich zu 27,1 Prozent Verfahrenseinstellungen. Bei weiblichen Tätern wird das Verfahren deutlich häufiger eingestellt als bei männlichen. Die Einstellung von Verfahren bewerten 85,5 Prozent der befragten Kolleginnen und Kollegen als falsch. Bei Urteilen nach dem Allgemeinen Strafrecht wurden in 50 Prozent der Fälle Geldstrafen verhängt, Freiheitsstrafen ohne Bewährung wurden bei Jugendlichen zu 17 Prozent und bei Erwachsenen zu 15,3 Prozent angeordnet. Wenn es zu einer Verurteilung des Täters gekommen ist, haben 61,6 Prozent der Beamten die Meinung vertreten, dass die Strafe zu milde sei ..."[136]

Solche negativen Beurteilungen überraschen nicht. Immer wieder sehen sich Opfer von Gewalttaten später sogar in die Rolle eines „Angeklagten" gedrängt. Wie das passiert, schildert die Autorin *Bettina Zietlow* in einem Fallbeispiel zur Studie „Gewalt gegen Polizeibeamte"[137]: „Ein durch viele Dienstjahre im Bereich der Verkehrspolizei sehr erfahrener Beamter beaufsichtigte am frühen Morgen alleine ein Gerät zur Geschwindigkeitsmessung. ‚Aufgrund der Personalstärke' sei dies regelhaft so vorgesehen, da nicht ‚zwei Polizisten ein Gerät bewachen' müssten. Um nicht gesehen zu werden habe Herr B. sein Dienstfahrzeug ‚etwas zurück gesetzt im Wald geparkt'. Er habe einen Bericht geschrieben, als er beobachtet habe, wie sich eine Person mit einem Messer an dem Gerät zu schaffen machte und – erfolgreich – versucht habe, ein Kabel zu durchtrennen. Nachdem er die Person angerufen und sich zu ihr begeben hatte, sei er sogleich mit einem Messer bedroht worden. Die Person habe sich derart schnell auf ihn zu bewegt, dass er aufgrund der geringen Distanz und dem vorgehaltenen Messer nicht mehr mit Schusswaffe oder Pfefferspray habe reagieren können. Ihm sei ‚in Todesangst durch den Kopf gegangen', um was für ein Messer es sich handeln müsse, wenn sich damit ein zentimeterdickes Kabel durchtrennen lasse. Für ihn völlig überraschend habe sich der Mann nun jedoch abgewandt und sei – mit dem Messgerät – weggelaufen. Herr *B.* habe nun einen Notruf abgesetzt und sei ihm erfolglos mit dem Auto gefolgt. Es habe 20 Minuten gedauert, bis die Kollegen, die sich schnellstmöglich auf den Weg gemacht hätten, vor Ort gewesen seien. Das Messgerät sei ‚später' ohne Filmkassette gefunden worden."

Bettina Zietlow stellt fest, dass dieses Erlebnis für den Polizisten neben der erlebten Hilflosigkeit und Todesangst aus weiteren Gründen besonders traumatisch gewesen sei: So habe es lange Zeit gedauert, bis Kollegen zur Unterstützung vor Ort gewesen sei. Ursache dafür wäre eine dünne Personaldecke gewesen. *B.*: „Ich hatte das Gefühl, ganz alleine zu sein und keine Hilfe zu bekommen."

Wozu sicherlich auch weiteres Verhalten von Kollegen beigetragen hat: Der Vorgesetzte sei zwar vor Ort gewesen, habe jedoch weder am Tatort noch später mit ihm gesprochen. Ermittelnden Kollegen hätten ihm zudem nahe gelegt, „doch endlich zuzugeben, dass er eingeschlafen sei".

Offensichtlich nahm niemand eine mögliche Schädigung wirklich ernst: Der Polizist musste vier Wochen auf einen Termin bei einem Polizeipsychologen warten ...

82 Ralf Halbach möchte keine Aufregung mehr

Was ist wichtig für einen Menschen, der dem Tod so knapp entronnen ist wie *Ralf Halbach*? Was hilft über ein gerechtes Gerichtsurteil und eine Bestrafung des Täters hinaus?

Der 49-jährige Polizist muss nicht lange überlegen: „Für mich ist das Harmoniebedürfnis wichtig. Ich möchte keinem Streit mehr ausgesetzt sein. So versuchen wir in der Familie, dass wirklich alles harmonisch abläuft, dass es nicht zum Streit kommt, das keine Situation eskaliert, dass man sich nicht unnötig aufregt."

Es hilft dem Polizisten, der dem Tod so nahe war, sein Leben wieder in den Griff zu bekommen, „wenn alles in geordneten, ruhigen Bahnen verläuft. Keine Aufregung mehr."

Seine Ehefrau und seine vier Kinder im Alter zwischen 16 und 26 Jahren akzeptieren das. Zwei Kinder leben nicht mehr zuhause, die beiden anderen richten sich mit den neuen Gegebenheiten ein.

Halbach kann zum Beispiel aber auch keine „Knallerei" mehr im Fernsehen verfolgen: „Es gab eine Zeit, da konnte ich kein Polizeiauto vorbeifahren sehen. Alles, was mit der Polizei zu tun hatte, war für mich ein rotes Tuch."

Halbach hat Ängste, die er aber als normales Empfinden, als Schutzreaktion betrachtet: „Das beste Beispiel: Ich habe nicht mal mehr meine Dienststelle besuchen können. Im Zuge der ärztlichen Behandlung riet mir der Arzt, ich müsste die Dienststelle, den Tatort, so oft wie möglich aufsuchen. Ich war im Sommer zweimal mit ihm vor Ort und erst im November 2010 habe ich es geschafft, alleine in die Dienststelle zu gehen. Und da habe ich mich dann eine halbe Stunde aufgehalten. Ich habe keine Angst vor Straftaten oder so etwas. Es sind sehr persönliche Ängste. Ängste, die sich durch die Ereignisse in mir angesammelt haben und die Ich versuche abzubauen ..."

Das ist nicht leicht. Allein die Rolle als Opfer und damit auch gleichzeitig als Zeuge in einem Strafprozess birgt eine Reihe von Konflikten.

„Als Opfer musste ich mich vor Gericht ganz offenbaren. Meine Gefühle. Meine Gedanken. Das ist schon ein Druck, der auf einem lastet", sagt *Halbach*. „Obwohl für mich der Gerichtssaal nichts Neues war, fühlte ich einen Druck. So ein Opfer, das da vor

Gericht steht, muss wirklich seine persönlichsten und innersten Sachen preisgeben, die er vielleicht während der Gewalttat oder hinterher verspürt hat. Das ist nicht so einfach."

Da werden alle Erlebnisse und Schrecken einer Tatnacht noch einmal aufgewühlt, wie ein Messer schneiden dann Fragen durch die Erinnerungen des Opfers. „Dabei ist das Beenden und Abschließen mit der Tat für ein Opfer so wichtig", sagt Anwalt *Urlbauer*, „wenn das Urteil gesprochen ist, ist das ein Schlusspunkt auch für das Opfer. Das ist mehr wert als irgendein Schmerzensgeld".

Die Türe hinter der Tatnacht endlich schließen, das wünscht sich *Halbach*: „Ich möchte wieder richtig leben, mal wieder in Urlaub fahren und die Dinge des Lebens genießen können ..."

83 Ralf Halbach wird nie mehr eine Waffe anfassen

Polizeihauptmeister *Ralf Halbach* wurde ein halbes Jahr nach dem Prozess wegen der Folgen der Geiselnahme aus dem Polizeidienst entlassen und pensioniert.

Der inzwischen 50 Jahre alte Beamte ist damit nicht glücklich, aber zufrieden, weil er ohnehin nicht mehr in der Lage ist, als Polizist zu arbeiten.

Wie sein Leben jetzt weitergehen wird, dass weiß der Frühpensionär noch nicht.

Eins weiß er allerdings sicher: Er wird niemals mehr in seinem Leben noch einmal eine Waffe anfassen ...

Schlusswort:

Wir brauchen eine „Agenda Sicherheit 2020"

Deutschland braucht eine „Agenda Sicherheit 2020" – ähnlich einer großen Renten- oder Gesundheitsreform – sie sollte allerdings erfolgreicher sein.

Denn die wachsende Gewalt gegen Polizisten ist nur die Fassade vor einer strukturellen Sicherheitskrise. Polizisten wie *Ralf Halbach* erleben tagtäglich:

- Deutschlands Bürger stehen nicht hinter und zu ihrer Polizei. Sie rufen sie, wenn sie in Not sind, aber sie unterstützen sie nicht.
- Die Politiker vernachlässigen und ignorieren die Belange der Polizei. Die Aufgaben werden umfangreicher und komplizierter, trotzdem wird an Personal und Ausstattung gespart.
- Die neuen, großen Herausforderungen wie Internet- oder Europa-Kriminalität, steigender Gewalt von Ausländern und Migranten wie auch Jugendlichen, Demonstranten oder Fußballfans gegen die Polizei verlangen neue Konzepte und neue Strukturen.

Wenn wir nicht dafür sorgen, dass unsere Polizisten erstklassig ausgerüstet und ausgebildet werden und ihren Job weitgehend frei von psychischen und anderen Belastungen durch Personalmangel und damit einhergehender Arbeitsüberlastung tun können, wird sich das auf die allgemeine Sicherheitslage und somit für alle Bürger auswirken. Denn Kriminelle kennen keinen Stress, keine Arbeitsüberlastung oder Sorgen um beste Technik. Kriminelle sind ihren Verfolgern in der Regel mindestens einen Schritt voraus.

Wenn die Polizei versagt, stehen die Verbrecher an unserer Schlafzimmertür und treten ein – ohne Sorge, dass Ihnen der Rückweg durch Polizisten versperrt werden könnte. Die Frauen und Männer der Polizei sind der einzige Schutz der Bürger. Denn im Gegensatz zu Ländern wie den Vereinigten Staaten, wo die Bürger selbst bis an die Zähne bewaffnet sind, sind die Deutschen von der Polizei abhängig.

Darum sollte gelten: Für unsere Sicherheit ist das Beste gerade gut genug. Aber was heißt das?

An diesem Punkt sollten wir uns vielleicht einmal vorstellen, welche Folgen es hätte, die Polizei für ein paar Jahre stark zu minimieren oder gar ganz abzuschaffen. Die Folgen wären eine Explosion des Verbrechertums. Straßenbanden und Mafia würden schnell die Gewalt über Stadtteile, ja ganze Dörfer und Städte übernehmen. Staatliche Institutionen würden von Kriminellen in weißen Westen unterwandert oder gleich ganz übernommen. Bürgerwehren würden einen verzweifelten, aber vergeblichen Kampf gegen das Verbrechen aufnehmen.

„Dann gäbe es eine private Sicherheitsorganisation, die die Aufgabe der Polizei wahrnehmen würde. Ich glaube, wir würden dann in einer anderen Gesellschaft leben. Wir hätten möglicherweise keine demokratisch orientierte Polizei wie jetzt", zeichnet der GdP-Bundesvorsitzende *Bernhard Witthaut* ein anderes Bild, „sondern vielleicht sogar einen Staat, in dem die Polizei instrumentalisiert wäre. Ich glaube das ist eine der schrecklichsten Vorstellungen. Wir müssen alles daran setzen, dass das nicht eintritt."

Eine Utopie? Nun, Überlegungen mancher Politiker gehen in diese Richtung, etwa wenn in einem internen CDU-Positionspapier[139] darüber nachgedacht wird, ob private Sicherheitskräfte ohne hoheitliche Befugnisse in Problemvierteln für Ordnung und Sicherheit sorgen sollten.

In manchen Städten und Gemeinden wurde die Polizei bereits durch wenig qualifiziertes, oft schlecht bezahltes Personal ersetzt: Der Freistaat Sachsen beschäftigt bereits 600 freiwillige Polizeihelfer, die Präsenz zeigen und dem Bürger ein Sicherheitsgefühl vermitteln sollen.[140] Bayern, Hessen und Baden-Württemberg beschäftigen ebenfalls solche freiwilligen Mitarbeiter mit unterschiedlichen Kompetenzen. In Sachsen absolvieren die „Sicherheitswächter" gerade einmal 60 Stunden lang eine Schmalspur-Ausbildung. Dementsprechend niedrig ist oft auch ihr Verdienst: Um fünf Euro die Stunde.

Angesichts der wachsenden Gewalt gegen Polizisten erinnert diese Discount-Sicherheit eher an die Kapitulation des Staates vor dem Verbrechen, als dass sie von einer notwendigen Stärke und Durchsetzungskraft zeugen. Wie sollen diese nicht ausgebildeten Kräfte mit den *Mike Bernsteins* dieser Welt klarkommen? Welt-Autor *Dominik Ehrentraut* resümiert in seinem Bericht „Wenn der Staat Laien statt Polizisten auf Streife schickt": „Die Polizei steht in dem Konflikt, die steigenden Sicherheitswünsche der Bürger bei immer kleineren Budgets zu erfüllen. Denn Sicherheit kostet nun einmal Geld. Mit den freiwilligen Polizeihelfern wiegt sich der Bürger jedoch in trügerischer Sicherheit, da die Freiwilligen in der Regel keine Waffen tragen."[141]

Wir dürfen auch nicht vergessen: Das Verbrechen wohnt nebenan und überall. Nicht nur in Problemvierteln. Die Kriminellen haben schon heute alle Gesellschaftsschichten durchdrungen. Wir nehmen es nur nicht wahr, weil sie sich wie Chamäleons ihrer Umgebung anpassen, sich im Facebook-Milieu die Dieseljeans anziehen oder in den Millionärsvierteln die Luxuswohnung zulegen. Insgesamt zählt die Statistik heute 6,4 Millionen Straftaten im Jahr – vom Anlagebetrug bis zur Zwangsprostitution. Um das Verbrechen wirksam zu bekämpfen, bedarf es mehr qualifizierter Polizeiexperten und raffinierter Gegenstrategien und keiner schlecht ausgebildeten Hilfssheriffs.

Vor diesem Hintergrund mehren sich zudem die Zeichen, dass immer mehr Bürger den Respekt vor dem Staat und vor allem vor den Polizisten verlieren, während das Verbrechen an Durchsetzungswillen und -kraft gewinnt. Warnungen vor einer wachsenden Ausländer- und Migrantenkriminalität gegenüber der Polizei oder der wachsenden Gewalt durch Jugendliche und junge Erwachsene gegen die Polizei sind ernst zu nehmende Alarmsignale.

Was ist zu tun?

- **Unterstützen!** Unsere Gesellschaft muss sich mit dem Beruf des Polizisten und seinen Stellenwert in unserer Gesellschaft verstärkt auseinandersetzen. Jeder Polizist ist ein Mitbürger. Die Polizei muss uns mehr wert sein, als der Verbrecher. Das sollte sich nicht in Lippenbekenntnissen erschöpfen. So haben Politiker die Pflicht, sich vor die Polizisten zu stellen und Gewalt gegen Polizisten zu diskriminieren. Im Dienst verletzten Polizisten muss unsere Sympathie und Unterstützung gehören.

- **Lernen!** Die Gesellschaft muss verinnerlichen, dass die Polizei mehr ist als nur eine Kraft gegen Kriminelle. Die Polizei ist Beschützer unserer Werte und der gesellschaftlichen Sicherheit. Wir alle müssen uns ändern. Das beginnt bei der Sprache. Wer Polizisten als „Bullen" oder „Schweine" bezeichnet, hat ihren Wert nicht erkannt.

- **Informieren!** Wir brauchen Staatsbürgerkunde im besten Sinne. Da sind nicht nur Politiker und Medien, sondern auch Deutschlands Schulen, Universitäten und andere Bildungseinrichtungen gefordert, in denen die Bedeutung der Polizei für den Einzelnen und für die Zukunft einer freien und sicheren Gesellschaft kommuniziert werden muss. Wir brauchen Diskussionen über Werte, über Gut und Böse. Kriminelle sollten auch im Film, in Büchern oder Videospielen nicht unwidersprochen mit positiven Werten besetzt sein. Was gut ist, muss wieder als gut anerkannt, was böse, klar und deutlich als böse bezeichnet werden. Die Rolle der Polizei in unserer Gesellschaft gehört auf den Stundenplan für jeden Bürger.

- **Verbessern!** Die Polizei braucht einen Image-Wandel. Das öffentliche Bild der Polizei ist dringend zu verbessern. Das kann nur gelingen, wenn die Innenministerien und die Polizei selbst verstärkt Aufklärung betreiben. Themen über Werte der Kriminalitätsbekämpfung oder über die Bedeutung der

Polizei in der Gesellschaft müssen in Pressemeldungen wie auch in Sozialen Netzwerken und in öffentlichen Diskussionen kommuniziert werden. Die Öffentlichkeitsarbeit der örtlichen Polizeidienststellen sollte ihre Aufgabengebiete renovieren und entstauben. Besser als noch eine weitere Pressemitteilung über eine Verkehrskarambolage sind eine klare Stellungnahme eines Polizeipräsidenten zu einem Übergriff auf einen Polizisten oder Tipps für Zivilcourage in Diskussionen über Polizei-Themen. Die PR-Strategen der Polizei in Bund, Ländern und Kommunen müssen der Gewalt gegen Polizisten endlich den Kampf ansagen.

–   **Reformieren!** Wir benötigen eine Sicherheitsreform, die alle Bereiche der Polizei wie auch die gesamte Gesellschaft durchdringt und aktiviert. So wie die Bundeswehr zu einer modernen Berufsarmee umgebaut werden soll, muss die Polizei zu einer modernen, schlagkräftigen Institution gegen Gewalt und Verbrechen werden. Die Politiker müssen dafür sorgen, dass die Polizei personell und materiell gut ausgestattet ist. Die eigene Sicherheit muss umfassend garantiert sein.

–   **Spezialisieren!** Polizisten müssen Spezialisten der Verbrechensbekämpfung sein. Hervorragend ausgebildete Polizeibeamtinnen und -beamte gehören auf die Straße – aber nicht um defekte Ampelanlagen durch Handzeichen zu ersetzen, sondern um Verbrecher zu stellen. Das bedeutet auch eine Reform der Aufgabenbereiche der Polizei. Verkehrsüberwachung sollte in Zukunft nur noch ein weniger wichtiger Teilbereich der Polizei sein: Stauwarnungen oder Radarfallen können auch von Ordnungskräften der Städte und Gemeinden organisiert werden, so wie heute schon die Parksituation im Straßenverkehr von Bediensteten der Ordnungsbehörden der Kommunen überwacht wird. Die Spezialisierung der Polizisten sollte so weit wie möglich gehen: So müssen etwa Polizisten mit Migrationshintergrund verstärkt eingestellt werden, um Sprachbarrieren zu überwinden und beispielsweise der wachsenden Gewalt gegen Polizisten durch Migranten und Ausländer begegnen zu können.

- **Vorbeugen!** Wir müssen verhindern, dass Polizisten den Bürgern in Zukunft aus Sorge um die eigene Sicherheit mit größter Vorsicht und erheblichem Misstrauen begegnen. Schon heute mehren sich die Zeichen etwa bei Demonstrationen und Fußballspielen, dass immer mehr Bürger zum Gefahrenpotenzial für die Polizisten werden. Es darf keine Kluft zwischen Bürgern und Polizisten entstehen. Die Gesellschaft verlangt nach einer Polizei mit einer modernen Autorität. Eine Uniform beeindruckt längst nicht mehr oder nötigt gar Respekt ab. Autorität muss neu definiert und gelebt werden.

- **Ächten!** Wer die Polizei zum Feind erklärt oder ihr Gewalt androht, ist ein Anti-Demokrat. Wir brauchen die gesellschaftliche Ächtung der Täter gleich welcher politischen Richtung oder Stellung im Land. Wer Demonstranten gegen einen Castor-Transport beispielsweise zum Schottern, also zur Beschädigung von Gleisanlagen, animiert und dadurch die begleitenden Polizeibeamten in Handlungszwang bringt, gehört an den gesellschaftlichen Pranger. Dazu bedarf es der Stimmen aller Kräfte in Deutschland. Wer schweigt, unterstützt die Gewaltbereiten. Wir müssen verhindern, dass noch mehr Polizisten Opfer von Gewalt werden. Denn wir wollen keine Polizisten, die Opfer sind. Wir wollen eine starke Polizei, die in der Lage ist, uns zu beschützen. Opfer werden in unserer Gesellschaft als schwach und hilfsbedürftig angesehen. Auch wenn es gerade die Opfer sind, die unter größten Kraftanstrengung ihr Überleben in unserer Gesellschaft sichern. Gegner der Polizei sind gesellschaftlich zu ächten und Übergriffe gegen Vollzugsbeamte des Staates sind verschärft zu bestrafen. Wer gegen die Polizei ist, schadet der Sicherheit in unserem Land. Der Staat und seine Institutionen verlieren an Autorität.

- **Vorausschauen!** Wir brauchen eine „Agenda Sicherheit 2020", um für Deutschland eine sichere Zukunft zu planen. Dafür gehören die fähigsten Experten der Nation nicht nur aus den Bereichen Kriminalität und Sicherheit, sondern auch u. a. auch Soziologen und Sozialwissenschaftler an einen Tisch. Es gilt ein neues Konzept für die Arbeit der Polizei der Zukunft zu formen und gleichzeitig sicherheitsrelevante Bereiche und Strömungen in unserer Gesellschaft zu beleuchten und zu bewerten. Neben dem Ausbau auch neuer Aufgabengebiete wie der Internetkriminalität und der Europa-Kriminalität sind die internationalen Aspekte eines wirtschaftlichen Zusammenwachsens mit allen kriminellen Auswüchsen zu erfassen und neu einzuordnen. Nicht zuletzt ist ein neues öffentliches Bild der Polizei zu gestalten.

Der Bundesvorsitzende der Gewerkschaft der Polizei, *Bernhard Witthaut*, sieht Chancen für die Zukunft: „Wir brauchen einen Masterplan zur Zukunft der Polizei. Die Bundesländer müssen in Fragen der Sicherheit mehr und intensiver aufeinander zugehen und kooperieren. Ich bin davon überzeugt, dass der Zeitraum bis 2020 eigentlich zu weit gegriffen ist, weil beispielsweise durch die Internetgesellschaft, in der wir uns mittlerweile bewegen, eine Veränderung der Straftaten jetzt sehr schnell kommt. Es wird eine Veränderung der Kriminalitätsformen geben. Es wird Veränderung geben, wie wir polizeiliche Ermittlungen vornehmen müssen. Es wird Veränderungen geben, wie wir uns im täglichen Dienst mit dieser Thematik auseinandersetzen. Das bedeutet also, wir müssen schon mal sehr genau definieren, was auf uns zukommt. Im eigenen Land, aber auch europaweit. Uns fehlt vielfach eine klare inhaltliche, strategische Ausrichtung: Wo geht die deutsche Polizei in Fragen der Sicherheit hin?"[142]

Dank der Gewaltstudie der GdP und einer Mehrheit der Bundesländer und einiger Zahlenwerke der Polizei kann heute niemand mehr abstreiten, dass die Gewalt gegen Polizisten und die bedrohlich steigende Zahl dieser Straftaten bittere Tatsachen sind. Doch jetzt wollen wir wissen, warum die Gewalt gegen Polizisten so stark zunimmt und wie sie wirksam bekämpft werden kann.

Eine generelle Strafanhebung für Täter, die Polizisten angreifen, und die Einführung eines Paragraphen 115 StGB, der einen Angriff aus dem Nichts auch dann bestraft, wenn der Beamte oder die Beamtin nicht verletzt wird, hilft insbesondere bei hinterhältigen Attacken.

Doch damit allein ist es nicht getan. Vorbeugung ist wichtig. Dazu brauchen wir unter anderem eine Befragung der Täter und eine Studie, die sich mit dem Verhältnis der Bürger zu Staat und Polizei befasst. Auf dieser Grundlage lassen sich dann Konzepte entwickeln, die voraussichtlich nicht nur die Arbeit der Polizei, sondern gewiss auch die der Bildungs-, Sozial- und der Justizbehörden tangieren werden.

Für die Aufklärung in den Schulen und anderen Bildungseinrichtungen, die Betreuung von potentiellen Tätergruppen und die schnelle Aburteilung von Tätern durch die Gerichte benötigen wir Basismaterial und Konzepte.

Ansätze dazu gibt es bereits. Erst im August 2011 sagte NRW-Innenminister Ralf Jäger: Wir müssen darauf hinwirken, dass das Handeln der Polizisten wieder mehr respektiert und wertgeschätzt wird. Aufgabe der Politik sei es, der Polizei dafür entsprechenden Rückhalt zu geben. Das Lagebild „Gewalt gegen Polizeibeamte" des Düsseldorfer Landeskriminalamtes konstatiere „zunehmende Respektlosigkeit, fehlende Anerkennung staatlicher Institutionen sowie eine niedrige Hemmschwelle bei der Gewalt gegen Polizeibeamtinnen und Polizeibeamten".

Die Täter leben in unseren Familien oder nebenan. Denn es sind nicht nur Migranten, Demonstranten oder Fußballfans – sogar ein grüner Spitzenpolitiker aus Berlin griff Polizisten an, als er bei einer Polizeikontrolle betrunken im Pkw erwischt wurde. Wir sollten unbedingt wissen, warum sich immer mehr Menschen ausgerechnet gegen jene wenden. die sie doch nur beschützen wollen. Spekulationen über die Motive – etwa über die Abneigung der 68er Generation gegenüber der Polizei, generelle Aggressionen von Migranten gegenüber Staatsorganen oder über eine Verrohung und steigende Gewaltbereitschaft der Jugend - schaffen nur noch mehr Verunsicherung und Ratlosigkeit.

Das Geld für die Studien und Konzepte ist gut investiert. Denn die Gewalt gegen Polizisten kostet den Staat viel Geld. Allein in Hamburg entstanden 2010 nur durch den Ausfall von 334 Polizisten nach Gewaltattacken Kosten in Höhe von rund 773.000 Euro. Die Kosten, die bundesweit durch Gewalt gegen Polizisten - durch den verstärkten Einsatz und den Ausfall von Polizisten, durch SachbWorte zusammenhalteneschädigungen an Ausrüstungen und Polizeiwachen wie auch durch Gerichtsverfahren und viele andere Kostenfaktoren - entstehen, dürften jährlich mehrere 100 Millionen Euro ausmachen.

Bei einer repräsentativen Umfrage[143] des Magazins „Reader's Digest" unter 33 000 Lesern in 16 Ländern Europas erzielten die Polizisten in Deutschland einen Vertrauenswert von 79 Prozent und überflügelten damit ihre europäischen Kollegen um rund 20 Prozent und die Pfarrer und Priester im eigenen Land gar um 40 Prozent. Das ist ein Spitzenergebnis und eine gute Basis für eine vertrauensvolle Zusammenarbeit zwischen Polizei und Bürgern.

Aber: Vertrauen ist gut – Engagement, Aufklärung und Unterstützung ist angesichts der veränderten Anforderungen wichtiger …

Anhang

Große Teile dieses Buches basieren auf Gespräche und Interviews mit dem Geiselopfer, Betroffenen, Experten und Insidern. Einige wollten namentlich nicht genannt werden, was ich selbstverständlich respektiert habe.

Für Berichte, Nachrichten, Studien und Statements wurden die Quellen im Anhang aufgeführt.

Die Fakten in diesem Buch sind nach bestem Wissen und Gewissen recherchiert und wiedergegeben worden.

Allerdings lassen Verbrechen und gesellschaftliche Entwicklungen, wie sie in diesem Buch geschildert werden, vielfältige Interpretationen zu. Für viele Taten beispielsweise gibt es nicht nur eine Wahrheit, sondern mehrere. Täter sehen ihre Verbrechen häufig anders als die Opfer. Strafverteidiger deuten Ereignisse und Handlungen der Täter anders als Polizisten, Opferanwälte, Staatsanwälte oder Richter. Und jeder Leser wird die Geschehnisse in diesem Buch auf seine Weise einordnen.

P. J.

Quellen, Literatur, Filme

Alain: Mars oder die Psychologie des Krieges,
Düsseldorf 1983

Asendorpf, Jens: Psychologie der Persönlichkeit.
Heidelberg 2007

Bärsch, Tim/Rohde, Marion: Kommunikative Deeskalation.
Norderstedt 2008

Die Zeit: Die Jahre des Terrors.
In: Zeit Geschichte. Heft 3/2007.
Hamburg 2007

Drosta, Martina: Ein Schuss - zwei Tote. Resümee einer Polizistin.
Leipzig 2009

Grandt, Guido: 11.3. Der Amoklauf von Winnenden,
Berlin 2010

Jamin, Peter: TV Dokumentation, Der Engel von Mogadischu,
Köln, Erstsendung WDR Fernsehen, 4. März 1995

Jamin, Peter: Opfer! Das Leben nach dem Überleben:
Verbrechen – Unglück – Katastrophe". Bergisch-Gladbach 1994

Jamin, Peter: Vermisst – und manchmal Mord.
Hilden 2007

Krauthan, Günter: Psychologisches Grundwissen für die Polizei.
München 1995

Kuhleber, Hans-Werner/Kuse, Nobert:
Musterklausuren Einsatzlehre.
Hilden 2006

Landgerichts Passau: Urteil im Verfahren gegen B.,
12.Oktober 2010, Aktenzeichen KS 104 JS 10338 aus 2009

Langmann, Peter: Amok im Kopf.
Warum Schüler töten, Landsberg 2009

Lorei, Clemens: Schusswaffeneinsatz bei der Polizei:
Beiträge aus Wissenschaft und Praxis. Frankfurt 2001

Lorei, Clemens (Hrsg.): Eigensicherung und Schusswaffeneinsatz
bei der Polizei. Beiträge aus Wissenschaft und Praxis 2009.
Frankfurt 2009

Model, Otto/Creifels, Carl: Staatsbürger-Taschenbuch.
München 2003

Muche, Mike: Ich habe getötet – Chronik eines Polizistenlebens,
Neckenmarkt Wien München 2009

Neuwirth, Dietlind: Polizeilicher Schusswaffengebrauch
gegen Personen. Hilden 2006

Ohlemacher, Thomas/Rüger, Arne/Schacht, Gabi/Feldkötter,
Ulrike: Gewalt gegen Polizeibeamtinnen und -beamte
1985–2000, Baden-Baden 2003

Uhl, Volker: Die Angst ist dein größter Feind –
Polizistinnen erzählen. München 2009

Uhl, Volker: Jeden Tag den Tod vor Augen – Polizisten erzählen.
München 2008

Ungerer, Dietrich und Jörn: Lebensgefährliche Situationen
als polizeiliche Herausforderungen. Frankfurt 2008

Schacht, Arnold/Bopp, Wolfgang/Frese,
Herbert: Praktische Eigensicherung. Hilden 2003

Von Schirach, Ferdinand: Schuld.
München 2010

Schmidbauer, Wolfgang: Lexikon Psychologie,
Hamburg 2001

Siemens, Anne: Für die RAF war er das System, für mich der
Vater. Die andere Geschichte des deutschen Terrorismus,
München 2007

Anmerkungen

1   Richter, Frank, GdP-Vorsitzender NRW: GdP Landes-Journal
    Nordrhein-Westfalen, 4 / 2010
    http://www.gdp.de/gdp/gdpnrw.nsf/id/B602A8F2355AA5EBC12576E
    E0032FC06/$file/dp04_10.pdf?open
2   GdP Landesverband Bayern, Pressemitteilung: Keine Gewalt gegen
    Polizisten, 8.2.2010
3   Süddeutsche Zeitung: Schutz für den Freund und Helfer, 25.11.2009
    http://www.sueddeutsche.de/politik/gewalt-gegen-polizisten-schutz-
    fuer-den-freund-und-helfer-1.143372
4   Welt-online: Unbekannte attackieren Friedrichshainer Polizeiwache,
    14.4.2011
    http://www.welt.de/newsticker/dpa_nt/regioline_nt/berlinbranden-
    burg_nt/article13138084/Unbekannte-attackieren-Friedrichshainer-
    Polizeiwache.html
5   Aktionswoche Alkohol, GdP.de, 19.7.2009
    http://www.gdp.de/gdp/gdpnds.nsf/id/DE_Aktionswoche_Alkohol
6   Steinschek, Uwe: Die Angst der Polizei in Gewalt-Kiezen,
    BZ, 26.10.2009
7   Die Welt: Pöbeleien – Polizisten zahlen lieber für Bahnticket, 12.5.2011,
    http://www.welt.de/regionales/berlin/article13367854/Poebeleien-Poli-
    zisten-zahlen-lieber-fuer-Bahnticket.html
8   Süssmuth, Rita: Wer nicht kämpft hat schon verloren,
    München 2002, 278 ff.
9   Stern: Mannichl ruft zum Kampf gegen Rechts auf, 19.12.2008
    http://www.stern.de/politik/deutschland/attentat-von-passau-mannichl-
    ruft-zum-kampf-gegen-rechts-auf-649672.html
10 MDR Figaro: Gewalt gegen Polizisten, 30.4.2011
    http://www.mdr.de/mdr-figaro/hoerspiel/8524249.html
11 Die Welt: U-Bahn-Schläger besuchte Elite-Sportgymnasium, 27.4.2011
    http://www.welt.de/channels-extern/ipad/politik_ipad/article
    13282130/U-Bahn-Schlaeger-besuchte-Elite-Sportgymnasium.html
12 Frigelj, Kristian: Die Angst der Polizisten in deutschen Städten,
    Welt-Online, 28.7.2008
    http://www.welt.de/politik/article2256695/Die-Angst-der-Polizisten-
    in-deutschen-Staedten.html
13 Ohlemacher, Thomas/Rüger, Arne/Schacht, Gabi/Feldkötter, Ulrike:
    Gewalt gegen Polizeibeamtinnen und -beamte (1985 - 2000, Eine Kri-

minologische Analyse (Interdisziplinäre Beiträge zur Kriminologischen Forschung, Band 24). Nomos-Verlag, Baden-Baden

14 Kriminologisches Forschungsinstitut Niedersachsen:
    Studie Gewalt gegen Polizeibeamtinnen und -beamte, 1985 – 2000

15 Amnesty International: Nichts zu verbergen, Kampagnenbroschüre

16 Kriminologisches Forschungsinstitut Niedersachsen:
    Gewalt gegen Polizei, Projektbeschreibung, Stand: 12/2009
    http://www.kfn.de/Forschungsbereiche_und_Projekte/Polizeiforschung/
    Gewalt_gegen_Polizeibeamte.htm

17 Gespräch des Autors mit dem Düsseldorfer Polizeipräsidenten,
    Herbert Schenkelberg, am 3.5.2011

18 GfK Studie Vertrauensindex – Spitzenwert für die deutsche Polizei,
    http://www.polizei-einstellung.de, 12.4.2011
    http://www.polizei-einstellung.de/gfk-studie-vertrauensindex-
    spitzenwert-fur-die-deutsche-polizei/2010/06/11/

19 Stern: Die Unzufriedenheit wächst, 11-2011

20 Rheinische Post, 10.1.2011: Titelseite Zitat

21 Hamburger Abendblatt: Gewerkschaft der Polizei vermisst klare Haltung
    der Politik, 28.12.2010

22 Süssmuth (siehe Anm. 7), 278 ff.

23 Ebda.

24 Bartels, Stefan: Wer Polizisten angreift, greift den Staat an, RP-online,
    4.5.2011
    www.rp-online.de/niederrheinnord/kleve/nachrichten/kleve/Wer-
    Polizisten-angreift-greift-den-Staat-an_aid_994035.html

25 Interview des Autors mit dem Polizeipräsidenten von Düsseldorf,
    Herbert Schenkelberg , am 3.5.2011

26 Weber, Dieter: 30.8.2010, Internetauftritt der Rheinischen Post
    www.rp-online.de

27 Ahlen, Heike: Polizist lag in seinem Blut, RP-online.de, 2.3.2011

28 Krüger, Ingrid: Frehn-Prozess: Acht Jahre Haft, RP-online, 11.4.2011
    www.rp-online.de/niederrheinsued/moenchengladbach/nachrichten/
    Frehn-Prozess-Acht-Jahre-Haft_aid_986404.html

29 Ahlen, Heike: Kommentar Nein zu jeder Gewalt, 11.4.2011, WZ-online,
    http://www.wz-newsline.de/lokales/moenchengladbach/nein-zu-
    jeder-gewalt-1.630918

30 Jamin, Peter: Vermisst – und manchmal Mord, Hilden 2007

31 Schacht, Arnold / Bopp, Wolfgang / Frese, Herbert: Praktische Eigen
    sicherung, Hilden 2003, 6

32   Oldenburger, Peter / Wittge, Maren: Berliner Polizisten benötigen
     selbst Schutz, Welt online, 22.7.2010
33   Ebda.
34   http://fudder.de/artikel/2006/07/28/konflikt-bei-kts-eskaliert-polizist-
     schwer-verletzt/, 28.7.2006
35   Schacht / Bopp, Frese (siehe Anm. 31), 13
36   Schacht / Bopp, Frese (siehe Anm. 31), 138
37   Schacht / Bopp, Frese (siehe Anm. 31), 7
38   Dieses und weitere, nicht gesondert gekennzeichnete Zitate stammen
     aus einem Interview des Autors mit dem Bundesvorsitzenden der Ge-
     werkschaft der Polizei, Bernhard Witthaut, am 5.4.2011
39   Wikipedia, Heckler & Koch P7, Probleme
     http://de.wikipedia.org/wiki/HK_P7
40   Kamann, Matthias / Friedeboldt, Fritz: Das hätte Luther von Bin Laden
     gehalten, 14.5.2011, URL:
     http://www.welt.de/channels-extern/ipad/politik_ipad/article
     13372217/Das-haette-Luther-von-Bin-Laden-gehalten.html
41   Meyer, Simone: Man muss unter Umständen auch töten, Welt-online,
     7.2.2011
42   Kamann / Friedeboldt (siehe Anm. 40)
43   Der Spiegel: Richtig drauflos, 10.11.1986
     http://www.spiegel.de/spiegel/print/d-13520593.html
44   Evangelische Kirche: Kirchen sehen Freudenfeiern nach Bin Ladens
     Tod kritisch, evangelisch.de. URL:
     http://www.evangelisch.de
45   Die Welt: Wie geht die Polizei vor bei Schusswaffengebrauch?,
     31.12.2010
     http://www.welt.de/vermischtes/weltgeschehen/article11914087/
     Polizist-erschiesst-psychisch-kranke-Frau.html
46   Ebda.
47   Wimmer, Susi, Polizei: Schuss war rechtmäßig, 19.10.2007
     http://www.sueddeutsche.de/muenchen/fluechtender-bankraeuber-
     polizei-schuss-war-rechtmaessig-1.343426
48   Neuwirth, Dietlind: Polizeilicher Schusswaffengebrauch gegen Personen,
     Hilden 2006, 5; siehe dazu auch Clemens Lorei, „Statistiken zum polizei-
     lichen Schusswaffengebrauch in Deutschland", Stand 12.2.2008
     http://www.schusswaffeneinsatz.de
49   Ungerer, Dietrich und Jörn: Lebensgefährliche Situationen als polizei-
     liche Herausforderungen, Frankfurt 2008, 33

50   Hill, Axel, Täter wird in der Klinik bewacht, Express, 29.1.2011

51   Grandt, Guido: 11.3. Der Amoklauf von Winnenden, Berlin 2010, 163–164

52   Siehe dazu Grandt (siehe Anm. 51), 9

53   Ungerer (siehe Anm. 49), 163–175

54   Grandt (siehe Anm. 51), 161–163

55   Spezielles Einsatztraining für die Polizei in NRW
     http://www.sek-team.net/news/1/602/spezielles-einsatztraining-fuer-
     die-polizei-in-nrw/. Basiert auf der Quelle: „Streife" 2002,
     Autoren: Michael Küper, Klaus-Jürgen Morhun, Münster

56   Ebda.

57   Uhl, Volker: Jeden Tag den Tod vor Augen – Polizisten erzählen,
     München 2008, 9

58   Lindner, Jan-Eric: Polizist Björn Buck: Ich hatte Angst um mein Leben,
     7.7.2009
     http://www.abendblatt.de/hamburg/polizeimeldungen/article1085491/
     Polizist-Bjoern-Buck-Ich-hatte-Angst-um-mein-Leben.html

59   Siehe dazu auch Medizininfo.de

60   Denk, Hubert: Ihr Noruf rettete ihm vermutlich das Leben, Bürgerblick,
     Ausgabe 9/2010

61   Welt online: Linke Gewalttäter schlagen immer häufiger zu, 16.4.2011,
     http://www.welt.de/channels-extern/ipad/politik_ipad/article
     13192763/Linke-Gewalttaeter-schlagen-immer-haeufiger-zu.html

62   Vgl. auch: Richter, Frank, GdP-Vorsitzender NRW:
     GdP Landes-Journal Nordrhein-Westfalen, Ausgabe 4-2010
     http://www.gdp.de/gdp/gdpnrw.nsf/id/B602A8F2355AA5EBC12576EE
     0032FC06/$file/dp04_10.pdf?open

63   Musterentwurf eines einheitliche Polizeigesetzes, Text und Begründung
     nach dem Beschluss der Innenminister-Konferenz vom 11.6.1979

64   Wikipedia, „Finaler Rettungsschuss"
     http://de.wikipedia.org/wiki/Finaler_Rettungsschuss

65   Neuwirth (siehe Anm. 48), 104

66   Hessisches Ministerium des Inneren und für Sport: Information zum
     Finalen Rettungsschuss, § 60 Abs. 2 Satz 2 HSOG: Befugnisnorm für den
     sogenannten ‚Finalen Rettungsschuss' entsprechend dem § 41 Abs. 2
     des Musterentwurfs eines einheitlichen Polizeigesetzes des Bundes
     und der Länder

67   Thüringer Innenministerium: Konzeption der Thüringer Polizei zur Betreuung von Polizeibeamten nach besonders belastenden beruflichen Ereignissen, Erfurt 15.5.2005

68   Gespräch des Autors mit dem Düsseldorfer Polizeipräsidenten Herbert Schenkelberg am 3.5.2011

69   Stiftung Polizeiseelsorge: Was ist Polizeiseelsorge
http://www.stiftung-polizeiseelsorge.de/

70   Evangelische Kirche im Rheinland: Polizeiseelsorge
http://www.ekir.de/www/ueber-uns/polizeiseelsorge-813.php

71   Katholische Polizeiseelsorge: Polizeiseelsorge Überblick
http://www.polizeiseelsorge.org/hp145/Polizeiseelsorge.htm?ITServ=
C2811f5a8X12fcd8f3d39X2a0d

72   Katholische Polizeiseelsorge: PSNV-Angebote für Opfer, Angehörige und Hinterbliebene sowie Einsatzkräfte und gefährdete Berufsgruppen nach Interventionsebene und Zeitstruktur
http://www.polizeiseelsorge.org/upload/CY47a8f697X1183626a78d
XY7502/1203500722839/PSVStruktur.JPG

73   AZ-Web: Prozess gegen Polizisten wegen fahrlässiger Tötung, 6.4.2011,
http://www.az-web.de/sixcms/detail.php?template=az_detail&id=1641986

74   Bonner Generalanzeiger: Tod vor der Hennefer Disco, 6.4.2011, URL:
http://www.general-anzeiger-bonn.de/index.php?k=loka&itemid=100
01&detailid=872364

75   Jeschor, Benjamin: Tödlicher Schuss vor Hennefer Disco:
Freispruch für den Polizisten, Bonner Generalanzeiger, 5.5.2011,
http://www.general-anzeiger-bonn.de/index.php?k=loka&itemid=100
01&detailid=876572

76   Denk, Hubert: „Polizeihauptmeister H. überlebte Kopfschuss, aber das Trauma sitzt tief: „Er wollte mich hinrichten", Bürgerblick,
17/2009. Abdruck mit freundlicher Genehmigung des Autors.

77   Der Name des Polizisten wurde anonymisiert

78   Der Name des Täters wurde anonymisiert

79   Der Name der Zeugin wurde anonymisiert

80   Gespräch des Autors mit dem Düsseldorfer Pressesprecher der Polizei, Andreas Czogalla, am 3.5.2011

81   Gespräch des Autors mit der Richterin Dr. Angela Meier-Kraut im April 2010

82   Von Schirach, Ferdinand: Schuld, München 2010, 84–85

83   Wochenblatt in Passau: Zwölf Jahre Haft für Polizisten-Angreifer, 12.10.2010, Wochenblatt.de

84 Tz: 12 Jahre Haft für Schuss auf Passauer Polizisten, 12.10.2010
    http://www.tz-online.de/nachrichten/bayern-lby/lebenslang-ange-
    klagter-schuss-polizist-passau-dpa-957737.html
85 Bundesregierung, Bundespressekonferenz, Protokoll, Mitschrift Presse-
    konferenz Regierungspressekonferenz vom 13. Oktober, 13.10.2010
    http://www.bundesregierung.de/nn_774/Content/DE/Mitschrift/
    Pressekonferenzen/2010/10/2010-10-13-regpk.html
86 Ebda.
87 Ebda.
88 Passauer Neue Presse: Wegen Vandalen am Wochenende: Verstärkung
    für Passaus Polizei, 21.3.2011, pnp.de
89 Bürgerblick: Polizei stoppt fidele Traktorfahrt, 20.03.2011, bürgerblick.de
90 Hägler, Max: Verhängnisvolle Ruhepause, 15.9.2010, Sueddeutsche.de
91 Ebda.
92 Antrag der Abgeordneten Margarete Bause, Thomas Mütze, Ulrike
    Gote, Susanna Tausendfreund, Dr. Sepp Dürr, Eike Hallitzky, Christine
    Kamm, Christine Stahl, Simone Tolle und Fraktion (BÜNDNIS 90/DIE
    GRÜNEN) zur Bayerischer Landtag, „Aufarbeitung des Passauer Polizei-
    Dramas und ausreichende Besetzung der Polizeiinspektionen während
    den Nachtschichten", 16. Wahlperiode, Drucksache 16/5819, 29.9.2010
93 Wochenblatt, Polizeidrama hat Nachspiel in Passau, 30.9.2010,
    wochenblatt.de
94 Bayerischer Landtag, Antrag der Abgeordneten Margarete Bause,
    Thomas Mütze, Ulrike Gote, Susanna Tausendfreund, Dr. Sepp Dürr,
    Eike Haliitzky, Christine Kamm, Christine Stahl, Simone Tolle und Fraktion
    (BÜNDNIS 90/DIE GRÜNEN), Drs. 16/5819, 16/6266 vom 23.11.2010
95 Bürgerblick Passau: Passauer Geiseldrama im Landtag, 14.4.2011
    http://www.buergerblick.de/index.php?AID=0000026474
96 Ebda.
97 Bayerisches Innenministerium, Minister Joachim Herrmann: Schreiben
    an die Präsidentin des Bayerischen Landtags, Drs. 16/6381 und
    IC5-2808.31–33, 28.2.2011
98 Focus: Polizisten fühlen sich als Prügelknaben der Nation", 30.11.2011,
    Focus.de
99 Interview mit dem Autor am 6.4.2011
100 Hannoversche Allgemeine: Polizisten fühlen sich als Prügelknaben der
    Nation, 30.11.2010
101 Fuhr, Eckhard: Meinung „Polizisten – überforderte Prügelknaben der
    Nation", 25.11.2011, http://www.welt.de

102 Ellrich, Karoline / Pfeiffer, Christian / Baier Dirk: Studie Gewalt gegen Polizisten, Kriminologisches Forschungsinstitut Niedersachsen, 11/2011
http://www.kfn.de/Forschungsbereiche_und_Projekte/Polizeiforschung/Gewalt_gegen_Polizeibeamte.htm

103 Gewerkschaft der Polizei, GdP fordert § 115 gegen Übergriffe auf Polizisten, 19.1.2010
http://www.gdp.de/id/DE_GdP_fordert_115_gegen_uebergriffe_auf_Polizisten

104 Niedersächsisches Ministerium für Inneres und Sport: Schünemann und Pfeiffer stellen zweiten Teil der Gewaltstudie vor, Pressemitteilung, 30.11.2010
http://www.mi.niedersachsen.de/live/live.php?navigation_id=14797&article_id=92459&_psmand=33

105 Ebda.

106 Ebda.

107 Cadenbach, Christoph / Fellmann, Max: Ein Job zum Davonlaufen, Süddeutsche Zeitung Magazin, 17/2011
http://sz-magazin.sueddeutsche.de/texte/anzeigen/35651/2/1

108 HR-online: Gewalt gegen Polizisten beklagt, 19.10.2010
http://www.hr-online.de

109 Spiegel: Angriffe auf Polizisten nehmen zu, 30.1.2011
http://www.spiegel.de/politik/deutschland/0,1518,druck-674998,00.html

110 Bundeskriminalamt, Pressemitteilung, BKA-Herbsttagung 2010 Gewaltkriminalität – Statistik, 20.10.2010
http://www.bka.de/pressemitteilungen/2010/pm101020.html

111 Markus Lanz, ZDF, 13.4.2011, 23.15 Uhr

112 Nopper, Georg: Jeder Dritte hat Angst, Blick, 13.10.2010
http://www.blick.ch/news/schweiz/zuerich/jeder-dritte-hat-die-hosen-voll-158502

113 Frigelj, Kristian (siehe Anm. 12)

114 Solms-Laubach, Franz: Wir haben Angst um unser Leben, 28.5.2010
http://www.bild.de/politik/2010/polizist/ein-polizist-packt-aus-wir-haben-angst-um-unser-leben-12685858.bild.html

115 Internet-Chat: Haben Polizisten Angst, 11.7.2010
http://www.cosmiq.de/qa/show/2650405/Haben-Polizisten-Angst/

116 Marina, Angst um meinen Mann, er will zur Polizei, Urbania.de, 20.2.2011,
http://www.urbia.de/archiv/forum/th-3036910/Angst-um-meinen-Mann-er-will-zur-Polizei.html

117 Autonome Gruppe: Polizeibericht Berlin 2010, Quelle der Informationen: Behördenspiegel 2/2011: Wie verletze ich einen Polizisten, 38.

118 Ebda.

119 Broder, Henryk M.: Vorsicht Broder! Grünes Mobbing gegen den Stuttgart-21-Ingenieur, 17.5.2011. Welt-online
http://www.welt.de/debatte/henryk-m-broder/article13376482/Gruenes-Mobbing-gegen-den-Stuttgart-21-Ingenieur.html

120 BZ: 40 verletzte Polizisten bei Krawallen, 31.1.2011
http://www.bz-berlin.de/archiv/und-wieder-hat-herr-stroebele-nichts-von-der-gewalt-mitbekommen-article1104340.html

121 Bundesministerium des Innern: Entwicklung politisch motivierter Kriminalität 2010, Pressemitteilung, 15.4.2011

122 Steinschek, Uwe: Die Angst der Polizei in Gewalt-Kiezen, B.Z., 26.10.2009,
http://www.bz-berlin.de/aktuell/berlin/die-angst-der-polizei-in-gewalt-kiezen-article624950.html

123 Bundesministerium des Innern: Entwicklung politisch motivierter Kriminalität 2010, Pressemitteilung, 15.4.2011

124 Witthaut, Bernhard: Der Gewalt von links endlich das Wasser abgraben, Pressemitteilung Gewerkschaft der Polizei, 15.4.2011

125 Hessisches Landeskriminalamt: 39-Jährige nach Messerangriff auf Polizeibeamte tödlich verletzt, Gemeinsame Pressemitteilung der Staatsanwaltschaft Frankfurt und des Hessischen Landeskriminalamtes, 19.5.2011
http://www.presseportal.de/polizeipresse/meldung/2047863/

126 Bundesministerium des Innern: Polizeiliche Kriminalstatistik 2010, 4/2011
http://www.bmi.bund.de/SharedDocs/Downloads/DE/Broschueren/2011/PKS2010.pdf?__blob=publicationFile

127 Bei den darin enthaltenen Widerstandshandlungen gegen Vollstreckungsbeamte sank die Zahl um 12,5 Prozent auf 22 223 Fälle, heißt es in der Polizeilichen Kriminalitätsstatistik 2010 und weiter: Seit 2010 werden Widerstandshandlungen gegen Vollstreckungsbeamte differenziert danach erfasst, ob sie sich gegen Polizeivollzugsbeamte oder sonstige Vollstreckungsbeamte richten. Dies erbrachte den Nachweis, dass in 96,7 Prozent dieser Fälle (21 498 Fälle) Polizeivollzugsbeamte von den Widerstandshandlungen betroffen waren. Die PKS in der gegenwärtigen Fassung erlaubt nur eingeschränkt statistische Aussagen zur Gewalt gegen Polizeivollzugsbeamte; dies gilt vor allem insoweit,

als im Falle einer Widerstandshandlung, die gleichzeitig den Tatbestand einer Körperverletzung oder eines Tötungsdelikts erfüllt, nur die letztgenannte schwerer wiegende Tat, in diesem Fall aber ohne spezifische Zuordnung zur Opfergruppe „Polizeivollzugsbeamter", statistisch erfasst wird. Um noch differenziertere Aussagen zu erhalten, wird für das Jahr 2010 erstmals ein bundesweites Lagebild zum Thema Gewalt gegen Polizeivollzugsbeamte erstellt. Es ist zusätzlich geplant, ab dem Berichtsjahr 2011 Opfergruppen differenziert abzubilden und so auch Polizeivollzugsbeamte als Opfer von Gewaltkriminalität gesondert auszuweisen.

128 Justizministerium Nordrhein-Westfalen, Pressesprecher
Ulrich Hermanski: Recherche wg. Gewalt gegen Strafvollzugsbeamte,
E-Mail vom 18.2.2011 an den Autor

129 Ebda.

130 Roß, Hendrik: Kampfsport fördert richtigen Umgang mit Gewalt
– Workshop für Polizei und Justiz, 14.9.2010
http://www.newsclick.de/index.jsp/artid/12923288/menuid/2162

131 Institut Psychologie und Bedrohungsmanagement: Was ist psychologisches Bedrohungsmanagement
http://www.institut-psychologie-bedrohungsmanagement.de/home/
psychologisches-bedrohungsmanagement.html

132 Polizei Balingen: Pressemitteilung, Zwei Tatverdächtige in Untersuchungshaft!, 7.3.2011

133 Müller, Karl-Otto: Polizisten-Prügel erschüttern, 3.3.2011,
Zollern-Alb-Kurier, Internet zak.de

134 Gewerkschaft der Polizei: Die GdP – unsere Leistungen in der Übersicht.
http://www.gdp.de/gdp/gdp.nsf/id/DE_Leistungsuebersicht

135 Hupperts, Florian: Gewalt gegen Polizeibeamte: Schmerzensgeld möglich
http://www.gks-rechtsanwaelte.de/fileadmin/tmpl/downloads/Mailing_Hupperts_Juli_2010_Beamte.pdf

136 Braun, Sascha: Gewalt gegen die Polizei, Gegenblende
– das gewerkschaftliche Debattenmagazin
http://www.gegenblende.de/07-2011/++co++2396fad6-1fcd-11e0-4c11-001ec9b03e44

137 Zietlow, Bettina: Gewalt gegen Polizeibeamte, Fallbeispiele aus dem qualitativen Teil der Studie (Interviews mit von Gewalt betroffenen Polizeibeamten und Polizeibeamtinnen), Kriminologisches Forschungsinstitut Niedersachsen e.V. (KFN), Hannover, 11/2010

    http://www.gdp.de/gdp/gdp.nsf/id/DE_GdP_fordert_115_gegen_ueber-griffe_auf_Polizisten/$file/FallbeispieleGdP_qualitativ.pdf

138 Der GdP-Bundesvorsitzende Bernhard Witthaut vom Autor am 5.4.2011 zu einem Staat ohne Polizei befragt

139 Gewerkschaft der Polizei: Pressemitteilung, CDU-Positionspapier: Privat-Streifen in Problemvierteln von Großstädten, 11.5.2011

140 Die Welt: Wenn der Staat Laien statt Polizisten auf Streife schickt, 15.5.2011
    http://www.welt.de/channels-extern/ipad/politik_ipad/article13373365/Wenn-der-Staat-Laien-statt-Polizisten-auf-Streife-schickt.html

141 Ebda.

142 Interview des Autors mit dem GdP-Bundesvorsitzenden Bernhard Witthaut am 5.4.2011

143 Die Welt, Welchen Berufen die Deutschen am meisten vertrauen, 6.4.2011, Welt.de
    http://www.welt.de/wirtschaft/karriere/tipps/article13089593/Welchen-Berufen-die-Deutschen-am-meisten-vertrauen.html

Zum Autor

Peter Jamin, Jahrgang 1951, arbeitet als Journalist und Schriftsteller; lebt in Düsseldorf und Sóller/Mallorca. Mehr als 35 Jahre als Journalist tätig; 15 Jahre davon als Redakteur und stellvertretender Redaktionsleiter in Redaktionen der WAZ-Gruppe. Veröffentlichte neben Artikeln und Kolumnen (in Zeitungen, Magazinen, Illustrierten, Internet) auch Fernsehreihen und -dokumentationen und publizierte mehr als 30 Bücher.

In einer Reihe von Arbeiten befasste sich der Autor mit Aspekten des Themas „Gewalt". In acht Sachbüchern (u.a. „Hilflos - Gewalt gegen Kinder", Lübbe-Verlag) beschäftigte er sich mit der Situation von Opfern in unserer Gesellschaft. Das Sachbuch „Opfer – das Leben nach dem Überleben" schrieb er mit Unterstützung des „Weissen Rings"; das Buch ist die einzige Bestandsaufnahme der Opfer-Situation in Deutschland.

Jamin ist Autor/Regisseur von TV-Dokumentationen (u.a. „Der Engel von Mogadischu", Fernsehfilm über die Opfer des Terrorismus, WDR u.a.). Er entwickelte und betreute u.a. fünf Jahre lang die TV-Reihe „WDR-Vermisst", mit der er das Thema „Vermisste Menschen" in Deutschland bekannt machte und eine Welle der Medienberichterstattung auslöste. Zum Thema „Vermisste Menschen" schrieb er zwei Sachbücher; die jüngste Veröffentlichung „Vermisst - und manchmal Mord" ist 2007 im Verlag Deutsche Polizeiliteratur erschienen.

Dank

Ich danke

Christel Bossert, Hubert Denk, Petra Grossheim-Lebek, Lydia Gruber, Rüdiger Holecek, Jürgen Schneider, Jürgen Spreemann, Michael Zielasko

... und den vielen in den Kapiteln genannten Gesprächspartnern sowie jenen Informanten und Experten, die gerne anonym bleiben möchten, für Informationen und Expertenwissen, Unterstützung und Beratung, ohne die dieses Buch nicht hätte geschrieben werden können.

P. J.